权威 · 前沿 · 原创

皮书系列为

“十二五”“十三五”“十四五”时期国家重点出版物出版专项规划项目

BLUE BOOK

智库成果出版与传播平台

意大利蓝皮书
BLUE BOOK OF ITALY

意大利发展报告（2021~2022）

ANNUAL DEVELOPMENT REPORT OF ITALY (2021-2022)

疫情下“危”中寻“机”的意大利

Italy Seeking “Opportunities” in “Crisis” under the Pandemic

中国社会科学院欧洲研究所
中国社会科学院国际合作局
中国欧洲学会意大利研究分会
主　编 / 孙彦红

社会科学文献出版社
SOCIAL SCIENCES ACADEMIC PRESS (CHINA)

图书在版编目(CIP)数据

意大利发展报告.2021-2022：疫情下“危”中寻“机”的意大利 / 孙彦红主编.--北京：社会科学文献出版社，2022.6
（意大利蓝皮书）
ISBN 978-7-5228-0249-7

Ⅰ.①意… Ⅱ.①孙… Ⅲ.①经济发展-研究报告-意大利-2021-2022②社会发展-研究报告-意大利-2021-2022 Ⅳ.①F154.64

中国版本图书馆 CIP 数据核字（2022）第 103247 号

意大利蓝皮书
意大利发展报告（2021~2022）
——疫情下“危”中寻“机”的意大利

主　　编 / 孙彦红

出 版 人 / 王利民
责任编辑 / 王晓卿
责任印制 / 王京美

出　　版 / 社会科学文献出版社 · 当代世界出版分社（010）59367004
地址：北京市北三环中路甲 29 号院华龙大厦　邮编：100029
网址：www.ssap.com.cn
发　　行 / 社会科学文献出版社（010）59367028
印　　装 / 三河市东方印刷有限公司

规　　格 / 开　本：787mm×1092mm　1/16
印　张：19　字　数：283 千字
版　　次 / 2022 年 6 月第 1 版　2022 年 6 月第 1 次印刷
书　　号 / ISBN 978-7-5228-0249-7
定　　价 / 168.00 元

读者服务电话：4008918866

《意大利发展报告（2021~2022）》
编 委 会

主编简介

孙彦红　经济学博士，中国社会科学院欧洲研究所研究员，欧洲经济研究室主任，博士生导师，中国欧洲学会意大利研究分会秘书长，意大利政治、经济与社会研究所（EURISPES）外籍学术委员。主要研究领域为欧洲经济、欧盟及其成员国产业政策，意大利研究、中欧/中意经济关系。主要学术成果包括：《意大利发展报告（2020~2021）：新冠肺炎疫情冲击下的意大利》（主编，2021）、《意大利发展报告（2019~2020）：中国与意大利建交50年》（主编，2020）、《新产业革命与欧盟新产业战略》（专著，2019）、《变化中的意大利》（二主编之一，2017）、《意大利公共债务问题评析》（论文，载《欧洲研究》2015年第2期）、《欧盟产业政策研究》（专著，2012）等。

摘　要

如果说2020年全年意大利都在新冠疫情及其引发的经济社会危机中被动“挣扎”，那么2021年则是该国主动在“危”中寻“机”并且取得显著成绩的一年。2021年，由欧洲中央银行前行长德拉吉任总理的“技术-大联合政府”上台，既缓解了国际社会对意大利将提前大选的担忧，客观上也为该国各政党解决内部问题提供了重要“窗口期”。这一年，德拉吉政府在防控疫情的同时着力推进生产性投资和结构性改革，旨在解决国家体系的一系列深层次问题。虽然疫情下的全面复苏仍步履艰难，但是意大利的确正朝着促进经济社会全面可持续发展的方向迈进：新冠疫苗接种快速推进，防疫措施取得相对突出成效，国家复苏与韧性计划如期落地实施，经济实现较强劲复苏，社会形势整体趋于改善。在外交上，德拉吉政府全面回归欧洲主流，着力巩固与法、德两国关系，同时借助担任G20轮值主席国的主场外交优势积极推行多边主义、提升自身国际影响力。本年度《意大利发展报告》的总报告以《“危”中寻“机”：疫情下艰难复苏的意大利》为题，从政治、经济、社会、外交、中意关系等方面勾勒出了2021年度意大利的发展概貌，对意大利国内各领域及中意关系发展做出了梳理、剖析与展望。

关于2021年的意大利形势，本年度《意大利发展报告》的分报告从政治、经济、社会、外交四个方面做了较为系统的回顾与分析。在国内，德拉吉政府“励精图治”，着力推进新冠疫苗接种和国家复苏与韧性计划落地，均取得了突出成绩，经济社会复苏的表现颇为抢眼。在外交上，德拉吉政府旨在提升意大利在欧盟内话语权和国际影响力的一系列努力亦取得积极成效。

在专题篇，本年度《意大利发展报告》重点关注的内容包括意大利港口体系的特点与当前挑战、疫情冲击下的意大利时尚产业、意大利养老金体系及近年来改革历程、近年来意大利高等教育课程体系的改革与创新、意大利文化遗产保护的制度与政策法规演进、近年来意大利劳动法改革等。这些题目要么涉及当前意大利国内正发生的重要变化，要么与意大利自身及中意关系的发展前景密切相关，对这些问题进行梳理和剖析有助于我们更深入地理解当前意大利各领域的发展状况。

2021 年，受疫情仍在蔓延影响，中国与意大利的正常人员往来尚未恢复。尽管如此，两国各界仍克服困难，努力推进各层次、各领域合作，双边贸易额逆势大增成为一大亮点。总体而言，务实合作、互利共赢仍是中意两国关系的主流。值得关注的是，德拉吉上任总理后意大利政府对待与中国合作的态度趋于保守，这一变化在一定程度上增加了中意关系前景的不确定性。本年度《意大利发展报告》的“中国与意大利”篇共有三篇报告，主题分别涉及中国对意大利投资的发展与前景、碳中和背景下中国与意大利能源合作、中国与意大利民航业碳减排路径与合作前景，期待以此加深读者对近几年特别是本年度中意关系重要进展的了解。

总体而言，本年度《意大利发展报告》反映了意大利 2021 年的整体形势、重大事件以及在重要领域的进展，并且对中意关系与中意合作的新发展做了较为深入的阐述与分析。

最后，需要指出的是，本年度《意大利发展报告》延续中意合作的方式，除了国内学者，还邀请了来自意大利知名智库和大学的多位有分量的专家撰稿，以便读者更加全面客观地把握意大利各领域及中意关系的发展。

关键词： 新冠疫情　德拉吉政府　经济复苏　外交政策　中意关系

目　录

Ⅰ　总报告

Ⅱ　分报告

Ⅲ 专题篇

Ⅳ 中国与意大利

V　统计资料篇

皮书数据库阅读**使用指南**

总报告

General Report

B.1

“危”中寻“机”：疫情下艰难复苏的意大利

孙彦红 *

摘　要： 如果说2020年全年意大利都在新冠疫情及其引发的经济社会危机中被动“挣扎”，那么2021年则是该国主动在“危”中寻“机”并且取得显著成绩的一年。2021年，由欧洲中央银行前行长德拉吉挂帅的“技术-大联合政府”上台，既缓解了国际社会对意大利将提前大选的担忧，客观上也为该国各政党解决内部问题、巩固自身实力提供了“窗口期”。这一年，德拉吉政府在防控疫情的同时着力推进生产性投资和结构性改革，旨在解决国家体系的一系列深层次问题。虽然疫情下的全面复苏仍步履艰难，但是意大利正朝着促进经济社会全面可持续发展的方向迈进：新冠疫苗接种快速推进，防疫措施取得相对突出成效，国家复苏与韧性计划如期启动实施，经济实现较强劲复

* 孙彦红，经济学博士，中国社会科学院欧洲研究所研究员，欧洲经济研究室主任，中国欧洲学会意大利研究分会秘书长，主要研究领域为欧洲经济、意大利经济、中欧/中意经贸关系。

苏，社会形势整体趋于改善。在外交上，德拉吉政府全面回归欧洲主流，着力巩固与法、德两国关系，同时借担任 G20 轮值主席国之机积极推行多边主义、提升自身国际影响力。总体而言，务实合作仍是中意关系的主流，双边贸易额逆势大增成为两国合作的一大亮点，而德拉吉政府对华合作态度趋于保守也值得关注。

关键词： 新冠疫情　德拉吉政府　经济复苏　二十国集团　中意关系

引　言

2021 年，新冠疫情继续在全球蔓延，欧洲仍是重灾区。与 2020 年有所不同的是，曾是欧洲乃至全球疫情最严重国家之一的意大利，在 2021 年迎来全面转机。新上任的德拉吉“技术-大联合政府”可谓“励精图治”，强力推进新冠疫苗接种，防疫措施取得较好成效，国家复苏与韧性计划（PNRR）如期启动实施，经济实现较强劲复苏，社会形势整体趋于改善。如果说 2020 年全年意大利都在新冠疫情及其引发的经济社会危机中被动“挣扎”，那么 2021 年则是该国主动在“危”中寻“机”并且取得显著成绩的一年。这一年，意大利政府在防控疫情的同时着力推进生产性投资和结构性改革，旨在解决国家体系的一系列深层次问题。虽然疫情下的全面复苏仍步履艰难，但是意大利的确正在朝着促进经济社会全面可持续发展的方向迈进，这对其在后疫情时代保持和提升国家竞争力而言至关重要。鉴于意大利在抗疫和经济复苏方面取得的突出成绩，英国《经济学人》杂志将其评选为 2021 年“年度国家”。①

① “Which Is *The Economist*'s Country of the Year for 2021?”，*The Economist*，December 18，2021，https：//www.economist.com/leaders/2021/12/18/which-is-the-economists-country-of-the-year-for-2021，最后访问日期：2021 年 12 月 18 日。

本报告将重点从政治、经济、社会、外交等方面梳理分析2021年意大利的发展概貌，并对本年度中意关系的发展与新动向做一盘点，最后对2022年意大利自身与中意关系的发展做简单展望。

一　德拉吉新政府上台，主要政党经历深度调整

2020年，抗击疫情成为最大的政治，各主要政党之间的博弈均围绕抗疫和复工复产展开，意大利政府保持了稳定。然而，政府暂时稳定并非意味着执政联盟内部没有分歧与矛盾。实际上，自2019年10月前总理伦齐宣布退出民主党、“另起炉灶”创立意大利活力党起，“黄绿政府”的稳定性始终受到威胁。新冠疫情在意大利暴发后，为提升其个人及意大利活力党的关注度，伦齐曾多次公开对时任总理孔特在防疫上“独揽大权”表示不满，自2020年下半年起频繁对政府制订的复苏计划草案提出质疑，更是在当年年底向孔特发出所谓“最后通牒”，导致政府内部紧张关系升级。虽然此后孔特做出一些让步，对复苏计划草案的部分内容做出修改并通过了内阁会议审议，但是意大利活力党仍在随后的议会表决中投了弃权票。2021年1月13日，去意已决的伦齐以孔特总理在制定复苏计划资金使用方案过程中“破坏游戏规则和民主制度”为由宣布意大利活力党退出政府，任农业部长、家庭部长和外交部副部长的该党人士同时辞职，正式引爆政府危机。此后，虽然执政联盟内的民主党、五星运动和“自由与平等”均明确支持孔特继续担任总理，孔特政府也顺利通过了议会众议院的绝对多数信任投票，但是未能在参议院获得绝对多数支持。鉴于意大利议会实行对等两院制，未能获得参议院过半数支持实际上意味着政府无法正常履职，孔特被迫于2021年1月26日向总统马塔雷拉辞职，“黄红政府”宣告终结。

此后，各主要党派就组建新政府开展了多轮磋商。鉴于意大利面临抗击疫情和复苏经济的严峻挑战，为维护政局稳定，尽可能避免提前举行全国大选进而影响申请“下一代欧盟”复苏基金，在组建“政治政府”未果的情

况下，总统马塔雷拉果断授权无党派的欧洲中央银行前行长马里奥·德拉吉（Mario Draghi）组阁。德拉吉不负众望，仅在一周多时间里就组建起获得左右翼主要政党广泛支持的新政府。2021 年 2 月 13 日，德拉吉新政府宣誓就职，此后顺利通过了议会参、众两院信任投票，标志着该国持续了一个多月的政府危机尘埃落定。此番政府危机一度引起国际社会对意大利将提前举行大选，极右翼政府进而上台执政的担忧。2 月 19 日，即德拉吉政府通过议会信任投票的第二天，意大利十年期国债收益率与德国的利差降至 0. 92 个百分点，几乎为近十年来最低水平，这表明国际金融市场对德拉吉上任后意大利的政治经济前景相当乐观。①

德拉吉政府共 23 位部长，其中 8 人为技术官僚，其余 15 人来自民主党、五星运动、意大利力量党和联盟党等左右翼主要党派，可谓是一届“技术-大联合政府”。这种技术官僚与政客“混搭”的组阁方式既呼应了该国紧迫的政策需求，也有助于团结各派政治力量，充分体现了德拉吉在意大利政坛的号召力和斡旋能力。值得注意的是，德拉吉政府保留了此前孔特二期政府的 9 位部长，包括原卫生部长斯佩兰扎（Speranza）、内政部长拉莫尔杰塞（Lamorgese）、外交部长迪马约和国防部长圭里尼（Guerini），表明其在主要政策领域与上届政府保持着一定的延续性。

德拉吉曾任意大利财政部长（1991～2001）、意大利央行行长（2006～2011）和欧央行行长（2011～2019），在欧盟和国际社会享有很高声望。考虑到意大利经济自 2008 年国际金融危机后一直低迷不振，在 2020 年又遭受新冠疫情重创，德拉吉的确是有望带领该国尽快走出经济社会困境的最佳人选。不容忽视的是，德拉吉政府之所以能“火速”组建成功，除德拉吉个人的号召力发挥作用之外，更重要的原因是该国各主要党派均处于内部深度调整期，尚未为大选做好准备，即便是在政府危机初期要求提前举行大选的极右翼的联盟党最终也“出人意料”地加入支持德拉吉的行列。换言之，

① 意大利十年期国债收益率与德国利差数据来自 Borsa Italiana 网站，https：//www. borsaitaliana. it/obbligazioni/spread/italia/btp-bund. en. htm，最后访问日期：2022 年 1 月 15 日。

德拉吉政府客观上为各党派解决内部问题、巩固自身实力提供了“窗口期”。以下简要梳理分析2021年意大利各主要政党的重要动态及该国政党格局的整体走向。①

首先，议会第一大党五星运动遭遇多重危机。2021年，五星运动可谓“时运不济”，先后遭受了创始人格里洛（Beppe Grillo）儿子性侵丑闻、党内反对派领袖迪·巴蒂斯塔（Di Battista）退党、与长期为其提供网络支持的“卢梭”平台分道扬镳等重大事件的冲击，亟待重整旗鼓。在此背景下，格里洛摒弃了此前对孔特的负面看法，邀请他担任该党领导人，希望借助其任总理期间积攒的高人气来扭转该党的命运。2021年8月，五星运动的新章程在新网络平台上高票通过。新章程将“五星”代表的五个宗旨升级为共同财富、整体生态、社会正义、技术创新和生态社会市场经济；在强调直接民主的同时也提出要提高代议制民主的质量；还调整和完善了党的组织架构。总体而言，新章程出台后，五星运动基本上完成了向建制派的转变。正如曾任该党党首的意大利外交与国际合作部部长迪马约在2021年2月谈及该党发展方向时所预期的，五星运动正在成为一支温和的政治力量，认同欧元，拥护北约以及欧盟的大西洋主义路线，专注于企业、权利和生态转型。② 虽然有了新章程和新领导人，但是该党的支持率下滑趋势并未扭转。在2021年10月举行的市政选举中，五星运动以较大差距失去了2016年赢得的罗马和都灵两地的市长职位，在米兰甚至未有党员当选市议员，在博洛尼亚和那不勒斯的得票率也分别大幅降至3.4%和9.7%。③ 究其原因，“建制化”是一把双刃剑，它一方面是五星运动执政后“当家方知柴米贵”的

---

① 有关2021年意大利政党格局走向及主要政党动态的详细分析，参见本书石豆《意大利政治：迈向“下一代欧盟”》。

② “Di Maio chiama Conte a guidare il M5s：‘Completata la trasformazione in forza moderata，liberale ed europeista，ora tocca a lui’”，*TGCOM24*，25 febbraio 2021，https：//www. tgcom24. mediaset. it/politica/di-maio-chiama-conte-a-guidare-il-m5s-completata-la-trasformazione-in-forza-moderata-liberale-ed-europeista-ora-tocca-a-l_ 29122511-202102k. shtml，最后访问日期：2022年1月15日。

③ 本文中有关2021年意大利市政选举得票率的数据均来自意大利内政部网站，https：//elezionistorico. interno. gov. it，最后访问日期：2022年1月15日。

必然归宿，另一方面也令该党褪去“激进”和“理想化”色彩，因而无法继续扮演替民众发泄不满情绪的角色。实际上，该党的创立和壮大恰是因为及时回应了国际金融危机和欧债危机冲击下民众对传统建制派政党的不满。随着上台执政后逐步撕去“反叛者”的标签，而后与民主党联合执政过程中在政策主张上与后者逐步趋同，但在执政经验上远不及后者“老道”，五星运动持续流失选票已是大势所趋。实际上，近两年民主党支持率持续走高在很大程度上正是因为获得了五星运动流失选民的支持。

其次，民主党内部经历动荡，新任总书记莱塔尝试“重建”该党，并寻求巩固中左阵营。2021 年对于民主党而言同样是“脱胎换骨”的一年。3 月，该党总书记津加莱蒂因不堪党内纷争而辞职，同时力邀前总理莱塔回归，此后莱塔高票当选新任总书记。莱塔是民主党的创始人之一，曾在 2013 年 4 月至 2014 年 2 月短暂任总理，后因时任民主党总书记伦齐的“排挤”而被迫辞职，此后长期在法国巴黎政治学院任教。依照莱塔个人的说法，他此番回归意大利政坛主要出于两方面考虑：一是弥补曾短暂执政未能切实改善国家状况的遗憾；二是要从根本上重振民主党，进而重塑意大利的民主政治生态。基于此，莱塔为民主党的改革指明了方向，即“价值观上的进步派，方法上的改革派，行为上的激进派”。[①] 得益于莱塔推行的党内改革，民主党的支持率显著回升，至 2021 年底约为 21.3%，在各党派中位列第一。[②] 在 10 月举行的市政选举中，民主党“战果”卓著。在人口超过 1.5 万人的 118 个城市选举中，民主党支持的中左阵营的市长候选人赢得了 52 个城市，而且包揽了罗马、米兰、都灵、博洛尼亚、那不勒斯五大城市的市长职务。为从根本上改善意大利的政治生态，莱塔还提出要参照普罗迪时期的“橄榄树联盟”，依托民主党构建新的中左联盟，虽然这一设想获得不少中左政党的支持，但是要在短期内理顺各党派间的关系并非易事，其前

① Enrico Letta, *Anima e cacciavite: Per ricostruire l'Italia*, Solferino, 2021, pp. 19–20. 有关莱塔改革民主党的详细内容可参见本书石豆《意大利政治：迈向“下一代欧盟”》。

② 意大利主要政党民意支持率变化趋势参见 https://www.youtrend.it/2022/02/18/supermedia-youtrend-agi-e-sempre-piu-corsa-a-due-pd-fdi/，最后访问日期：2021 年 1 月 15 日。

景如何还需跟踪观察。

最后，中右阵营在民意支持率上仍占优，但是三大党派间的分歧进一步加大。2021 年，两大极右翼政党的实力继续此消彼长。从联盟党方面看，2019 年引爆政府危机后试图推动提前大选的“如意算盘”落空令其党首萨尔维尼形象大跌，此后该党的支持率开始走低。在 2021 年初的政府危机期间，联盟党先是高调要求提前大选，而后改变立场加入德拉吉政府，这强化了外界对萨尔维尼“无原则”和“机会主义”的诟病。2021 年底，该党的民意支持率约为 19%，比年初时下滑了约 4 个百分点。相比之下，梅洛尼领导的意大利兄弟党因不加入德拉吉政府、继续做反对党而赢得了大量联盟党流失选民的支持。2021 年底，意大利兄弟党的支持率已升至 19.6%，超过了联盟党，仅低于民主党。此外，贝卢斯科尼领导的意大利力量党的支持率始终在 7%~8%徘徊，与 2020 年相比变化不大。总体而言，上述三个政党因加入德拉吉政府与否而加大了分歧，而两个极右翼政党实力对比的变化令萨尔维尼与梅洛尼之间的竞争更加激烈，这为三党联合参加下届大选埋下了隐患。

总之，随着五星运动的全面“建制化”以至于无法作为政坛的单独一极而存在，意大利正在重回中左、中右阵营对垒的两极政党格局。作为国际金融危机后民粹政党率先崛起继而上台执政的西欧大国之一，近几年意大利政党格局的演变历程对于我们理解西欧民粹主义的走向颇具参考价值。在意大利，民粹政党的崛起似乎更多地发挥了“警示灯”作用，敦促政治精英反思与改进民主政治生态，但是“警示”本身并不能解决问题，更不会自动带来一个“新世界”。

二　经济实现较强劲复苏，国家复苏与韧性计划落地实施

2020 年，在新冠疫情重创下，意大利经济大幅衰退了 8.9%。[①] 进入

① 本文有关意大利经济增长与出口的数据均来自意大利国家统计局（ISTAT）网站，https：//www. istat. it。

2021 年，随着意大利本土疫情整体上有所缓解，特别是新冠疫苗接种全面推进，加之世界主要经济体均加快复工复产使得全球供应链逐步恢复以及意大利国家复苏与韧性计划开始落实等积极因素的推动，该国经济步入复苏轨道。

由于 2020 年底经历了新一波疫情高峰，2021 年第一季度意大利经济仅环比微弱增长了 0.1%，同比下降了 0.8%。此后，2021 年第二季度和第三季度，经济复苏势头超过预期，环比增长分别为 2.7%和 2.6%，同比增长分别为 17.3%和 3.3%。虽然第四季度受奥密克戎病毒变种流行影响经济环比增速有所回落，仅为 0.6%，但是由于 2020 年同期基数较低，同比增长率仍达到 6.4%。2021 年全年意大利经济增长了 6.5%，创 1976 年以来最高增幅，与 2020 年相比实现了较强劲复苏。具体而言，疫情缓解后居民消费支出增加、国家复苏与韧性计划带动投资增加以及全球复工复产背景下出口增长，是拉动 2021 年意大利经济复苏的最重要因素。值得注意的是，得益于制造业部门相对多元化以及意大利政府在疫情暴发后实施的一系列促进出口的举措，2021 年意大利出口表现抢眼，特别是上半年出口同比大幅增长了 24%，达到 2500 亿欧元，不仅远超过 2020 年同期出口额，而且突破了此前于 2019 年上半年创造的 2400 亿欧元的历史纪录。

然而，实现较强劲复苏并不能掩盖意大利经济仍面临困难的事实。实际上，自 2021 年第三季度开始，全球供应链紧张和能源价格飙升等因素开始发酵，意大利经济的复苏势头随之减弱。首先，随着全球复工复产加快，对各类原料、核心部件和中间产品的需求猛增，但疫情持续导致供应链紧张不断加剧，直接造成诸多工业部门产出增速下降。特别是，汽车芯片短缺问题日趋严重，到 2021 年下半年包括意大利在内的几乎所有欧洲国家的汽车企业都被迫减产或暂时停工。其次，2021 年下半年，受能源进口供应下降以及可再生能源供应因天气状况严重不足等因素影响，包括意大利在内的欧洲多国天然气和动力煤价格一路飙升，电价居高不下，能源价格高企助通货膨胀率快速走高。2021 年 12 月，意大利的通胀率达到 4.2%，远高于 2020 年的平均水平（-0.1%），大大超过了欧央行设定的 2%的通胀率目标。意大利地处南欧，冬季取暖的能源需求相对偏小，因此其通胀率低于欧盟平均水平，但是通胀压力已通过生产成本等渠道拖累了经济复苏。未来高通胀持续时间越长，意大利经济面临的下行压力就越大。

自欧债危机以来，意大利的公共财政状况一直为国际社会所关注。2020年，在新冠疫情冲击下，意大利的公共财政赤字与 GDP 的比例突破了 2012年之后保持多年的 3%的红线，飙升至 9.6%；公共债务与 GDP 的比例急速升至 155.6%，比 2019 年底大幅提升了 21 个百分点。2021 年，意大利政府继续实行扩张性财政政策对抗疫情冲击，公共财政赤字与 GDP 的比例为 7.2%；由于经济增长强劲，公共债务与 GDP 的比例回落至 150.8%。① 鉴于疫情前景仍不明朗，意大利政府何时退出宽松财政政策尚不可知，如何应对因疫情加重的公共债务问题无疑是未来该国面临的一大挑战。

在上文提及的推动意大利经济复苏的几大因素中，国家复苏与韧性计划的启动实施颇值得关注，因其不仅决定着未来若干年意大利的经济前景，也在相当大程度上关乎欧洲经济一体化的未来。

2020 年 7 月，意大利被确定为“下一代欧盟”计划的最大受益国，将在复苏与韧性工具（The Recovery and Resilience Facility，以下简称 RRF）② 下获得总计约 1915 亿欧元的赠款与低息贷款。如果说这为该国经济复苏与可持续发展提供了一个难得机遇的话，那么制订一套既符合意大利国情又能为欧盟所接受的复苏计划无疑是把握这一机遇的关键。德拉吉是一位兼具理论素养与实践经验的经济学家，深谙意大利经济体系的问题所在以及欧盟经济政策导向，由他主导制订的国家复苏与韧性计划于 2021 年 4 月顺利获议会通过，此后于 6 月 22 日获欧盟委员会批准，于 7 月 13 日获欧洲理事会批准。③ 该计划总计 2221 亿欧元，包括 1915 亿欧元欧盟资金和 306 亿欧元补

---

① 本文有关意大利公共财政赤字与公共债务的数据均来自意大利央行网站：www.bancaditalia.it。

② 复苏与韧性工具（RRF）是“下一代欧盟”计划的核心工具，包括 3600 亿欧元贷款和 3125 亿欧元赠款，占计划总额的 90%以上，用于为成员国的改革和投资计划提供资金支持。

③ 此处有关意大利国家复苏与韧性计划获批日期的信息来自欧盟委员会网站，https://ec.europa.eu/info/business-economy-euro/recovery-coronavirus/recovery-and-resilience-facility_en#national-recovery-and-resilience-plans，最后访问日期：2022 年 1 月 15 日。

充资金，实施期至 2026 年 8 月。2021 年 7 月，意大利收到来自 RRF 向其赠款与贷款总额的 13%，也即 249 亿欧元的预付款，国家复苏与韧性计划正式启动实施。

意大利的国家复苏与韧性计划被德拉吉政府定义为“划时代的举措”。结合意大利国情与欧盟的要求，该计划涵盖“改革”与“投资”两大部分内容。“改革”旨在促进意大利的国家体系在政治、经济和社会等领域的全面现代化。改革确定了三个大方向：横向改革，主要是公共管理与司法领域改革；能力建设改革，主要是简化立法与行政程序，提高政治经济体系效率，促进竞争；部门改革，主要是推动特殊领域的创新。在这三大方向下，又专设了 58 个具体的改革项目。“投资”的目标在于刺激经济复苏且在后疫情时代保持可持续发展的动力，共包括 132 个投资项目，被整合为六大使命，分别为：数字化、创新、竞争力、文化与旅游；绿色革命与生态转型；实现可持续交通的基础设施；教育与研究；包容与凝聚力；健康。①

值得强调的是，为响应欧盟提出的绿色、数字“双转型”战略，同时促进自身经济转型升级，意大利国家复苏与韧性计划的投资项目将“绿色”与“数字”置于核心地位，分配给绿色投资和数字投资的资金占比分别为 37.5%和 25.1%，均高于欧盟要求的 37%和 20%的比例。在绿色投资方面，意大利确定了三个重点方向：在提高居民住宅和公共建筑能效上投入 153 亿欧元；在可持续交通上投入 412 亿欧元；在发展可再生能源、循环经济以及减少浪费和水资源管理上投入 112 亿欧元。在数字投资方面，意大利也确定了三个重点方向：在开发超高速 5G 网络上投资 67 亿欧元；在促进企业数字化转型方面投入 134 亿欧元；在公共管理的数字化转型上投入 60 亿欧元。②

实际上，出于为国家复苏与韧性计划的出台与落实创造条件的考虑，德拉吉政府在 2021 年 3 月上任伊始即开始推进一系列重要改革。第一步是公

① Governo Italiano, *Piano Nazionale di Ripresa e Resilienza*, giugno 2021, https://www.governo.it/sites/governo.it/files/PNRR.pdf，最后访问日期：2022 年 1 月 15 日。

② Governo Italiano, *Piano Nazionale di Ripresa e Resilienza*, giugno 2021.

共行政部门改革，通过适度提高公务员工资和精简行政程序来提升行政部门效率。之后又着手修改公共采购法规，引入促进国内市场竞争的一揽子法律规定。为提高司法体系效率，意大利还启动了全面的民事司法改革，为首次上诉和最高法院案件的裁决时间设定了限制。此外，意大利政府还在2021年下半年启动了有关养老金体系改革的讨论。① 2021年底，德拉吉政府宣布已完成本年度既定的51个改革和投资计划目标，将于2022年初获得241亿欧元的RRF第一笔正式付款。由于这些资金均由欧盟委员会发债筹集，因此有助于缓解意大利政府的借债压力。考虑到结构性改革与生产性投资对于意大利经济社会前景的重要性，国家复苏与韧性计划得以顺利开局确实是好消息。

据欧盟委员会预测，若意大利国家复苏与韧性计划如期落实，将在2026年底之前拉动该国经济额外增长1.5~2.5个百分点，同时将创造出2.4万个新工作岗位，而其他欧盟成员国国家复苏计划的落实还将通过溢出效应刺激意大利经济额外增长0.3个百分点。② 虽然该计划实施对2021年意大利经济增长的具体贡献尚难以估算，但是一系列改革举措和投资项目的启动必然会在一定程度上促进经济增长，同时也会改善各类经济行为体的预期，在未来进一步促进私人部门投资和消费支出增加。

三　防疫成效相对突出，社会形势有所改善

2021年1~2月，即政府危机期间，意大利正遭受新一波疫情冲击，每日新增确诊病例超过1万，每日死亡病例达数百。在此背景下，德拉吉政府上台后的首要任务就是抗击疫情。与2020年以“封锁”为主的防疫措施不

① 有关2021年意大利政府启动的一系列结构性改革的详细论述，参见本书〔意〕洛伦佐·科多尼奥《意大利经济：“龙”之年》。

② European Commission, “Italy's Recovery and Resilience Plan”, https://ec.europa.eu/info/business-economy-euro/recovery-coronavirus/recovery-and-resilience-facility/italys-recovery-and-resilience-plan_en，最后访问日期：2022年1月15日。

同，在继续限制人员流动的同时，德拉吉政府将强力推进疫苗接种作为更重要的新举措。总体而言，这种“双管齐下”的新思路得到了较好贯彻，特别是，下半年生效的“绿通”新规有效地促成了疫苗接种与经济社会有序运转之间的良性循环。2021 年意大利取得的防疫成效在欧洲名列前茅，这也为其经济复苏与社会状况改善创造了条件。

2021 年，出于防疫需要，德拉吉政府曾先后两次延长国家卫生紧急状态，分别至 2021 年 12 月 31 日和 2022 年 3 月 31 日。这意味着政府总理和卫生部仍可无须议会批准即颁布临时性防疫法令，政府在防疫上拥有相当大的权力。2 月 22 日，德拉吉政府颁布了上任后的首部防疫法令，规定延长大区间的通行禁令至 3 月 27 日，并叫停“红区”居民的探亲访友活动。3 月 31 日，德拉吉政府又批准从 4 月 2 日起实施新防疫法令，涉及延长限制措施至 4 月 30 日、医护人员疫苗接种义务、复活节假期亲友探望、校园及公共区域开放规则等内容。此后，又于 7 月、11 月和 12 月根据疫情形势先后颁布了三部防疫法令，主要涉及全面启用“绿通”、重新划分防疫区域、圣诞节新年期间启用“超级绿通”等内容。

在意大利，新冠疫苗接种始于 2021 年底，最初仅在医护人员和特定服务业从业者中接种，至 2 月底仅接种了约 400 万剂，进展缓慢。① 针对疫苗延迟交付和民众对接种普遍存在顾虑和抵触心理这两个延缓接种进度的主要因素，德拉吉政府采取果断措施应对。首先，德拉吉积极推动欧盟层面要求制药企业履行合同，同时严格限制欧盟本土生产的疫苗出口，很快解决了疫苗短缺的问题。其次，面对本国民众的质疑以及此起彼伏的抗议活动，德拉吉非常坚定，一方面任命军界人士负责疫苗接种后勤工作，另一方面借助“绿通”和“超级绿通”政策有计划地引导、鼓励民众接种疫苗。

所谓“绿通”，即“绿色通行证”（Green Pass），是欧盟于 2021 年 4 月提出的便于疫情期间其内部人员有序流动的证书，于 7 月 1 日正式生效。该

① 本文有关意大利接种新冠疫苗剂次的数据均来自意大利卫生部网站，https：//www.governo.it/it/cscovid19/report-vaccini/。

通行证以手机二维码形式展示，进入特定场所或享受特定服务的人群必须出示。各成员国对本国“绿通”的管理规定略有差异。意大利政府4月颁布的防疫法令规定，意大利公民或外国人须满足三个条件之一方能获得“绿通”：（1）接种第一针新冠疫苗满15日；（2）48小时内核酸检测结果呈阴性；（3）为最近6个月内康复的新冠患者。与此相配合，德拉吉政府对工作场所的“绿通”义务做了明确的强制性规定：无“绿通”人员将被禁止进入工作场所，但不会因此被解雇；工人因无“绿通”而无法上班将被视为“无故缺勤”，不会获得收入，也不会计入养老金缴纳或假期累计；无“绿通”上班的人将面临600~1500欧元的罚款。由于持有“绿通”是绝大多数人士正常工作的必备前提，而获得“绿通”最便捷且长期有效的方式就是接种疫苗，上述规定大大促进了疫苗接种。在2021年圣诞节前夕，意大利政府又推出“超级绿通”，规定只有接种疫苗才能获得“超级绿通”，而“超级绿通”又是圣诞节期间人们在“黄区”和“橙区”参加各类公共活动的必要前提，这一政策进一步激励了“犹豫”人群接种疫苗。虽然在部分极右翼政客的鼓动下，意大利爆发了多场反疫苗、反“绿通”的抗议活动，但是绝大多数民众仍以实际行动支持政府的决定。根据意大利卫生部的数据，截至2021年底，意大利全国12岁以上人群中约89%接种了第一针疫苗，约86%接种了第二针疫苗，此外有超过63%的合格人群接种了加强针，成为疫苗接种率最高的欧洲国家之一。[①] 考虑到在欧美国家推行“隔离”和保持社交距离等防疫措施难度较大，而大规模疫苗接种又是减少病毒传染的有效途径，可以说意大利经济在2021年表现抢眼与成功推进疫苗接种密不可分。

在防疫取得相对突出成效、经济复苏势头强劲的背景下，2021年意大利的社会形势也有明显改善。首先，劳动力市场逐步回暖。新冠疫情暴发后，意大利政府出台了冻结解雇、补贴企业和雇员等举措保护就业，2020

① 有关意大利“绿通”与“超级绿通”政策的详细内容，参见本书臧宇、秦珂《意大利社会：民生整体向好，防疫成效突出》。

年失业率有所提高，但并未大幅飙升。进入 2021 年，失业率开始稳步下降，由 1 月的 10.2%降至 12 月的 9%，已大体恢复至疫情前水平，也远低于欧债危机期间的高位。这表明意大利在弱化疫情的社会冲击方面比应对欧债危机时更有成效。其次，居民收入小幅增长。2021 年上半年，意大利家庭可支配收入同比增长 3.2%，第二季度同比增幅高达 6.0%。此外，随着疫情略有缓解，意大利家庭储蓄率开始下降，民众的各类消费开始增加。就业与收入状况改善令民众对经济前景和收入趋势持相对乐观的态度。2021 年，意大利消费者信心指数（CCI）由年初的略高于 100 一路攀升至年底的 117。①

虽然社会形势整体向好，但是在新冠疫情下进一步加重的贫困问题并未得到有效缓解。意大利国家统计局（ISTAT）的数据显示，2020 年，该国有超过 200 万个家庭处于绝对贫困状态，占全部家庭总数的 7.7%，比 2019 年增加了 1.3 个百分点。同年，该国绝对贫困人口数量增至 560 万，为 2005 年有统计数据以来的最高值。为遏制贫困率上升，2021 年 11 月，意大利各党派达成一致，决定自 2022 年起降低中等收入群体的个人所得税。针对已陷入绝对贫困的人群，意大利政府提出将继续实施全民基本收入计划为其“兜底”。未来要更好地借助该计划对抗贫困，还需充分考虑不同地区的生活成本差异，同时还要“授人以渔”，尽可能帮助贫困家庭的劳动力获得稳定的就业岗位与劳动收入。

四　全面回归欧洲主流，依托 G20平台积极推行多边主义

近年来，意大利与欧盟的关系受到关注。2018 年意大利由两个民粹政党组建的“黄绿政府”上台后，双方关系陷入低谷。2019 年由民主党与五星运动组建的“黄红政府”上台，之后五星运动加速“建制化”，意

① 本文中有关意大利失业率、居民收入和消费者信心指数等指标的数据均来自意大利国家统计局（ISTAT）网站，https：//www.istat.it。

大利开始回归欧盟主流政策框架。2020 年，在新冠疫情冲击下，意大利与欧盟关系经历了由矛盾加剧到有所改善的变化过程。2020 年 7 月，欧盟特别峰会决定将“下一代欧盟”复苏基金的最大份额分配给意大利，此后意大利与欧盟关系趋于缓和，其国内极右翼政党的疑欧反欧宣传也不再如此前那样有市场。

德拉吉是欧洲一体化的坚定支持者和积极践行者。他任欧央行行长期间制定的货币政策和进行的制度创新被普遍认为是欧盟渡过主权债务危机的关键所在。德拉吉政府上任后，意大利不仅全面回归欧洲主流政策框架，还积极提升在欧盟内的话语权。2021 年 2 月 17 日，德拉吉在参议院就职演讲中强调“没有意大利，就没有欧盟”，“若离开欧盟，孤立的意大利将无主权可言”。他还表示，支持本届政府的政党都已表态认同“欧元不可逆转”，而且赞同意大利应努力推进并完善欧洲一体化。面对英国脱欧已成现实、默克尔卸任德国总理后“法德轴心”不稳、欧盟权力核心出现部分“真空”地带的状况，德拉吉提出将与法国、德国领导人保持密切沟通与合作，争取带领意大利进入欧盟核心决策圈，同时也要为欧盟非核心国家利益代言。①

2021 年，德拉吉政府确实为改善和巩固意大利与法、德两国关系做出了切实努力，也取得了显著成效。在 2021 年 11 月法国总统马克龙访问意大利期间，两国签署《奎里纳尔宫条约》受到国际社会关注。该条约旨在为加强意大利与法国在欧洲事务、外交政策、军事国防、高新科技等领域的合作建立机制性框架。意大利与法国同为南欧核心国家，在地中海地区安全、欧盟财政政策改革等方面有着诸多共同利益，两国若能切实加深合作，将在很大程度上对欧盟政策重心及决策产生影响。与此同时，德拉吉政府高度重视加强与德国的双边合作以及双方在推进欧洲经济一体化、推进“下一代欧盟”复苏基金落实方面的共识与合作。2021 年 12 月，新上任的德国总理朔尔茨访问意大利，两国政府首脑共同表达了继续精诚合作抗击疫情、促进

① “Le dichiarazioni programmatiche del Presidente Draghi”, 17 febbraio 2021, https://www.governo.it/it/articolo/le-comunicazioni-del-presidente-draghi-al-senato/16225，最后访问日期：2021 年 12 月 20 日。

经济复苏、应对气候变化的决心。

2021 年，意大利与欧盟互动中最引人关注的就是其国家复苏与韧性计划顺利获批。如前文所述，意大利国家复苏与韧性计划于 6 月和 7 月分别获欧盟委员会和欧洲理事会批准。至 2021 年底，意大利如期启动或完成了该计划中承诺的改革与投资项目。作为欧盟创始成员国，也是疫情背景下接受最大份额欧盟复苏基金的成员国，意大利顺利启动国家复苏与韧性计划对于其自身经济复苏、“下一代欧盟”计划的整体推进以及加强欧盟内部凝聚力都具有重要意义。

2021 年，意大利担任二十国集团（G20）轮值主席国，这被其视为积极推行多边主义理念、提升自身国际影响力的重要机遇。总体而言，在德拉吉的带领下，意大利政府充分利用主场外交优势，在议题设置和协调各方立场上做了大量努力，较圆满地主办了 G20 峰会及系列部长会议。在 10 月 30~31 日召开的 G20 罗马峰会上，意大利推动各方围绕全球抗疫、气候变化、经济复苏、阿富汗问题等关键议题充分讨论与深度磋商。从峰会发布的《罗马宣言》来看，虽然各方在诸多问题上存在分歧，但是最终仍达成妥协和多项重要共识。在全球抗疫方面，G20 采纳意大利倡议，提出将建立卫生融资联合工作组，后者将在 2022 年初就进一步增强全球卫生治理筹资功能提出方案，以防范和应对未来可能的疫情大流行。在应对气候变化方面，各国领导人达成协议，承诺采取“有意义和有效措施”实现将全球升温控制在 1. 5 摄氏度的目标，还提出要为低收入国家提供有针对性的支持。在促进经济复苏方面，峰会达成了加强金融弹性和支持包容性增长的共识，包括促进可持续资本流动、发展本币市场和保持强大有效的金融安全网，此外还提出了针对最贫穷国家的“缓债倡议”，决定将 50 个最贫困国家的债务偿还期延长至 2021 年底。在阿富汗问题上，意大利在罗马峰会前于 10 月 12 日紧急召开了 G20 特别峰会，呼吁尊重阿富汗主权独立与领土完整，必要时授权联合国对阿富汗人道主义危机采取行动。但是，由于中国与俄罗斯领导人未出席会议，削弱了 G20 在阿富汗问题上的影响力。需要指出的是，德拉吉政府依托 G20 平台推行多边主义取得较好成效，与该国重回欧盟主流政策框架并且与法、德等国紧密协调是相辅相成的。应该说，意大利在G20提出的核心动议既体现了其自身的外交理念与诉求，也彰显了欧盟的主流态度。①

长期以来，地中海和北非地区一直是意大利外交政策的关注焦点之一。2021年，意大利继续着重经营与利比亚和突尼斯的关系，一方面尽可能确保自身的能源安全与经济利益，另一方面则试图与其政府合作阻止非常规移民涌入意大利。2021年2月，德拉吉上任不久即出访利比亚。意大利外长迪马约更是在一年内五次访问利比亚。两国续签《意大利-利比亚合作备忘录》，意大利增加对利比亚的物资援助，支持后者加强海警力量，阻拦非法移民通过意大利进入欧盟。② 在处理与突尼斯关系上，意大利政府极力促成欧盟对突尼斯的经济援助，大量进口该国农产品，在2021年下半年向该国赠送了150万剂新冠疫苗，还积极通过外交渠道力促突尼斯政治稳定。此外，为响应欧盟提出的气候和能源转型新目标，意大利也开始重视与北非地区的利比亚、突尼斯、摩洛哥等国就开发与利用可再生能源开展合作。

五　互利合作仍为中意关系主流，意政府对华态度变化值得关注

2021年，新冠疫情继续肆虐，中国与意大利的正常人员往来尚未恢复。尽管如此，两国各界仍克服困难，努力推进各层次、各领域合作，取得了不少可圈可点的成绩。总体而言，务实合作、互利共赢仍是中意两国关系的主流。值得关注的是，德拉吉是坚定的欧洲一体化支持者和大西洋主义者，受

① 有关2021年意大利担任G20轮值主席国的详细论述，参见本书钟准、高蒲岳扬《意大利外交：建制派的多边主义方案》。

② ISPI, “Libia e migrazioni, accordo rinnovato”, 15 luglio 2021, https: //ispo.campaign-view.eu/ua/viewinbrowser? od = 3zfa5fd7b18d05b90a8ca9d41981ba8bf3&rd = 166050ccb0d235a&sd = 166050ccb0c76c9&n = 11699e4c270a31e&mrd = 166050ccb0c76b1&m = 1，最后访问日期：2021年12月1日。

到中美关系紧张持续、中欧关系趋于复杂的影响，他担任总理后意大利政府对待与中国合作的态度趋于保守，特别是针对中国投资的政策呈明显收紧之势。这一变化在一定程度上增加了中意关系前景的不确定性。

2021 年，中意两国政界高层继续保持了较频繁互动，就两国关系及国际热点问题深度沟通，既稳住了双边关系大局，也为两国各界开展合作奠定了基调，指明了方向。2 月 13 日，中国国务院总理李克强致电德拉吉，祝贺他就任意大利总理，提出愿同他一道提升中意全面战略伙伴关系，强调中国将支持意大利担任 G20 轮值主席国。5 月 17 日，李克强总理同德拉吉总理通电话，双方就两国共同推进国际抗疫合作、促进全球经济复苏、应对气候变化等挑战进行深入交流。6 月 21 日，中国国务委员兼外长王毅同意大利外长迪马约通电话，就加强两国关系与合作深入沟通。8 月 20 日，中国国务委员兼外长王毅同意大利外长迪马约通电话，重点就阿富汗局势交换了意见。9 月 7 日，中国国家主席习近平同德拉吉总理通电话。习近平指出，中方愿同意方一道，把握好新时期中意全面战略伙伴关系正确发展方向，双方应以共建“一带一路”合作为引领，推动各领域合作走深走实。习近平强调，中方赞赏意大利作为 G20 轮值主席国积极推动全球公共卫生合作和经济合作的努力。德拉吉表示，意方高度重视意中全面战略伙伴关系，希望同中方加强双边各领域合作，共同办好两国文化和旅游年活动。意方感谢中方为意大利开展 G20 主席国工作提供的支持。9 月 29 日，中国商务部部长王文涛与意大利外长迪马约以视频形式共同主持召开中意经济合作混委会第十四次会议。10 月 30~31 日，中国国务委员兼外长王毅作为首脑特使赴意大利罗马参加 G20 峰会，其间与意大利总理德拉吉、外长迪马约举行会谈，就继续推进两国务实合作进行深入交流。

2021 年，中意两国在经贸、科技、能源、基础设施、教育、体育等领域的交流与合作均取得一定进展，而其中最大的亮点当属两国贸易额的逆势大增。根据中国商务部网站发布的数据，在疫情暴发导致全球贸易萎缩的 2020 年，中意双边贸易额达 551.85 亿美元，较上年增长 0.4%，创历史新高。更值得关注的是，进入 2021 年，两国贸易额继续大幅增长。1~10 月，中意双边贸易额达到602.72亿美元，同比大幅增长37%。其中，中国对意大利出口额为351.37亿美元，同比增长32.3%；中国自意大利进口额为251.34亿美元，同比增长了44.2%。[①] 预计2021年全年中意双边贸易额有望超过640亿美元。

中意贸易逆势大涨主要可归因于疫情造成的“贸易转移”效应和“贸易创造”效应。具体而言，从中国对意大利出口来看，中国较好地控制住了疫情，率先实现全面复工复产，而其他新兴经济体疫情反复不断，防疫措施令其难以保持稳定的对外出口，中国在一定程度上弥补了这些国家对意大利出口的缺口。从中国自意大利进口来看：其一，中国作为全球生产基地，面临着世界经济复苏带来的巨大外部需求，生产扩张必然会伴随对进口中间品（包括自意大利进口）需求的增加；其二，疫情暴发后国际人员往来严重受限，原本通过商务和旅行实现的绝大部分购买活动转变为进口，这也是中国自意大利进口的女士箱包、农食产品等大幅增长的主要原因。总之，虽然疫情期间中意贸易逆势大增受到诸多短期因素推动，但也足以表明双方经济的互补性和经贸合作的韧性。两国贸易的强劲增长势头，特别是中国自意大利进口增长之迅猛，令意大利政府更加重视对华合作。2021年7月17日，意大利外长迪马约在接受本国媒体采访时表示，中国是意大利现阶段重要的贸易伙伴，中国今年（2021年）前三个月GDP增长在15%以上，未来必然会大量进口意大利产品。他还强调，意大利必须与中国合作，否则会在经济发展上输给其他欧洲国家。[②]

2021年，德拉吉政府对待意大利与中国合作的态度发生了一些微妙变化，主要体现在有关“一带一路”倡议的公开表态和针对中国投资的审查上。首先，对与中国在“一带一路”框架下合作的热情有所降温。2021年6月中旬，在七国集团（G7）峰会期间，德拉吉公开表示要“仔细评估加

① http：//www.mofcom.gov.cn/article/tongjiziliao/，最后访问日期：2022年1月15日。

② 《意外长迪马约称中国是意大利现阶段重要的贸易伙伴》，中华人民共和国商务部网站，2021年7月19日，http：//it.mofcom.gov.cn/article/jmxw/202107/20210703180260.shtml，最后访问日期：2022年1月15日。

入‘一带一路’的影响”。虽然这一表态不无传达意大利期待从对华合作中获得更多收益的意味，但也多少表明德拉吉政府的对华政策正在趋于保守。其次，针对中国投资的审查更加严格。2021 年 4 月，德拉吉政府援引“黄金权力”法令否决了意大利半导体设备公司 LPE 将 70%的股权出售给中国深圳创疆投资控股有限公司，理由是 LPE 所在行业具有战略重要性。同月，意大利企业 CNH Industrial NV 宣布结束将其旗下依维柯公司的卡车和客车部门出售给中国一汽集团的谈判，此前意大利政府提出重型车辆生产涉及国家战略利益并因此反对这项收购。10 月，意大利政府否决了先正达集团收购意大利种子公司 Verisem 的申请。11 月，意大利政府否决了浙江晶盛机电股份有限公司与美国应用材料公司香港分公司成立合资企业收购后者在意大利的丝网印刷设备业务的申请。实际上，2012~2021 年，意大利政府共五次动用“黄金权力”法令否决来自境外的并购申请，其中有四次针对中国企业，德拉吉政府上任后就动用了三次。

需要看到的是，除中美关系紧张加剧和中欧关系趋于复杂这两个背景因素之外，德拉吉政府对华合作态度趋于保守还有另一个现实原因，那就是作为“下一代欧盟”计划的最大受益国，意大利未来几年在基建与生产性投资方面的资金缺口明显缩小，对于中国资金的需求不如之前那么迫切了。然而，就中长期而言，鉴于中意两国并无重大政治利益冲突，同时双方在经济上仍高度互补，在应对气候变化、支持多边主义等方面有着诸多共同关切，只要两国继续秉承务实态度加强交流与合作，未来互利共赢的空间仍十分广阔。

结语与展望

综上所述，2021 年，在新上任的德拉吉政府的带领下，曾是欧洲乃至全球疫情最严重国家之一的意大利迎来转机。虽然疫情下的全面复苏仍步履艰难，但是意大利正朝着促进经济社会全面可持续发展的方向迈进：新冠疫苗接种全面推进，防疫措施取得相对突出成效，国家复苏与韧性计划顺利落地实施，经济实现较强劲复苏，社会形势整体趋于改善。在外交上，德拉吉政府领导下的意大利全面回归欧洲主流，与法、德两国关系得到巩固，同时借助担任 G20 轮值主席国的主场外交优势积极推行多边主义，在一定程度上提升了自身的国际影响力。总体而言，虽然德拉吉政府对华合作态度趋于保守，但务实合作仍是中意关系的主流。2021 年，两国高层互动频繁，在经贸、科技、能源、基础设施、教育、体育等领域的交流与合作均取得一定进展，特别是双边贸易额逆势大增成为两国合作的一大亮点。

2022 年，意大利自身与中意关系发展都面临着机遇和挑战。就意大利自身发展而言，国家复苏与韧性计划的逐步落实有望继续推动经济复苏与社会形势向好，但是新一波疫情及全球供应链紧张的负面影响也不容忽视。意大利政府对 2021 年底暴发的新一波奥密克戎变种病毒疫情的前景预判比较乐观，表示会尽快取消室外佩戴口罩的规定，并将于 2022 年 3 月 31 日正式终止国家卫生紧急状态；但是不可否认，任何防疫措施的调整都要在公共卫生风险与经济社会影响之间找到平衡，这一波疫情对意大利经济究竟会产生何种影响仍存在较大不确定性。此外，受疫情挥之不去、俄罗斯与乌克兰冲突或将升级等因素影响，预计全球供应链紧张仍将持续一段时间，甚至不排除在 2022 年会进一步加剧，这无疑将拖累意大利经济复苏的步伐。在政治上，将于 2022 年 1 月下旬举行的总统选举也可能会给意大利政局带来新变化，值得关注。就中意关系而言，在美国拜登政府全面打压中国、欧盟在国际交往中越来越强调“志同道合”、意大利在对外政策上回归欧洲主流的大背景下，预计未来中意两国合作的推进会遇到更多困难。对此，需要两国政府更具战略眼光，及时沟通磋商，加强政治与战略互信，以务实态度应对挑战、把握机遇。2022 年是中意文化和旅游年，期待两国以此为新起点，在后疫情时代实现更高水平的互利共赢。

分报告

Situation Reports

B.2

意大利政治：迈向“下一代欧盟”*

石　豆**

摘　要： 2021年初意大利爆发政府危机，最终导致孔特二期政府倒台。德拉吉组建“技术-大联合政府”后，意大利主要政党均经历新变化甚至动荡。民主党迎来新任书记前总理莱塔，五星运动则由刚卸任总理的孔特掌舵。中右阵营方面，联盟党和意大利力量党加入政府，与意大利兄弟党分歧加大。2021年，德拉吉凭借其专业能力和国际声望为意大利政府带来了短暂的稳定。在10月举行的市政选举中，民主党成为最大赢家，中右阵营未能延续大区选举中的强劲势头，五星运动则遭遇溃败，选举结果表明意大利已回归“两极”政党格局。在此背景下，莱塔试图重建“橄榄树联盟”，但前景并不乐观。总体而言，“下一代欧

* 本文受到中央高校基本科研业务费专项“从清末至今中国意大利研究的视域变迁”（项目编号：2122019342）的资助。

** 石豆，南开大学意大利语系讲师，天津翻译协会理事，主要研究领域为意大利语言文化、意大利政党政治。

盟”计划是推动2021年意大利政局变化的最重要外部变量。2022年，各政党将围绕总统选举、市政选举和选举法改革继续展开激烈博弈。

关键词： 意大利 德拉吉政府 “下一代欧盟”计划 民主党 五星运动

2021年，意大利在政府危机与新冠疫情危机的双重阴霾下开启了新的一年。2020年末，伦齐领导的意大利活力党就“国家复苏与韧性计划”（下文简称“复苏计划”）向总理孔特发难，并在2021年初撤销对政府的支持，最终导致孔特二期政府倒台。此后，欧洲中央银行前行长德拉吉临危受命，组建起了“技术-大联合政府”，并得到除意大利兄弟党之外其他主要政党的支持。德拉吉政府是自2018年意大利议会选举以来的第三届政府，也是继蒙蒂政府之后，近十年来的第二个“技术政府”。德拉吉为新政府奠定了坚定的亲欧盟立场，并给意大利政坛带来一系列连锁反应。

一 2021年意大利政局变化

2021年，意大利的政局变化主要源于“一场危机”、“两项计划”和“一场选举”。年初爆发的政府危机，导致意大利政府再次更迭。德拉吉政府成立后，以“疫苗接种计划”和“复苏计划”为核心开展工作，赢得了较高的支持率。而10月举行的市政选举结果表明，意大利政党体系自2019年大区选举以来形成的“两极”格局正在得到强化。

（一）一场危机

自2020年12月起，伦齐领导的意大利活力党以自身在“复苏计划”制订过程中被边缘化为由开始向总理孔特发难。圣诞节过后，双方冲突进一步升级。12月28日，伦齐向政府提交了题为“CIAO”① 的63条建议，并发出“最后通牒”。虽然孔特此后做出让步，对“复苏计划”做出修改，并经部长会议审议通过，但在之后的议会投票中，意大利活力党还是投了弃权票，主要理由是“复苏计划”没有将“欧洲稳定机制”（ESM）应对疫情专项基金纳入其中。2021年1月13日，伦齐宣布意大利活力党3位部长辞职，政府危机正式拉开序幕。1月18日，孔特政府在众议院获得321票，得到绝对多数信任，但在随后的参议院投票中，仅获得156票，未达到绝对多数（158票）。由于意大利议会实行“对等两院制”，即同一部法令需参、众两院同时通过，在未获得参议院多数席位的前提下，孔特政府实际上成为“少数派”政府，已无法正常运转。1月26日，孔特向总统马塔雷拉递交辞呈，正式宣告其第二个总理任期结束。

此后，由于各党派磋商无果，马塔雷拉委任德拉吉组建新一届政府。从内阁人员构成来看，在全部23位部长中，有8位技术官僚，主要涉经济、金融等重要部委，且其中仅有一位为“不管部”部长。其余内阁成员则采取了“大联合政府”模式，从各个政党选出。具体来看，五星运动有4名部长，联盟党、意大利力量党和民主党各有3名部长，意大利活力党和“自由与平等”各1名部长。从性质上看，本届政府兼具“技术政府”和“大联合政府”特点，有意大利学者将其定义为“由技术官僚主导的政治政府”（Governo politico a trazione tecnocratica）。② 德拉吉在议会就职演讲中明确阐述了其亲欧盟立场，并强调对于任何支持其政府的政党而言，欧元是“不可逆转的选择”。③ 德拉吉政府得到除意大利兄弟党之外所有主要政党的支持，获得了接近八成的议会多数席位。

值得注意的是，在政府广泛的支持率背后，主要政党均经历着新变化甚

① CIAO是Cultura（文化）、Infrastrutture（基础设施）、Ambiente（环境）和Opportunità（机遇）四个意大利语单词的首字母缩写，同时也是“再见”的意思。

② Alberto Lucarelli，“Il modello dualista dei ‘Presidenti’：prodromi del cambiamento della forma di governo parlamentare”，*Diritto Pubblico Europeo-Rassegna online*，n. 1，2021.

③ “Le dichiarazioni programmatiche del Presidente Draghi”，17 febbraio 2021，https：//www.governo.it/it/articolo/le-comunicazioni-del-presidente-draghi-al-senato/16225，最后访问日期：2021年12月20日。

至动荡。首先，五星运动内部矛盾激化。虽然五星运动领导层力挺新政府，但基层团体却有不同的声音。五星运动在建制化过程中缓和了其疑欧立场，但是内部仍有相当大比例的人士难以接受德拉吉银行家和建制派精英的身份。从五星运动内部投票结果来看，有60%的人支持新总理。投票虽然通过，但党内主要的反对派领袖迪·巴蒂斯塔（Di Battista）却因此最终脱党。经历了诸多混乱之后，格里洛（Beppe Grillo）邀请前总理孔特执掌五星运动，希望凭借他的人气来挽救当前深陷危机的政党。其次，民主党内也发生了巨震。2021 年 3 月 5 日，民主党书记津加莱蒂辞去党内职务，并在个人 Facebook 主页上表示对当前的民主党“感到羞愧”，因为新政府成立 20 天来，党内只谈论席位和初选，对意大利真正紧迫的问题视而不见。① 实际上，津加莱蒂担任民主党书记两年来，党内在与五星运动联合、地方选举策略等议题上纷争不断。而德拉吉政府成立后，津加莱蒂因民主党未能有女性部长当选而再次在党内成为众矢之的。由于不堪内部纷争，津加莱蒂选择辞职，并邀请前总理莱塔执掌民主党。最后，中右阵营内部分歧加大。意大利力量党支持德拉吉政府并不意外，但联盟党“逆转”立场加入德拉吉政府的确令外界感到费解。对此，萨尔维尼的解释是，不是联盟党改变了立场，而是欧盟改变了方向。当被问及是否接受欧元不可逆转时，他的回答是，“生命中唯一不可逆转的就是死亡”。② 意大利兄弟党选择继续做反对党，其领导人梅洛尼给出的理由似乎更有原则，即拒绝通过技术政府来解决意大利的问题。③

---

① “Zingaretti si dimette da segretario Pd：‘Nel partito si parla solo di poltrone，mi vergogno’. Dai dem il coro：‘Ripensaci’. Il sostegno di Conte”，*La Repubblica*，4 marzo 2021，https：//www. repubblica. it/politica/2021/03/04/news/pd_ il_ segretario_ nicola_ zingaretti_ nelle_ prossime_ ore_ mi_ dimetto_ -290309527/，最后访问日期：2021 年 12 月 27 日。

② “Salvini sull'euro：‘Irreversibile? Solo la morte lo è’. Zingaretti：‘La moneta unica ci rafforza’”，*La Stampa*，17 febbraio 2021，https：//www. lastampa. it/politica/2021/02/16/news/salvini-sull-euro-irreversibile-solo-la-morte-lo-e-1. 39909192/，最后访问日期：2021 年 12 月 20 日。

③ “Verso il governo Draghi，Meloni：‘Io la fiducia non la voto. Subito alle urne’”，*La Repubblica*，4 febbraio 2021，https：//www. repubblica. it/politica/2021/02/04/news/crisi_ governo_ draghi_ centrodestra_ meloni-286056332/，最后访问日期：2021 年 12 月 29 日。

（二）两项计划

德拉吉政府成立后，工作重心主要围绕“疫苗接种计划”和“复苏计划”展开。“疫苗接种计划”着眼于短期，即控制疫情，稳定社会，逐步恢复经济，令意大利渡过当前危机。“复苏计划”则着眼于中长期，即借助“下一代欧盟”计划，通过投资和改革，解决意大利的深层问题。

2021 年 3 月，意大利政府出台了新冠疫苗接种计划，通过增加疫苗供应和提升接种能力两方面，加速疫苗接种工作。截至 2021 年 12 月 31 日，意大利疫苗接种人口比例超过 80%，优于欧盟平均水平，在欧洲主要大国中仅次于西班牙，高于法国、英国和德国。[①] 意大利接种比例较高有两个主要原因。其一，意大利民众对疫苗的接受度相对较高。例如，益普索（Ipsos）与世界经济论坛于 2021 年 2 月联合发布的一项调查显示，意大利大约 85%的受访者愿意接种新冠疫苗，相较之下，法国仅为 59%，德国也只有 74%。[②] 其二，意大利政府的疫苗强制接种和“绿色通行证”（简称“绿通”）政策收效较好。意大利强制接种疫苗人群已从 4 月初的医务人员，扩大到年底的所有学校、国防、安全、公共援助等部门的工作人员。[③] 至于非强制接种人群，政府则先后推出了“绿通”和“超级绿通”政策，前者可以通过咽拭子 48 小时阴性证明获得，但后者只有完成疫苗接种或病愈人群才能获得。[④] 按照规定，持有“绿通”是进入许多封闭场所以及乘坐公共交通的必备条件。

---

① https：//lab24. ilsole24ore. com/vaccinazioni-mondo/，最后访问日期：2021 年 12 月 31 日。

② World Economic Forum（WEF），“Confidence in COVID-19 Vaccines Continues to Rise”，Consultato 24 dicembre 2021，https：//www. weforum. org/agenda/2021/03/confidence-in-covid-19-vaccines/，最后访问日期：2021 年 12 月 20 日。

③ Falasca，Giampiero，e Valentina Melis，“Vaccino e lavoro，sempre più obblighi. La stretta in Italia，la mappa in Europa”，*Il Sole 24 Ore*，29 novembre 2021，https：//www. ilsole24ore. com/art/vaccino-e-lavoro-sempre-piu-obblighi-stretta-italia-mappa-europa-AEHhwSz，最后访问日期：2021 年 12 月 20 日。

④ 通过咽拭子阴性证明获得的是临时“绿通”，有效期只有两天，“超级绿通”的有效期可达数月。

意大利政府希望通过上述措施进一步提升疫苗接种率，但也激起了全国范围内的“反疫苗”（No-Vax）和“反绿通”（No Green Pass）抗议运动，“庞德之家”（CasaPound）和“新力量”党（Forza Nuova）等极端组织也借“双反运动”走上街头。[①] 此外，意大利还出现了针对医护人员和政治官员的威胁，以及对疫苗生产、接种活动的破坏行为。例如，2021 年 4 月，两名无政府主义者向布雷西亚的一个疫苗接种中心投掷了两枚莫洛托夫手雷；[②] 5 月，特雷维索的一名护士假装注射疫苗，实际上将装满疫苗的注射器丢弃；[③] 6 月，热那亚圣马蒂诺医院的传染病科主任巴塞蒂（Matteo Bassetti）收到神秘组织“红色 W”的死亡威胁；[④] 12 月，意大利社交媒体软件 Telegram 上出现了针对包括总理德拉吉在内的多名政府官员的威胁消息。[⑤] 然而，总体来看，得益于政府严格的监管措施，[⑥]“双反运动”虽波及全国，但规模较小，且以和平抗议为主，零散出现的极端案例也并未对疫苗接种计划造成太大影响。

---

① “Covid e Green Pass，la provocazione shock di Forza Nuova：‘Ti vaccini? Ti buttiamo fuori’”，*La Repubblica*，5 agosto 2021，https：//www. repubblica. it/politica/2021/08/05/news/covid_vaccini_ green_ pass_ forza_ nuova-313047347/，最后访问日期：2021 年 12 月 20 日。

② Beatrice Raspa，“Molotov contro centro vaccini a Brescia，i due no vax：‘Chiediamo scusa’”，*Il Giorno Brescia*，4 maggio 2021，https：//www. ilgiorno. it/brescia/cronaca/molotov - centro - vaccini-1. 6322412，最后访问日期：2021 年 12 月 20 日。

③ “Treviso，infermiera finge di somministrare il vaccino ma getta la siringa ancora piena. Denunciata per omissione in atti d'ufficio”，*Il Fatto Quotidiano*，5 maggio 2021，https：//www. ilfattoquotidiano. it/2021/05/05/treviso-infermiera-finge-di-somministrare-il-vaccino-e-getta-via-la-siringa-ancora-piena-denunciata-per-omissione-in-atti-dufficio/6188164/，最后访问日期：2021 年 12 月 20 日。

④ “Matteo Bassetti，minacce di morte da no vax：‘1. 500 messaggi con la W rossa’”，*Il Giorno*，13 giugno 2021，https：//www. ilgiorno. it/cronaca/minacce-matteo-bassetti-1. 6479246，最后访问日期：2021 年 12 月 20 日。

⑤ “No vax，minacce a Draghi su Telegram：‘Appuntamento sotto casa sua’”，*Adnkronos*，12 dicembre 2021，https：//www. adnkronos. com/no - vax - minacce - a - draghi - su - telegram - appuntamento-sotto-casa-sua_ 5E5l7avLgjC6iNv46oNjZ8，最后访问日期：2021 年 12 月 20 日。

⑥ Marco Ludovico，“No vax，tolleranza zero del Viminale. Si indaga su una regia occulta，stretta sui reati web”，*Il Sole 24 Ore*，1 settembre 2021，https：//www. ilsole24ore. com/art/no - vax - tolleranza-zero-viminale-si-indaga-una-regia-occulta-stretta-reati-web-AEZxirf，最后访问日期：2021 年 12 月 20 日。

2021 年 4 月底，德拉吉政府制订的“复苏计划”经议会通过后提交欧盟，并于 2021 年 6 月获欧盟委员会批准，这份事关意大利未来数年投资和改革的蓝图最终敲定。意大利“复苏计划”总投资额达到 2221 亿欧元，分成六大使命，分别是“数字化、创新、竞争力、文化与旅游”“绿色革命与生态转型”“实现可持续交通的基础设施”“教育与研究”“包容与凝聚力”“健康”，目标是系统应对意大利三大发展问题：青年融入、性别不平等和区域发展不平衡。[①] 为达成上述目标，意大利必须在欧盟的监管下开展一系列“真正的改革”。[②] 然而，与政府在防疫工作上的相对团结和高效相比，相关改革推进并不顺利。2021 年“Zan 提案”最终被否决就是一个典型例子。[③] 该提案试图改革现有法律，将煽动种族、民族和宗教仇恨定为犯罪，同时打击煽动基于性、性别、性取向、性别认同或残疾仇恨的行为。该提案由民主党提出，并于 2020 年 11 月经众议院批准。进入 2021 年后，草案在参议院受阻，因为中右阵营将其定义为“非优先事项”，不允许在司法委员会开启讨论。此后，民主党与中右阵营展开了长时间的拉锯战。2021 年 10 月 27 日，参议院投票通过了联盟党和意大利兄弟党提出的“停止审议”决定，宣告“Zan 提案”最终搁浅。这个案例只是近年来意大利诸多改革方案失败命运的一个缩影，在高度碎片化的政党格局下，各党派相互钳制掣肘，使任何改革想要获得议会批准都困难重重。

总体来看，德拉吉政府较好地推进了“疫苗接种计划”，并通过“复苏计划”为意大利未来的投资和改革绘制了蓝图。得益于上述举措，2021 年意大利经济实现强劲复苏，全年 GDP 增长 6.5%，略低于法国，高于德

① “Trasmissione del PNRR al Parlamento”, https：//www. governo. it/it/articolo/pnrr/16718，最后访问日期：2021 年 12 月 24 日。

② ISPI，“Recovery（non）Fund：ora le riforme”, 30 aprile 2021, https：//www. ispionline. it/it/pubblicazione/recovery-non-fund-ora-le-riforme-30274，最后访问日期：2021 年 12 月 20 日。

③ 该提案标题为《预防和打击基于性、性别、性取向、性别认同和残疾的歧视和暴力的措施》，由民主党代表亚历山德罗·赞（Alessandro Zan）作为报告员提出，因此也被称为“Zan 提案”。

国和西班牙。虽然执政党联盟在诸多改革议程上意见分歧大，但德拉吉还是主导了主流施政方向，其本人也赢得了国内外的一致认可。2021 年 12 月 14 日的一项民调显示，70%的意大利人希望德拉吉留任总理。[①]《经济学人》杂志同样给予德拉吉高度评价，称他是一位“在国际上受人尊敬且能力出众的总理”，他领导的大联合政府使意大利“比一年前更好”。[②]

（三）一场选举

进入 2021 年，意大利各党派博弈的主战场转移至市政选举。选举原计划 5 月底举行，后因疫情被推迟到 10 月，同期举行的还有卡拉布里亚大区选举以及锡耶纳和罗马普里马瓦莱区的众议员补充选举。10 月 3~4 日，共有 1192 个城市进行了投票，人口超过 1.5 万人的城市有 118 个，其中 19 个是省会城市，包括 6 个大区首府，分别为罗马、米兰、那不勒斯、都灵、博洛尼亚和的里雅斯特。按照市政选举规则，对于人口多于 1.5 万人的城市，在第一轮投票中市长候选人必须赢得至少 50%的选票才能当选，否则将在排名最靠前的两名候选人之间进行第二轮投票。

从选举结果来看，民主党成为最大赢家。以人口超过 1.5 万人的城市为例，民主党支持的中左阵营市长候选人在 52 个城市中获胜，而中右阵营在 38 个城市中获胜，五星运动只在 5 个城市中获胜。在大区首府市长职位的角逐中，中左阵营在首轮选举中在米兰、博洛尼亚和那不勒斯 3 个城市获胜，3 位市长候选人萨拉（Beppe Sala）、莱波雷（Matteo Lepore）、曼弗雷迪（Gaetano Manfredi）分别以 58%、62%、62.9%的得票率当选。罗马和都灵两地的竞争更为激烈，首轮没有候选人获得绝对多数。在第二轮选举中，

---

① “Report su Governo: il 70 per cento vuole che Draghi resti a Palazzo Chigi”, *La Stampa*, 14 dicembre 2021, https://www.lastampa.it/politica/2021/12/14/news/report_su_governo_il_70_per_cento_vuole_che_draghi_resti_a_palzzo_chigi-1552324/，最后访问日期：2021 年 12 月 26 日。

② “Which Is *The Economist*'s Country of the Year for 2021?”, *The Economist*, December 18, 2021, https://www.economist.com/leaders/2021/12/18/which-is-the-economists-country-of-the-year-for-2021，最后访问日期：2021 年 12 月 26 日。

民主党候选人、前财政部长瓜尔蒂耶里（Roberto Gualtieri）和斯特凡诺·洛·鲁索（Stefano Lo Russo）分别在罗马和都灵以较大优势击败了中右阵营对手。此外，新任民主党书记莱塔当选锡耶纳众议院候补议员，时隔六年后重回议会，罗马的众议院补选席位也由民主党人卡苏（Andrea Casu）获得。

中右阵营未能延续大区选举中的强劲势头，在6个大区首府中，仅在分量相对较轻的的里雅斯特获胜，当选市长为意大利力量党候选人迪皮亚扎（Roberto Dipiazza），他在第二轮决选中险胜民主党候选人弗朗切斯科·鲁索（Francesco Russo）。此外，中右阵营还赢得了卡拉布里亚大区选举。总体而言，中右阵营三大政党表现不一。联盟党支持率出现下滑，意大利力量党的支持率与2020年相比变化不大，而意大利兄弟党则获得了更高的支持率。2021年10月的民调显示，意大利兄弟党的支持率已超越联盟党，萨尔维尼与梅洛尼之间的竞争也愈发激烈。在梅洛尼看来，中右阵营失利的原因正是内部协调不力，在市长候选人选择上存在分歧。[①]

五星运动在市政选举中遭遇溃败。在2016年市政选举中，五星运动一举拿下罗马和都灵两个城市，成为其崛起道路上的里程碑事件。2021年，五星运动不仅失去了罗马和都灵的市长职位，而且其候选人得票数仅为2016年的1/3。此外，五星运动在米兰仅获得2.7%的支持率，而且没有党员当选市议员。虽然五星运动与民主党联合取得了在博洛尼亚和那不勒斯的胜利，但是五星运动单个政党在这两个城市的支持率分别仅为3.4%和9.7%。换言之，即使没有五星运动的支持，中左阵营候选人仍然能够直接在第一轮当选。虽然目前五星运动在国家层面仍是议会第一大党，但是大区选举和市政选举的惨淡局面表明该党已处于非常困难的境地。

值得注意的是，2021年市政选举的投票参与率出现大幅下滑。从全国范围来看，第一轮投票的参与率在55%左右，比2016年低了近7个百分点。

---

① "Meloni ammette la sconfitta ma non fa autocritica：'Il centrodestra? Abbiamo 3 posizioni diverse'"，*Il Fatto Quotidiano*，18 ottobre 2021，https：//www.ilfattoquotidiano.it/2021/10/18/meloni-e-i-motivi-della-sconfitta-il-centrodestra-abbiamo-3-posizioni-diverse-ma-non-fa-autocritica-campagna-elettorale-splendida/6359661/，最后访问日期：2021年12月26日。

6 个大区首府的情况更为糟糕：只有博洛尼亚的投票率超过了 50%，其他 5 个城市的投票率在 46%~48%之间，而第二轮的投票率更是跌至 40%左右。因此，市政选举的结果并不能完全反映各党派在国家层面的状况。虽然民主党是 118 个城市选举中得票最多的政党，但其得票率仍低于 2019 年欧洲议会选举、2018 年大选和 2016 年市政选举。[①] 中右阵营虽然表现不及预期，但是其民调支持率仍远远高于中左阵营。五星运动在大区选举和市政选举中的选情表明该党已无法单独成为“一极”，意大利政党体系正在重返“两极”格局。

二 “两极”格局：重建“橄榄树联盟”？

自孔特二期政府以来，民主党与五星运动逐渐从被动联合走向主动联合。2021 年政府危机后，两党均经历动荡，迎来新领导人。再度“携手”进入德拉吉政府后，两党在绝大多数议题上保持了相近的立场。虽然市政选举的结果朝着有利于民主党的方向发展，但五星运动的建制化进程似乎预示着新中左阵营的形成已是大势所趋。

（一）孔特与“五星运动2.0”

2021 年是五星运动发展史上的一个分水岭，标志着一个时期的结束。这一年，创始人格里洛深陷儿子性侵丑闻危机，党内领导人袖迪·巴蒂斯塔脱党，由联合创始人之子大卫·卡赛拉乔运营的“卢梭”平台也与五星运动正式“告别”，遭遇多重危机的五星运动面临着“重建”的紧迫压力。2021 年 8 月，五星运动新章程在新平台上以 87%的得票率通过。此后不久，前总理孔特以 92.8%的支持率正式当选为五星运动主席。随着新章程和新

① Vincenzo Emanuele, “FDI sorpassa la Lega, M5S crolla, PD ai livelli 2016. L’analisi del voto nei 118 comuni sopra i 15.000 abitanti” . CISE (blog), 6 ottobre 2021, https://cise.luiss.it/cise/2021/10/06/fdi-sorpassa-la-lega-m5s-crolla-pd-ai-livelli-2016-lanalisi-del-voto-nei-118-comuni-sopra-i-15-000-abitanti/, 最后访问日期：2021 年 12 月 26 日。

领袖的产生，五星运动完成“系统重装”，进入属于孔特的“2.0 时代”。结合新章程内容，我们至少能够提炼出五星运动的三点主要变化。①

第一，“五星”内涵扩大。“五星”从先前的“水、环境、交通、连接和发展”变成“共同财富、整体生态、社会正义、技术创新和生态社会市场经济”，共同构成党派的“政治行动基石”和“纲领性优先事项”。具体来看，“共同财富”被定义为任何人都不能独占的公共物品，既包括自然资源（如水、空气、森林、冰川等）和文化资源，也包括知识，正是这些共同财富使个人基本权利和自由获得保障成为可能；“整体生态”指的是一种新的发展模式，超越了基于生产增长的传统模式，通过对抗气候变化、保护生物多样性和自然资源，促进社会公平和可持续发展；“社会正义”的目标必须是“打击和消除困扰意大利的经济、社会、性别、代际和区域不平等”；“技术创新”必须着眼于减少不平等，“甚至为最脆弱和边缘化的人群提供更好的生活条件”；最后，“生态社会市场经济”倾向于将自由市场的最高监管职能赋予政府，这与经济权力的集中形成对比，同时突出环境保护。

第二，直接民主形式完成迭代。新章程强调了直接民主的重要性，但也提到了需要不断改善公民与其代表之间的关系，提高代议制民主质量。在组织层面上，注册党员的中心地位得到确认，他们继续在指导和决定党内政治活动的基本选择方面发挥作用。新章程设立了“地方团体”，团体必须由至少 30 名成员组成，并由“地方关系委员会”在听取地方协调员意见后与主席协商授权，每个团体可以选举自己的代表，并可由中央一级提供资金。此外，新章程还设立了“专题论坛”，用于交流、讨论政治思想，非党员也可以通过线上方式参与，向“国家项目委员会”提出议案。议案如果审核通过，将组织党内成员投票，使之成为政党行动方案的一部分。

第三，组织架构完成升级。首先，在领导模式上，新章程并未采纳 2020 年“三级会议”上讨论的“集体领导”方案，即成立“领导委员会”，

---

① *Statuto del Movimento 5 Stelle*，https：//www.movimento5stelle.eu/wp-content/uploads/2021/07/NUOVO-STATUTO-TESTO-DEFINTIVO.pdf.

而是设立了“主席”（presidente）这一职务，不再使用“党首”（Capo Politico）概念。主席是五星运动的政治领袖，负责把控党内政治方向，任期四年，可连任一次，拥有广泛的职权，例如指导和协调与其他政治力量的关系、主持全国委员会、决定分配给地方团体的资源份额、向议会推荐一名或多名副主席，以及任命大区、省和地方一级的协调员等。其次，党内还新设了四个委员会。除了上文提到的“地方关系委员会”和“国家项目委员会”外，还设立了“培训进修委员会”以及“欧洲与国际关系委员会”，其中“培训进修委员会”还下设了培训学校，用于组织研讨会、其他会议及相关有益举措，以确保对成员和发言人进行持续和专门的培训。

综上所述，不难发现，新“五星”赋予了五星运动更加明确的政治身份，使其完成了从“民粹主义”到“进步主义”的蜕变；类似于传统政党组织构架的建立，改变了先前党内直接民主占主导的局面，变成直接民主与代议制民主并重；“主席”取代“党首”，变化的不仅是名称，也意味着更广泛的职权和对党派的支配地位；如果还考虑到诸如“注重言语使用”的规定，特别是“攻击性的语言表达应被视作与暴力行为同等性质”等细节，可以说孔特领导的五星运动已脱去了“运动党”的外衣，完成了建制化的主要步骤。

然而，目前来看，五星运动的这些转变对其自身前途的影响尚不明朗。实际上，五星运动逐步建制化的过程也是其选民不断流失的过程。五星运动的支持率在 2018 年大选时达到顶峰，但在此后的欧洲议会选举、大区选举和市政选举中选情持续下滑，五星运动的支持率不断下滑。但反过来看，五星运动进入政府后，的确兑现了或至少部分兑现了其政治许诺，例如全民基本收入计划、福尔内罗养老金法改革以及议员削减改革等。那如何解释五星运动支持率持续下跌的现象呢？回顾 2018 年大选五星运动的大胜，五星运动的支持率实际上是虚高的，因为相当一部分选票并非源自对其施政纲领的认可，而是源自对其他主流政党的抗议。[①] 当五星运动不再代表抗议的声音

① 石豆：《意大利政治：“民粹政府”谢幕，不确定性加剧》，载孙彦红主编《意大利发展报告（2019~2020）》，社会科学文献出版社，2020，第 37~51 页。

时，这部分选票就会流向其他地方。当前的五星运动从各个角度看都更像民主党，但是如果它无法传递出有别于民主党的政治理念，又如何确保其在意大利政治生态中的地位呢？

（二）莱塔与新“橄榄树联盟”

2021 年对于民主党同样是“重建”的一年。民主党近年来的危机与五星运动的崛起息息相关，但是党内的分歧同样不容忽视。实际上，2007 年民主党诞生时融合了后天民党和后共产党两股力量，为党内派系纷争埋下隐患。从维尔特里尼（Walter Veltroni）到莱塔，民主党自成立以来已更换了八任书记。自 2014 年伦齐担任书记以来，民主党更是被“个人主义”所笼罩。① 2014 年伦齐领导的民主党撤销对政府支持，莱塔被迫辞去总理职务，成为民主党内部斗争的“牺牲品”。此后，从 2014 年欧洲议会选举的大胜，到 2016 年宪法公投的失败，将政党与个人捆绑的做法让民主党经历了过山车般的动荡。2018 年大选失利后，伦齐辞去书记一职，民主党成为在野党。虽然民主党在一年后重回政府，但是与五星运动的联合导致其党内进一步分裂，领袖卡兰达和伦齐先后脱党“另立门户”。2021 年津加莱蒂主动辞去书记一职，又是民主党“内战”的最新写照。

在此背景下，莱塔重回阔别多年的意大利政坛，高票当选民主党新任书记。自 2014 年辞去总理一职后，莱塔赴法国担任巴黎政治学院国际关系学院院长。之所以选择再次回归，用莱塔自己话说，是因为“内疚和反叛的义务”，“内疚”是因为短暂的执政经历未能改善意大利的现状；“反叛的义务”则是希望“能为意大利的年轻人营造未来，提供机会”。② 莱塔重回意大利政坛，再次执掌民主党，并带来了他的政治宣言——“斗志与螺丝刀”（Anima e Cacciavite），这是他 2021 年 6 月出版的新书的标题。“螺丝刀”这个隐喻的背后，是莱塔对意大利“病态民主”的痛心。他在书中写道：“从

① Piero Ignazi, *I partiti in Italia dal 1945 al 2018*, Il Mulino, 2018, pp. 253-254.

② Enrico Letta, *Anima e cacciavite: Per ricostruire l'Italia*, Solferino, 2021, pp. 3-5.

蒙蒂政府到德拉吉政府的十年中，共六位总理组建了七届政府……议会中所有或几乎所有的政治力量都在不同方案的漩涡中交替执政，而这一漩涡在这届议会任期达到了顶峰。……德拉吉政府的出现，说明这个系统的危机已达到极端的地步，有必要以果敢和明确的举措进行干预，以治愈我们病态的民主。”[①] 因此，莱塔的志向不仅是给民主党“把脉”，更是要重建意大利的民主政治生态。针对这两点，莱塔都开出了“药方”。

首先，莱塔为民主党的改革指明了方向，即“价值观上的进步派，方法上的改革派，行为上的激进派”。[②]“价值观上的进步派”意味着把工作的尊严置于中心地位，宣扬和践行平等，把缩小意大利地域、代际和性别差距作为基本目标，借助“下一代欧盟”计划制定经济和社会改革方案；“方法上的改革派”意味着宣告20世纪90年代“第三条道路”改革的正式终结，取而代之的是审时度势，用恰当的方法解决当代问题；“行为上的激进派”，意味着言行一致，任人唯贤，政治家以身作则、为权利而战，例如坚决捍卫“Zan提案”。具体来看，莱塔认为，团结民主党的关键在于摆脱“个人主义”，构建“集体智慧”党，而实现路径是在党内进行数字化改革。

其次，莱塔认为，应对当前政治危机的关键是改革选举法，重塑“两极”格局。在莱塔看来，最近十年意大利政府接二连三出台的选举法，严重破坏了意大利的政治生态。1994年大选正式启用的《马塔雷拉法》在稳定性和代表性需求之间取得了平衡，促进了“普罗迪-贝卢斯科尼”时代“两极”格局的形成。[③] 但是2006年推出的《卡尔德罗利法》引入了饱受争议的“封闭竞选名单”和“多数奖励”设计，企图通过选举法扭曲大选结果。在采用该选举法的八年中，意大利先后更换了五任总理。此后该选举法被裁定违宪，2017年被《罗萨托法》取代，但后者并未给意大利政

---

① Enrico Letta, *Anima e cacciavite: Per ricostruire l'Italia*, Solferino, 2021, p. 71.

② Ibid., pp. 19-20.

③ Ibid., pp. 68-69.

治带来更大的稳定性。[1]因此，莱塔的目标是通过改革选举法，对标普罗迪时代的“橄榄树联盟”，重塑由民主党主导的新中左阵营。这个广泛的联盟应当覆盖孔特领导的五星运动、伦齐的意大利活力党、卡兰达的行动党、“自由与平等”以及其他中左翼小党派。

目前来看，新“橄榄树联盟”的前景并不乐观。市政选举过后，意大利政党体系重回“两极”格局，民主党成为最大赢家，莱塔的领导地位得到巩固，而且其他党派也清楚，唯一能够阻挡中右阵营上台执政的方法，就是建立起能够与之抗衡的中左阵营。然而，问题在于，经历了年初的政府危机后，想要修复民主党、五星运动与意大利活力党之间的关系十分困难。莱塔或许能够不计前嫌，向意大利活力党敞开大门，但伦齐似乎并不热心。例如，在民主党主推的“Zan 提案”搁浅后，伦齐就被指责站在了联盟党和意大利兄弟党一方。[2] 五星运动是莱塔竭力争取的对象。2021 年 12 月，莱塔提议孔特作为中左阵营候选人，竞选瓜尔蒂耶里当选市长后留下的罗马选区议员席位。虽然孔特拒绝了邀请，但是莱塔的行为引起卡兰达和伦齐的强烈不满。[3] 此外，孔特也明确发出信号，“永远不和伦齐和卡兰达结盟”。[4] 总之，虽然莱塔意在“缝合”中左阵营，但在此之前，似乎有太多的“结”需要先解开。

---

① 关于上述选举法具体规定，详见〔意〕米凯莱·普罗斯佩罗《意大利选举制度变迁及当前改革评析》，载孙彦红主编《意大利发展报告（2019～2020）》，社会科学文献出版社，2020，第 82～93 页。

② “Per il Pd si va avanti per il ‘Nuovo Ulivo’ anche senza Iv”, *Agi*, 30 ottobre 2021, https://www.agi.it/politica/news/2021-10-30/pd-avanti-per-il-nuovo-ulivo-anche-senza-iv-14372505/，最后访问日期：2021 年 12 月 27 日。

③ Emilia Patta, “Conte dice no all'offerta di Letta: non corre a Roma per la Camera”, *Il Sole 24 Ore*, 7 dicembre 2021, https://www.ilsole24ore.com/art/conte-dice-no-all-offerta-letta-non-corre-roma-la-camera-AETKJO1，最后访问日期：2021 年 12 月 27 日。

④ Annalisa Cuzzocrea, “M5S, Conte ai parlamentari: ‘Mai alleati di Calenda e Renzi’. Ecco i nuovi vice: Appendino e Azzolina rimangono fuori”, *La Repubblica*, 21 ottobre 2021, https://www.repubblica.it/politica/2021/10/21/news/m5s_ecco_la_nuova_segreteria_di_conte_appendino_e_azzolina_rimangono_fuori-323231577/，最后访问日期：2021 年 12 月 27 日。

三　结语与展望

总体而言，2021 年，主导意大利政局的依旧是高度不稳定性。从政府危机到技术政府组建，从民主党、五星运动的重建，到联盟党态度大逆转进入德拉吉政府，从大区选举中右阵营势如破竹，到市政选举民主党成为最大赢家，令人眼花缭乱的变化背后体现的是支离破碎的政党格局正在快速分化重组。即便如此，2021 年意大利政治的变化仍有着较为清晰的逻辑，那就是“下一代欧盟”计划正在成为影响该国政治走向的最重要的外部变量。用莱塔的话说，“没有‘下一代欧盟’，就没有欧盟”。①

可以说，近十年来意大利政治的变化都与欧盟政策息息相关。2011 年，蒙蒂政府开始执行欧盟要求的“不受欢迎的”紧缩政策，激化了意大利与欧盟的矛盾。意大利国内疑欧、反欧情绪蔓延，为民粹主义、主权主义兴起提供了土壤，此后五星运动、联盟党和意大利兄弟党先后崛起，这一轮变化在 2018 年大选后达到高潮。2020 年“下一代欧盟”计划出台后，意大利成为最大受益国，随之引发了国内政局的新一轮变化。首先，伦齐发起的政府危机不只是对“复苏计划”不满，更多的是为争夺“下一代欧盟”计划资金使用的支配权；其次，马塔雷拉任命德拉吉组建技术政府，既是看重德拉吉的专业能力和国际声望，也是为了避免持续的政治危机损害国家利益；再次，德拉吉稳定的高支持率，同样得益于“下一代欧盟”计划。与蒙蒂负责执行紧缩政策不同，德拉吉的任务是负责分配欧盟资源，自然更受欢迎。② 最后，五星运动的建制化和联盟党民意支持率持续下滑似乎表明，意大利的民粹主义正在进入“休眠期”，这也主要由新的政治环境所致。③

---

① Enrico Letta, *Anima e cacciavite*: *Per ricostruire l'Italia*, Solferino, 2021, p. 101.

② Diego Garzia & Johannes Karremans, "Super Mario 2: Comparing the Technocrat-led Monti and Draghi Governments in Italy", *Contemporary Italian Politics*, Vol. 13, No. 1, 2021, pp. 105-115.

③ Marino de Luca, "The New Draghi Government and the Fate of Populism in Italy", LSE European Politics and Policy (EUROPP) blog, Feb. 24th, 2021.

2022年，意大利政局很可能会持续动荡。首先，1月的总统选举结果可能会“牵一发而动全身”。2021年11月的民调结果显示，虽然超四成的受访者不确定谁能当选总统，但在预想的候选人名单中，德拉吉依旧是最热门人选。[①] 如果德拉吉当选总统，势必会再次引发政府危机，之后可能出现两种结果：理想情况下，各党派就新总理候选人达成一致，内阁成员维持不变或微调，完成和平过渡；另一种情况则是提前大选。根据2021年12月的民调结果，中右阵营三大党派支持率总和超过46.4%。[②] 民主党虽然在民调中暂时领先，但独木难支，莱塔的新“橄榄树联盟”目前看来还只是梦想。尤其在议员数目削减后，中右阵营上台执政的可能性进一步增大。可以说，无论出现上述哪种情况，只要德拉吉离任总理，就会破坏已形成的政治平衡，进而引发国内外对意大利政治前景的担忧。

其次，鉴于2023将迎来新一轮议会选举，选举法改革也将被提上日程。近两年围绕选举法改革的讨论一直不断，尤其在议员削减法案通过后，五星运动与民主党都决心改革现有的《罗萨托法》。但是2020年两党提议的《布雷西亚法》搁浅后，2021年并未有新的进展。目前来看，民主党在莱塔担任书记后似乎更倾向于多数制占主导的《马塔雷拉法》，而五星运动由于近年来支持率持续下滑则对多数制不再热心。中右阵营的联盟党和意大利兄弟党支持多数制，意大利力量党则更倾向比例制。因此，如果各方无法达成一致，可能最终仍将沿用《罗萨托法》。

最后，2022年的市政选举将成为各政党在下届大选前的最后演练。经历了2021年第一轮市政选举的较量后，第二轮选举将在2022年延续，具体投票日期尚未确定，但各方估计很有可能是在6月。省会城市依旧是中左、中右阵营争夺的焦点，届时会有23个省会城市举行选举，其中4个为大区

---

① “Sondaggi, al Colle gli italiani vorrebbero Draghi. Resta alta la fiducia in Mattarella”, *La Repubblica*, 21 novembre 2021, https://www.repubblica.it/politica/2021/11/21/news/sondaggi_quirinale_draghi_mattarella-327291847/，最后访问日期：2021年12月28日。

② “Supermedia Agi/Youtrend: sale il Pd, frenano Fdi e M5s”, *Agi*, 23 dicembre 2021, https://www.agi.it/politica/news/2021-12-23/supermedia-sale-pd-frena-m5s-fdi-15010657/，最后访问日期：2021年12月28日。

首府，分别是巴勒莫、热那亚、卡坦扎罗和拉奎拉。至 2021 年底，各党派仍在确定候选人。对于民主党而言，能否真正重建“橄榄树联盟”十分关键；而中右阵营能否从 2021 年的失利中吸取教训，扳回一城，也事关联盟内的团结；至于五星运动，2022 年的市政选举无疑是对前总理孔特身份转换后的第一次真正考验。

B.3

意大利经济:“龙”之年

〔意〕洛伦佐·科多尼奥*

摘　要： 2021年，意大利经济实现了强劲复苏。意大利迎来了新总理德拉吉和一个以投资与改革为首要任务的大联合政府。新冠疫情对意大利造成沉重打击，但是意大利政府似乎有能力并且乐意做出积极反应。2021年意味着意大利各项政策的充满希望的新开端，这些政策旨在促进强劲的经济增长。2022年意大利经济会更上一层楼，还是会重回令人失望的疲弱态势？总体而言，改变经济乃至整个社会的激励结构，提高经济潜在增长率，仍是十分艰巨的任务。

关键词： 意大利　经济发展　经济增长　总体生产率　财政政策

一　德拉吉与大联合政府

2021年2月13日，欧洲中央银行前行长马里奥·德拉吉（Mario Draghi，“德拉吉”在意大利文中为“龙”之意）作为总理率领新一届大联合政府宣誓就职。德拉吉内阁是在总理朱塞佩·孔特（Giuseppe Conte）辞职后成立的，孔特政府因伦齐领导的意大利活力党撤销支持而失去了在议会的多数席位。在与各主要政党协商后，意大利总统塞尔吉奥·马塔雷拉（Sergio Mattarella）委任德拉吉组建一个由政界人士和独立技术专家组成的新政府，以应对由新冠疫情引起的健康、经济与社会危机。德拉吉内阁得到了议会绝大多数议员

* 洛伦佐·科多尼奥（Lorenzo Codogno），意大利经济与财政部前首席经济学家，现为英国伦敦政治经济学院（LSE）欧洲研究所访问教授。

的支持，因而被认为是一个大团结政府。除意大利兄弟党外，所有主要政党都决定在国家紧急状态下联合起来支持本届政府。德拉吉面临着加快疫苗接种和刺激经济复苏的重大挑战，同时还要尽力维持政府内主要政党间的团结。

疫苗接种是第一位的。毋庸讳言，最初的疫苗延迟交付造成了巨大的破坏效应，不仅付出了更多生命的代价，而且迫使意大利进行严格"封锁"。德拉吉总理采取果断措施，在要求制药公司履行合同义务和限制欧盟生产的疫苗出口上采取强硬立场。此外，虽然疫苗接种通行证政策备受争议，"反疫苗"抗议活动此起彼伏，但是他毫不妥协。他上任总理后，任命了一名军官负责疫苗接种的后勤工作。正因为如此，意大利不仅获得了充足的疫苗剂量，还实现了大规模疫苗接种。到 2021 年底，12 岁以上人群中约 89%接种了第一针疫苗，约 86%接种了第二针疫苗。此外，超过 63%的合格人群接种了加强针。大规模疫苗接种是大幅减少传染和"解锁"经济的唯一有效策略。2021 年，得益于疫苗接种的快速推进，意大利经济在年底奥密克戎病毒变种肆虐之前的表现都非常抢眼。

德拉吉总理还为意大利外交做出了卓越贡献。基于他本人的国际声望及与世界各地区多国领导人的密切联系，意大利外交在 2021 年留下浓重的印记。首先，德拉吉在欧盟疫苗问题上坚持强硬路线，并且通过意大利担任 2021 年二十国集团（G20）轮值主席国推动达成了一项相关的国际倡议。其次，通过加强与法国和德国的关系，德拉吉在引导欧盟出台应对疫情的经济政策上发挥了关键作用。未来，围绕"下一代欧盟"计划、国家援助规制、欧盟财政规则、银行业与资本市场联盟以及欧洲经济一体化等方面做出进一步决策的任务仍摆在欧盟领导人面前。由于德拉吉的地位和影响，意大利作为主要合作伙伴重新进入了欧盟核心决策圈。

2021 年，德拉吉政府实施了宽松的财政政策。2022 年，这一政策基调仍将延续。政府在 2021 年推出了额外财政措施以刺激经济复苏，并且为 2022 年制定了金额约为 320 亿欧元的扩张性财政预算（其中 70 亿欧元用于减免个人所得税）。2020 年，意大利政府财政赤字与 GDP 的比例为 9.6%，好于预期；公共债务与 GDP 的比例为 155.6%。预计 2021 年财政赤字与

2020年大致持平，为9%~10%，在2022年会下降至5%~6%。预计政府支出的大幅调整将在2022年之后才会进行。

德拉吉政府还启动了一些重要改革。由于财政举措和公共投资的成效取决于公共行政部门的执行能力，因此政府将改革的第一步确定为公共行政部门改革。适度的工资增长使公共部门工资谈判迅速得以完成，此外政府部门还增加了人员招聘以便促进改革实施。之后，政府着手修改公共采购法规，还引入旨在促进国内市场竞争的一揽子法律规定。德拉吉政府还致力于实行全面的民事司法改革。目前议会已批准这项改革，正在等待落实法令的出台。此外，意大利养老金体系面临巨大的改革压力，改革的目标是实现由短期工作计划（Cassa Integrazione）和冻结裁员向可持续的保障转型。这很可能是意大利政府接下来要面对的一大挑战。

与此前的危机相比，意大利政府应对新冠疫情危机的财政政策和货币政策手段在稳定需求和防止大批企业债务违约方面更有效。尽管如此，形势仍然充满挑战，尤其是在受疫情影响最严重的行业。一旦出现全面的企业危机，将是对政府应对能力的重要考验。最后，当前意大利政府正在推进重大税收改革，其中有很小一部分措施在2022年预算中有所体现。

2022年初，意大利将举行共和国总统选举（马塔雷拉总统任期即将结束），此后德拉吉可能会成为总统或继续担任总理。无论如何，许多改革举措正在推进当中，但是在当前政治任期结束（即2023年春季）前实施这些举措的时间的确很有限。为确保有足够的时间推进二级立法和规定，上述大部分举措应在2022年上半年获得批准。

实际上，将本届大联合政府维持至当前政治任期结束或许是所有任务中最具挑战性的。如果德拉吉继续担任总理，政治仍将是他面临的最棘手问题。不过，本届政府获得的支持如此广泛，以至于没有任何政党有能力实行冒险政策或拥有“否决权”。无论如何，维持大联合政府对于德拉吉或任何其他继任总理而言都至关重要，为此各方必须团结一致。

随着全国大选的临近，意大利主要政党中的唯一反对党意大利兄弟党的崛起可能会使政治局势变得更加棘手。民调显示，在年轻又活跃的领导人梅洛尼（Giorgia Meloni）的带领下，意大利兄弟党的支持率不断攀升，而且其支持率提升主要以联盟党支持率下降为代价，后者因为支持德拉吉政府而流失了部分选民。至2021年底，意大利兄弟党的民意支持率提升至约20%，该党日益高涨的人气可能会威胁到联盟党的内部凝聚力和萨尔维尼的领导地位。就联盟党而言，一方面，该党内部的温和派及该党在北方的大部分草根阶层坚定地支持德拉吉政府；另一方面，以萨尔维尼为首的民族主义者和反欧元阵营始终主导党内议程，但是他们发现越来越难以接受现任政府的政策和继续支持德拉吉。2021年，萨尔维尼一直在维持这两种立场之间的团结，同时忠诚地支持德拉吉，虽然也质疑德拉吉政府存在"不连续性"和"实用主义"的问题。然而，这种"矛盾"的态度可能会促使联盟党在未来某个时点退出政府。联盟党离开将破坏政府稳定并改变政府的性质。因此，共和国总统的选举可能是一个微妙关头，不仅将产生新总统，还可能会导致提前大选并因此影响改革前景。

对于当前的意大利而言，德拉吉继续担任总理可能会更好，而他被选为总统是"次优"选择。当然，"最优"与"次优"的差别并不那么大。实际上，在2022年1月总统选举与2023年春季全国议会选举之间这段时间里，无论任何人担任总理，政府都会变得越来越弱势。若德拉吉当选为总统，他仍会有相当大的政治影响力。若下届全国议会选举后组建起完全的政治政府，他的影响力将有所弱化。作为总统，德拉吉仍将继续在确保意大利自身稳定及其在欧盟中扮演重要角色上发挥重要作用。目前德拉吉对改革与投资的乐观态度并未遇到太多挑战，但是未来继续推进改革仍存在相当大的不确定性。鉴于意大利在实施改革方面的过往经历并不成功，加之未来政府政策不可避免的"政治化"，未来改革"脱轨"或发生重大变化的可能性不能排除。

二　疫情仍在继续，经济实现强劲反弹

2020年，意大利经济衰退了8.9%。由于2020年底经历了新一波疫情

高峰，2021 年第一季度意大利经济环比仅温和增长了 0. 1%。此后，2021 年第二季度和第三季度的反弹程度超过预期（环比增长分别为 2. 7% 和 2. 6%）。虽然第四季度受奥密克戎病毒变种流行影响经济增速有所回落，但是 2021 年全年意大利仍实现了约 6. 5%的经济增长。

除酒店、旅游业等受人员流动限制影响最大的行业之外，意大利经济对疫情大流行的抵抗力越来越强。尽管仍有一些限制，但是疫情以来人们的工作方式已发生改变，而疫苗接种和“绿色通行证”等也使许多经济活动得以继续。进入 2021 年下半年，风险主要来自必要的自我隔离导致的用工短缺，再次进行全面“封锁”的可能性已经很低。预计 2022 年第一季度意大利经济增长率将超过疫情前的水平，尽管仍远低于疫情前的趋势。在“下一代欧盟”（NGEU）计划的刺激下，预计到 2023 年底意大利将恢复大部分的产出，经济增长将重回疫情前趋势。2021 年第三季度，意大利的 GDP 仍比 2008 年第一季度的水平低 6. 1 个百分点，与 1997 年第一季度至 2008 年第一季度的增长趋势相比更是低了 19. 9 个百分点。此外，2008 年第一季度以来，相对于除意大利之外欧元区国家的平均增速，意大利的 GDP 少增长了 15. 7 个百分点（见图 1）。因此，即便意大利经济增长重回疫情前的趋势，仍不能令人满意。

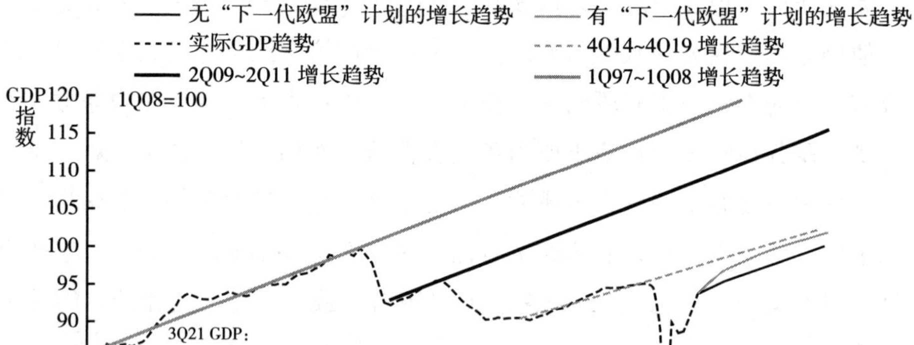

图 1　意大利经济增长：历史数据与未来趋势

注：图中 1Q08 表示 2008 年第一季度，其他依此类推。

资料来源：笔者根据 ISTAT 和 Refinitiv（Datastream）数据自制。

2020年下半年意大利"解封"对经济带来的影响更多是供给侧的，此后需求侧也开始发挥作用。意大利政府在疫情期间推出的针对企业和家庭的收入支持措施增加了居民税后可支配收入。自2020年第三季度以来，企业与民众将封锁期间累积的额外储蓄用于投资和消费，为经济增长提供了实质性支持。2020年第一季度至2021年第二季度，意大利相对于历史平均水平的额外储蓄额约为385亿欧元，约占其GDP的2.2%。由于危机期间普遍存在预防性动机，预计储蓄率可能会在一段时间内保持较高水平（见图2）。此外，支出额外储蓄的倾向还取决于收入分配状况。尽管如此，截至2021年底，消费者信心仍处于历史高位，这意味着额外的储蓄很可能在未来几个月继续支撑消费支出。消费支出增速会在未来某个时刻减弱，但不会立即减弱。如果奥密克戎病毒流行导致更高的住院率，进而迫使政府决定再次进行"封锁"，那么消费者信心无疑会再次受到打击。

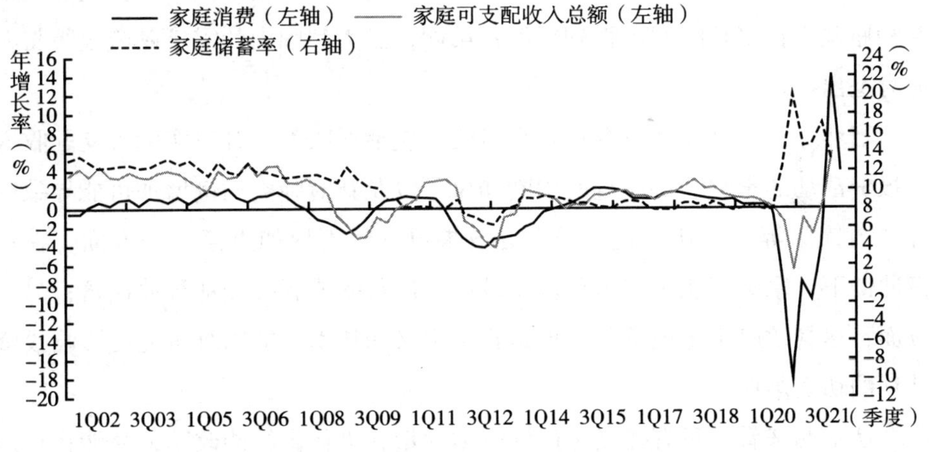

图2　疫情期间意大利家庭消费、储蓄率与可支配收入情况

注：图中1Q02表示2002年第一季度，其他依此类推。

资料来源：笔者根据ISTAT和Refinitiv（Datastream）数据自制。

采购经理人指数（PMI）的趋势表明，意大利的制造业比大多数其他发达国家更能经受住供应链中断和瓶颈的考验。这或许可从意大利强劲的国内需求及其进出口产品和市场的多样化中得到解释。此外，2021年下半年用于衡量 GDP 潜在趋势的 Ita-coin 指标也在稳步改善。

进入 2022 年，意大利政府的收入支持措施会逐步退出，但是随着“下一代欧盟”计划的实施，投资对 GDP 增长的贡献将加大。由于基础设施投资是在完成项目的特定阶段后才会进入统计，因此投资支出的高峰可能会在 2022 年和 2023 年出现。换言之，进入 2022 年后的未来几个季度，投资支出将取代消费支出成为支出的主要增长点。

2021 年下半年，意大利的生产和家庭支出增长已经在放缓。然而，支撑意大利经济反弹的潜在因素将持续存在。尽管新的奥密克戎变种病毒正在传播，但是 2022 年意大利经济可能会以较稳固的基础开局，经济复苏并未结束。预计 2022 年意大利的经济增长率为 4.5%左右，2023 年为 1.9%左右。总体而言，以下四个方面对意大利经济增长的影响值得关注：第一，第四波疫情的发展态势；第二，通胀飙升将持续多长时间，包括其对工资水平的影响及随后的第二轮影响；第三，供需之间的不匹配以及全球供应链的中断和瓶颈将在多长时间内得到缓解；第四，意大利国内的需求刺激政策将在何时退出。

当然，意大利经济也存在下行风险，包括通胀率上升对实际可支配收入和投资活动的影响、供应链的中断和瓶颈以及新冠肺炎病例增加可能导致局部“封锁”等。此外，刺激需求的效果也许并不尽如人意。一方面，在疫情冲击下，家庭可能决定永久保持较高的储蓄率或者缓慢地释放储蓄；另一方面，尽管政府坚定地承诺，但是官僚主义和技术上的困难可能会影响投资计划的切实落地。

从中期来看，只有提高生产性资本存量和进行供给侧改革，才能将短期的需求提振转变为潜在经济增长的更持久提升。在新冠疫情暴发之前，意大利政府估计的潜在增长率为 0.6%。在疫情冲击以及投资与改革共同推进的背景下，意大利政府和欧盟委员会都提升了对意大利潜在增长率的预期。意大利政府表示，生产性资本存量增加和改革将分别使意大利的潜在增长率增加 0.5 个百分点和 0.3 个百分点（见图 3）。毫无疑问，潜在增长率跃升至 1.4%将使得解决当前意大利存在的许多问题变得更加容易，但是投资与改

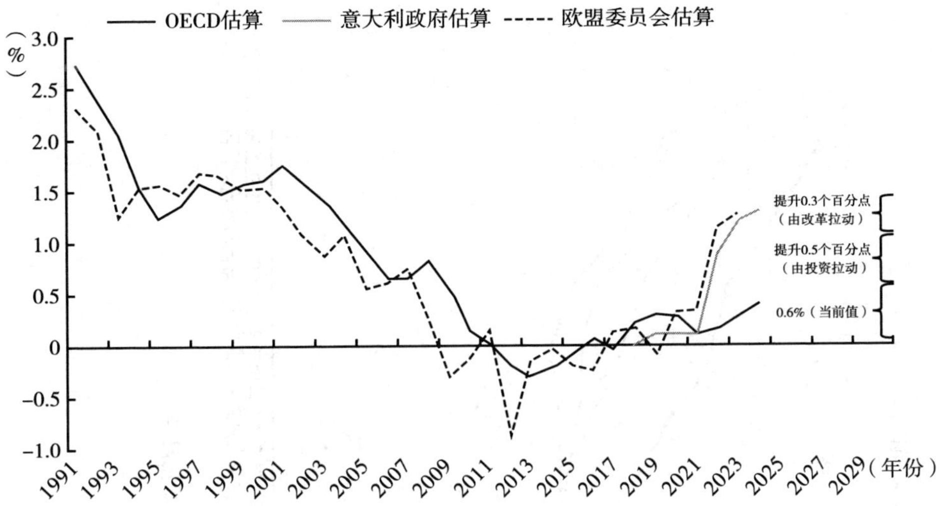

图 3　意大利经济潜在增长及投资改革效应

资料来源：笔者根据 Refinitiv（Datastream）、OECD、欧盟委员会、意大利经济与财政部数据自制。

革的前景仍存在高度不确定性。

未来几年，不利的人口趋势是实现更高潜在增长率的重大阻力。截至2020 年底，意大利有 5920 万居民，比 2019 年减少了 0.7%（即 405275人），其中南部的人口减少尤为明显。2020 年，死亡人口数（74 万）和出生人口数（40.5 万）的差值为 33.5 万，创意大利共和国成立以来的次低纪录。最高纪录出现在 1918 年，当时肆虐的西班牙大流感夺走了 130 万意大利居民的生命。在 1918 年之后，净移民流入仅部分地弥补了人口的自然下降。预计 2021 年意大利的人口变化状况与 2020 年大致相同，而自 2022 年起可能会有所改善。

新冠疫情造成的直接或间接"非正常死亡"对于人口趋势的不利影响不容忽视。例如，2020 年，受疫情冲击最严重的伦巴第大区的死亡率比 2019 年提高了 35%。同时，人口老龄化仍在持续加剧。2020 年，65 岁及以上老年人与 6 岁以下儿童的人口数量比为 5.1∶1（2001 年为 3.4∶1，1971 年为1.1∶1）。同年，意大利的老年人口抚养比（65 岁及以上人口与 15~64 岁人口

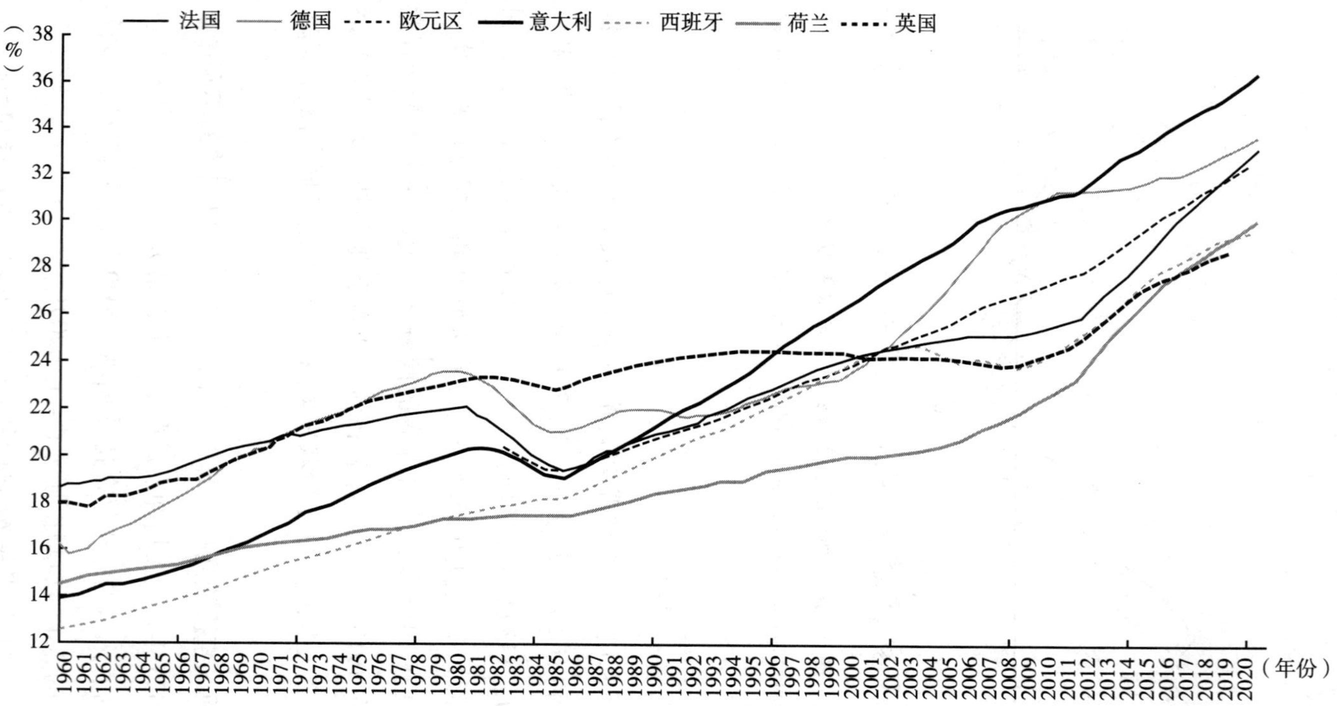

图 4　欧洲主要国家及欧元区老年人口抚养比变化趋势

资料来源：笔者根据 Refinitiv（Datastream）和 Eurostat 数据自制。

之比）为 36.4%，在欧洲国家中最高（见图 4）。这一人口趋势将导致劳动年龄人口很快萎缩，也将影响劳动力市场参与率，进而影响经济增长。

三　进出口：进口能源价格高企，出口势头强劲

2021 年，净出口对意大利经济增长贡献的波动幅度较大。当全球经济稳健扩张时，净出口的贡献往往是积极的，而当全球经济收缩时，它往往又转为消极。相应的，2020 年第三季度，净出口对意大利经济增长的贡献显著（为 4.3 个百分点），2020 年第四季度和 2021 年第一季度则转为负值（分别为-1.2 个百分点和-0.7 个百分点），2021 年第二季度再次回归正值（0.5 个百分点）。由奥密克戎变种病毒传播造成的贸易中断可能会在 2021 年第四季度使得净出口对经济增长的贡献变为负值，但是净出口在 2021 年的总体贡献可能仍将保持正值。

近年来，意大利的贸易顺差稳步增长，2018 年顺差 395 亿欧元，2019 年顺差 523 亿欧元，2020 年顺差 564 亿欧元。随着 2020 年底和 2021 年全球经济重新开放，意大利的贸易顺差有所增加，并且由于造船业的一些一次性大规模出口交易而在 2021 年第三季度表现突出。此外，尽管供应链出现了部分中断，但是出口订单和采购经理人指数等主要指标显示，2021 年下半年意大利出口势头仍强劲。在服务业方面，旅游业收入在 2021 年夏季有所回升，之后在下半年再次出现疲软。与大多数其他欧洲国家相比，意大利的出口增长更为显著，几乎所有部门都做出了积极贡献，同时价格竞争力基本上保持不变。总体而言，意大利出口部门的多元化防止了大规模的供应链中断。相比之下，德国的出口过度依赖汽车业，因而受供应链中断的影响更大。尽管如此，意大利仍是全球供应链的一部分，其出口所受到的影响很可能推迟至 2021 年第四季度和 2022 年初显现出来。2021 年第四季度，受到企业补充原材料和中间产品的推动，意大利的进口额开始攀升。此外，进口价格尤其是能源价格大幅提升，推高了进口的名义价值，从而使得贸易顺差额开始缩小。

2021年，意大利的经常项目顺差进一步扩大。然而，由于能源价格上涨，顺差可能会在2021年末和2022年初缩小。自欧元诞生以来，意大利的净国际投资头寸一直处于负值。2020年，这一指标转为正值，预计2021年将出现相当大的顺差。展望未来，国内储蓄和投资之间的再平衡有助于稳定经常账户顺差。

四 值得关注的通货膨胀

2021年11月，意大利的消费价格同比上涨3.7%，远高于2020年国内消费物价指数（NIC）的平均水平（-0.2%）。若以欧盟居民消费价格调和指数（HICP）来衡量，意大利2021年11月的通胀率为3.9%，2020年的平均水平为-0.1%。相比之下，2021年11月，整个欧元区的消费价格同比上涨了4.9%（见图5）。欧元区通胀水平更高的原因在于其产出缺口更大。但是，不可否认，意大利面临通胀率进一步走高的风险，2021年11月其生产者价格同比上涨了22.1%，这主要源于原材料和进口价格大幅上涨（见图6）。航运成本的各项指标均大幅上涨，有的甚至上涨了几百个百分点。能源产品和非能源产品也经历着类似的价格飞涨。

图5 意大利与欧元区通胀率（以HICP衡量）

资料来源：笔者根据Refinitiv（Datastream）、Eurostat和ECB数据自制。

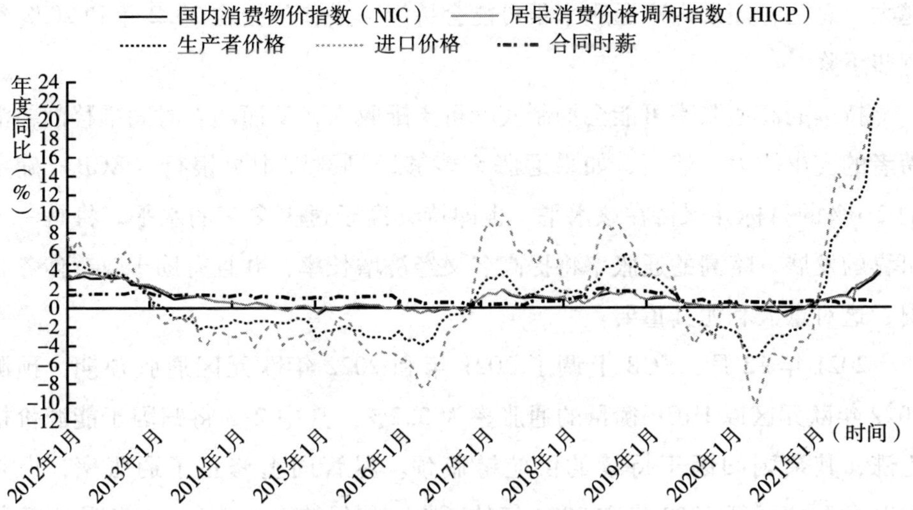

图 6　意大利各类价格指标走势

资料来源：笔者根据 ISTAT 和 Eurostat 数据自制。

至 2021 年底，还没有迹象表明出现了价格-工资螺旋式上升的趋势。虽然在某些行业出现了熟练工人短缺，但是整个市场仍存在大量劳动力闲置。合同时薪同比增长 0.6%，相对稳定。企业已重新开始招聘雇员。雇员加班时间大幅增长，使得每个工人的生产率大大提高，从而降低了单位劳动力成本。劳动力市场活跃度正在逐步接近危机前水平，就业开始改善，失业率下降。鉴于各类经济要素存在较大的闲置空间，短期内并没有价格-工资螺旋式上升或第二轮通胀的重大风险。

然而，一旦复苏变得更强劲，并且需求持续超过供给，潜在的通胀压力将加剧。从理论上看，供给往往会迅速适应需求变化，这取决于行业和所处的地理区域，大多数供需之间的不匹配不会持续很长时间。尽管如此，一些生产短缺可能比最初预估的持续时间更长，并且建立新的生产或采矿设施也可能比以往需要更长时间。此外，考虑到新冠疫情过后全球需求和贸易流动可能发生的"重组"，全球经济要"吸收"当前的价格上涨压力可能需要几年时间。高通胀持续时间越长，价格和工资制定者进一步推高通胀的风险就越大。总之，短期内高通胀率很可能会持续下去，只会在2022年和2023年逐步下降。

持续的高通胀率可能会抑制实际可支配收入，从而随着时间推移削弱消费者的支出能力。然而，如果通胀率能够回到欧洲中央银行（ECB）确定的2.0%的目标并保持在该水平，也即持续高于过去多年的水平，将是一个可喜的发展。略高的通胀率将提高名义经济增长率，并且有助于改善债务状况，这对意大利尤其重要。

2021年12月，ECB上调了2021年和2022年欧元区通胀预期，预测2022年欧元区以HICP衡量的通胀率为3.2%，其中2/3将归因于能源价格上涨，其余则归因于持续的供应链瓶颈。尽管向上修正了通胀率，但是ECB预测欧元区2023年和2024年的通胀率将保持在1.8%。这表明ECB仍坚持“通胀是暂时现象”的判断。事实上，截至2021年底，ECB对通胀率走高的政策反应一直比较温和，并未急于追随美联储或英格兰银行的政策调整。在2021年12月的会议上，ECB执行委员会确定将在2022年3月底终止疫情紧急资产购买计划（PEPP），并决定在PEPP下进行净资产购买时转向较低“档位”的购买量。ECB执行委员会表示，“经济复苏和中期通胀目标进展允许在未来几个季度逐步放缓资产购买步伐”，同时也表示“仍需要货币宽松以便使得通胀率在中期内稳定在2%”，以此表达其货币政策调整的温和性。

ECB执行委员会也承认存在不确定性，并决定在2022年3月PEPP到期后通过再投资引入灵活性和选择性，规定“PEPP再投资可跨时间、跨资产类别、跨成员国灵活调整”，“如有必要，PEPP下的净购买也可恢复”。这一明智之举可避免扩大成员国政府债券的利差，对意大利而言尤其重要。此外，将PEPP再投资延长一年的决定也提供了必要的回旋余地。ECB执行委员会表示，至少在2024年底之前，将以PEPP购买的到期证券的本金进行再投资。该计划并没有关于加息的暗示。资产购买与利率政策的顺序保持不变，“预计资产净购买将在开始提高ECB核心利率前不久结束”。主要再融资操作的利率以及边际借贷便利和存款便利的利率将分别保持在0、

0.25%和-0.50%的水平，至少再持续一年，甚至可能两年。ECB 执行委员会预计欧元区的核心利率将保持在目前（2021 年底）或更低的水平，直到发生以下情况：（1）通胀率在其预测的时间段结束前达到 2%；（2）可以判断通胀的中期发展趋势也将稳定在与 2%一致的水平。这两个标准和总体前瞻性指引共同为 ECB 可能在 2023 年底之前保持利率不变提供了理由。

总而言之，ECB 的货币政策将继续保持宽松。这对意大利是有利的，因为意大利需要时间以在利率走高之前提高经济潜在增长率，从而缓解其公债压力。

五　公共预算与"下一代欧盟"计划："押注"经济增长

意大利政府确定将在 2022 年增加 320 亿欧元的公共财政预算，相当于 GDP 的 1.7%，这将使得财政赤字与 GDP 的比例提高 1.3 个百分点。当前，为实现可持续增长创造条件是意大利政府的首要目标，其深层次目标在于摆脱公共债务困境，促进社会公平，增强社会凝聚力。2022 年预算还包括减免 70 亿欧元的个人所得税等部分税收改革内容，也涉及要进行养老金体系改革，同时要对全民基本收入计划做出较大调整。总之，2022 年预算的另一重要目的是通过推进结构性改革来"押注"经济增长。

意大利的福利制度可谓欧洲最低效和最不公平的。2022 年预算案将提供大量资源用于全面改革福利制度。可以说，这是意大利第一次采用一种"整体而非碎片化"的方法来统一各类"分散"的福利体系，首次使失业救济金覆盖所有工人。此外，2022 年预算案还包括为新冠疫情期间引入的各种救助计划再融资，并将采取措施支持劳动者再就业，而这也将成为意大利全面福利改革中积极的劳动力市场政策的部分内容。意大利政府将继续为由五星运动提出的、自 2019 年开始实行的全民基本收入计划融资，但是该计划下救助金的申请标准将更加严格，同时还要消除其中抑制劳动积极性的因素。

此外，还有一个积极变化，就是 2022 年预算中已拨出适量资金用以补充减少的社会保障缴款，减轻个人和企业税负，并使税收体系更简单，更有利于经济增长。这也是2022年税收改革的部分内容。不过，由于不同政治观点的存在，要对税收体系做全面改革必将是一场艰苦的斗争。2022年预算案带来的变化只是这个极具挑战性的过程的开始。

2022年预算案显示出，德拉吉政府正加快推进意大利向可持续的养老金体系回归，并且事实上摆脱了此前由联盟党推出的所谓的“配额100”计划。2022年预算将为养老金体系向更加灵活的方向过渡提供资金。考虑到2022年预算仅在当年有效，养老金体系的全面改革还需要尽快推出长期方案。

值得注意的是，2022年预算案中的经常性支出增加以及在疫情期间采取的许多措施导致的支出增加，有些是暂时性的，有些则是结构性的，而结构性支出若不能提高经济潜在增长率，未来公共财政很可能会进一步恶化。

意大利政府的目标是在2022年将公共固定资本形成总额占GDP的比例从2021年的2.8%提高至3.1%，还提出将公共和私人总投资占GDP的比例由2021年的19.5%提升至21%。要实现这些目标，离不开欧盟的资金支持。可以说，未来几年欧盟和意大利可用的投资资金规模是前所未有的，这无疑将在很大程度上改变经济主体的期望。这些投资将刺激需求，也将推动供给。这给了意大利摆脱公债问题的重要契机，但是投资落实仍面临不少问题，而且可能尚不足以使公债与GDP的比例回归可持续的长期下降轨道。

尽管下届大选及其可能造成的不确定性已迫在眉睫，但是对于意大利政府的政策制定而言，2021年确实是个好年份。经过这一年的努力，德拉吉政府启动了诸多改革与投资计划，其中的大部分将依照程序“自动推进”。不过，下届大选的结果将不可避免地对一些计划产生影响。

虽然PEPP仍将发挥作用并将有力阻止意大利政府债券被大幅抛售，但是随着时间推移，抛售压力仍可能会增大。2018年3月大选后的市场反应提醒我们，在政治环境发生变化的条件下，金融市场的情况会如何迅速恶化。当前意大利的政治形势并不像三年半之前那样紧急，但是民粹主义政党的民调支持率确实仍高居榜首。

德拉吉本人的存在使得欧盟和意大利公民相信，意大利政府的投资与改革计划中至少有一部分将取得成效。但是，要强调的是，实际上德拉吉的领导力源于政治妥协和本质上脆弱的大联合政府。如果德拉吉在2022年初当选意大利共和国总统，其仍能够对新的过渡政府施加相当大的影响，并降低意大利政治出现极端情况的风险。然而，他将不能继续作为"驾驶员"在政府做出决策。

得益于"下一代欧盟"计划和欧盟紧急情况下减轻失业风险援助计划（SURE）的预付款以及ECB的持续资产购买，当前意大利财政资金比较充足。同时，意大利财政部在发行债券时也注重保持一定程度的一致性和稳定性。虽然2022年预算规模有所扩张，但是由于2020年和2021年出台的一些临时性措施将逐步退出，同时税收收入会逐步提升，预计2022年意大利政府的发债需求会有所降低，这对于稳定意大利与德国的公债利差是有利的。然而，国际环境正在发生变化。特别是，美联储的货币政策将出现转变，而这意味着全球金融周期的转折点即将来临。

2020年10月至2021年5月，意大利获得了274亿欧元SURE计划的拨款，资金来自欧盟委员会发行的欧盟债券。此外，2021年夏季，意大利又收到了来自欧洲复苏与韧性工具（RRF）的赠款和贷款总额的13%，也即249元欧元的预付款。RRF是"下一代欧盟"计划的核心，约占其资金总额的90%。2021年底，意大利政府宣布已完成其改革和投资计划设定的51个目标，并将在2022年初获得第一笔241亿欧元的RRF正式付款。由于这些资金都由欧盟发行债券筹资而来，大大缓解了意大利政府的债券发行压力。

新冠疫情暴发后，意大利政府推出收入支持措施、推迟征税、短期就业计划等诸多举措，同时其财政收入暴跌，直接导致政府净借贷需求猛增。然而，自2021年中起，意大利政府已开始控制过度赤字和逐步取消临时性措施。2021年2月，意大利中央政府的借贷需求为1726亿欧元，达到月度峰值，此后由于财政收入的恢复而逐步减少（见图7）。财政支出方面，在2021年底出现月度峰值后逐步趋于稳定。需要强调的是，与疫情前相比，当前的政府支出中投资所占比重更高。

2008年国际金融危机爆发后，意大利政府的经常性支出稳步增长，其

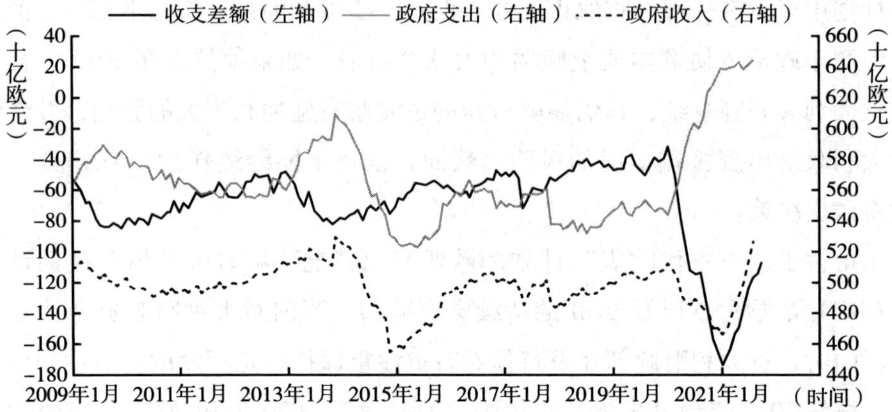

图 7　意大利中央政府收入与支出（12 个月滚动累计数据）

资料来源：笔者根据 Refinitiv（Datastream）和意大利经济与财政部数据自制。

中转移支付之外的社会福利迅速膨胀，养老金支出占了最大的份额。新冠疫情暴发后，意大利政府经常性支出的增长主要用于为“短期工作计划”和其他社会转移提供资金。事实上，疫情期间增加的一些开支将是永久性的，例如医疗保障支出。中长期而言，意大利政府面临的挑战是将上述开支增长控制在合理范围内，同时压缩当前的其他支出项目。此外，2008 年之后，意大利政府的固定资本形成总额持续低迷，2021 年下半年起急剧回升，预计在未来几年内将保持强劲增长趋势。

六　结语

尽管新冠疫情仍在继续，但是对于意大利的经济政策而言，2021 年的确是一个不错的年份。新冠疫情的冲击令人们意识到冒险与创新性活动的重要性，使得社会各界对企业家精神的渴望不亚于二战后的头 20 年。毕竟，意大利仍是欧洲第二大工业国，拥有着几百家规模虽小却充满活力的跨国企业，而这些企业大多通过奋力拼搏成功地经受住了全球化的考验。德拉吉担任总理以来营造的相对平稳、建设性的政治氛围有助于意大利进行一些必要的改革，也有利于为意大利开启一个新时代提供正确的激励。然而，挑战仍然严峻。在经历了超过 1/4 个世纪的糟糕经济表现和全要素生产率停滞之后，意大利不仅需要促进投资，还需要通过彻底的结构性改革来改变经济乃至整个社会的激励结构。在这条漫长而曲折的道路上，2021 年可能代表着一个充满希望的新起点。

（孙彦红译）

B.4

意大利社会：民生整体向好，防疫成效突出*

臧宇　秦珂**

摘　要： 2021年，意大利经济实现较强劲复苏，就业状况好转，民众收入和社会消费皆有所增长，但也存在特困人群规模扩大、能源价格飙升等严重问题。德拉吉政府以多样化的社会救助措施继续扶危济困、支持企业、保障就业、维护社会稳定。由于区域局势动荡，非常规移民问题再成焦点。移民主要来源国排名有所变化，移民数量激增，而新偷渡航线兴起值得关注。意大利政府继续加强与移民来源国和登船国的合作，还积极推行"船上隔离"的新应急措施，较为妥善地安置了移民，有效防止了疫情的大规模输入。此外，德拉吉总理坚持在全国推行"绿通"，有力地促进了新冠疫苗接种，防疫取得突出成效为该国经济社会全面恢复打下了良好基础。

关键词： 意大利　经济复苏　社会救助　非常规移民　绿通

2021年，意大利经历了政府更迭，欧央行前行长德拉吉领衔的新内阁于2月履职。在其领导下，经济逐渐走出阴霾，生产稳步恢复，就业增长，

---

* 本文受到广东外语外贸大学国别和区域高等研究院团队培育项目（Team Nurturing Program in Academy of International and Regional Studies，GDUFS）资助。

** 臧宇，文学博士，广东外语外贸大学西方语言文化学院意大利语系副教授，中国人类学民族学研究会国际移民研究专业委员会理事，研究领域为地中海移民治理及国际移民遣返；秦珂，广东外语外贸大学西方语言文化学院欧洲语言文学专业2020级硕士研究生。

民生整体向好。为保障民众基本生活，扶持弱势群体，帮助更多企业和民众脱困，新政府大力推行多样化的社会救助措施。受区域政治、经济变化影响，中地中海（Central Mediterranean）非常规移民（irregular migration）问题进一步激化，幸好当局应急处置得当，移民得到符合防疫要求的临时安置，未造成严重的输入性疫情。在疫情防控方面，新政府在全国推行“绿通”（Green Pass），严防重点场所疫情传播，柔性推动疫苗接种，防疫成效在欧洲相对突出。本文将对上述方面逐一进行回顾与分析。

一 民生整体向好，特困群体令人担忧

2021 年，意大利百业复苏，为民生的改善提供了物质基础。2~9 月，意大利综合采购经理人指数始终保持在 55 以上，8 月更是创下了自有该项统计以来的最高纪录，达到 59.1，与 2020 年 4 月“封国”期间的历史最低纪录（10.9）形成鲜明对比。[①] 综合采购经理人指数于 10 月回落至 54.2，又于 11 月强势回升至 57.6，显著高于 2013 年以来的平均水平（51.4）和荣枯分水线（50），说明意大利的制造业、服务业处于持续复苏中，经济形势整体向好。与此同时，原本在疫情中加剧的就业问题得到改善，居民收入和消费有所增长。整体而言，民生状况稳步向好。

2021 年，意大利的就业状况呈现小幅调整、稳步回暖的趋势。经历了 2020 年底的下挫之后，意大利的就业率曾于 2021 年 1 月跌至 56.8%，与 2020 年的最低纪录持平。[②] 2~6 月，就业率连续小幅上升，达到 58.4%，虽与 2019 年 6 月的历史最高位（59.3%）相比仍有差距，但是已大体恢复至疫情之前的水平。[③] 8 月就业率小幅下降至 58.3%，仍高于 2004 年以来的平均水平

① “Italy Composite PMI”，https：//tradingeconomics. com/italy/composite-pmi，最后访问日期：2021 年 12 月 8 日。

② “Italy Employment Rate”，https：//tradingeconomics. com/italy/employment-rate，最后访问日期：2021 年 12 月 5 日。

③ 同上。

（57.2%）和近10年的平均线（56.9%）。10月，就业率再度回升至58.6%的高位。2021年前4个月中，失业率持续保持在10%以上，失业状况比2020年下半年略显严重。自5月起，失业率持续下降，于9月降至9.2%，创下了自2020年5月以来的最低纪录，略低于1983年1月至2021年9月的平均水平（9.5%）。[①] 从整体上看，与2020年相比，更多的意大利人拥有了工作，具备了通过劳动获取收入、克服新冠疫情影响进而追求更好生活的可能。

此外，意大利家庭收入也相应增长。根据意大利国家统计局（ISTAT）2021年10月发布的数据，上半年该国家庭可支配收入同比增长3.2%，第二季度同比增幅高达6.0%。[②] 另有调查显示，雇佣劳动者的时薪在上半年出现小幅增长，6月同比增长了0.6%。[③] 一方面，单位时间的劳动报酬有所提升，另一方面，越来越多的企业在各类扶持措施之下，生产逐渐恢复正常，受雇者的劳动时长得到了保证，这都有利于劳动者收入的提高和生活的改善。

收入状况的好转也在消费方面得到印证。这首先体现为储蓄比例的变化。2021年第二季度，意大利家庭储蓄率（Tasso di Risparmio）回落至12.9%，比第一季度下降4.1个百分点，比上年同期低7.1个百分点，但仍明显高于疫情前水平。这意味着相当一部分民众调高了消费在收入中的占比，更有底气花钱，但手头仍不如疫情前宽裕。其次体现为民众购买力的提升。1~6月，意大利家庭购买力同比增长2.8%，第二季度同比增幅达5.2%。若将第二季度与2020年“封国”期间（4~6月）的情况相比，意大利家庭消费大幅增长了15.3%。[④]

---

① “Italy Unemployment Rate”，https：//tradingeconomics.com/italy/unemployment-rate，最后访问日期：2021年12月1日。

② ISTAT，“Conto Trimestrale delle Amministrazioni Pubbliche，Reddito e Risparmio delle Famiglie e Profitti delle Società”，ottobre 2021，https：//www.istat.it/it/files//2021/10/Comunicato-QSA-2021Q2.pdf，最后访问日期：2021年12月1日。

③ Marco Caccia，“Qual è lo stipendio medio in Italia? Il lavoro dove si guadagna di più che non ti aspettavi”，ContocorrenteOnline，4 ottobre 2021，https：//www.contocorrenteonline.it/2021/10/04/stipendio-medio-in-italia/，最后访问日期：2021年12月1日。

④ ISTAT，“Conto Trimestrale delle Amministrazioni Pubbliche，Reddito e Risparmio delle Famiglie e Profittidelle Società”，ottobre 2021.

消费增长拉动了零售业复苏。2~6月，意大利全国零售总额实现连续环比增长，其中2月的环比增幅高达6.7%，8月起继续环比增长。[①] 3~9月的单月零售总额均高于上年同期，其中3月、4月、5月的同比增幅分别高达23.5%、30.4%和13.6%。[②] 意大利国家统计局关于主要产业集群营收的调查数据也印证了消费的增长。2021年第三季度，消费品类营收环比增长7.1%；1~9月的消费品类营收同比增长13%，其中耐用消费品类营收同比增幅达38%，非耐用消费品类营收同比增长8.9%。就具体产业而言，第一至第三季度，食品、饮料及烟草行业营收同比增长6.3%，纺织、服装、皮革及配饰行业营收同比增幅高达19.7%。[③] 这在一定程度上说明，民众确实增加了穿衣、吃饭方面的消费，基本生活状况有所改善。

消费增长和诸多产业的复苏互相促进，有利于经济形势进一步向好和民生的改善。良性循环令消费者对未来更有信心，使其对经济走向、就业前景和收入状况做出更为积极的判断和预期。2021年初，意大利消费者信心指数（CCI）一直略高于中值100，民众对未来的期待趋向谨慎、中立，5月CCI陡增至110.6（上年同月为92.6），6月以后，CCI持续保持在115以上，9月曾达到119.6，创下1998年1月以来的最高纪录，消费者对未来的预期明显趋向乐观（见图1）。其后，CCI虽小幅回落，于11月降至117.5，但仍处高位，且显著高于10年均线（103.8）和5年均线（109.9）[④]，民众对经济复苏和收入状况的前景依然持乐观态度。[⑤]

然而，民生整体好转并不能掩盖特困群体的存在。意大利明爱（Caritas Italiana）2021年10月中旬发布的贫困问题研究报告显示，1~8月接受该组

---

① "Italy Retail Sales MoM", 2021, https://tradingeconomics.com/italy/retail-sales，最后访问日期：2021年12月1日。

② "Italy Retail Sales YoY", 2021, https://tradingeconomics.com/italy/retail-sales-annual，最后访问日期：2021年12月1日。

③ ISTAT, "Settembre 2021: Fatturato dell'Industria", 2021, https://www.istat.it/it/files//2021/1/foit_202109.pdf，最后访问日期：2021年12月1日。

④ 根据Tradingeconomics.com数据计算。

⑤ "Italy Consumer Confidence", 2021, https://tradingeconomics.com/italy/consumer-confidence，最后访问日期：2021年12月1日。

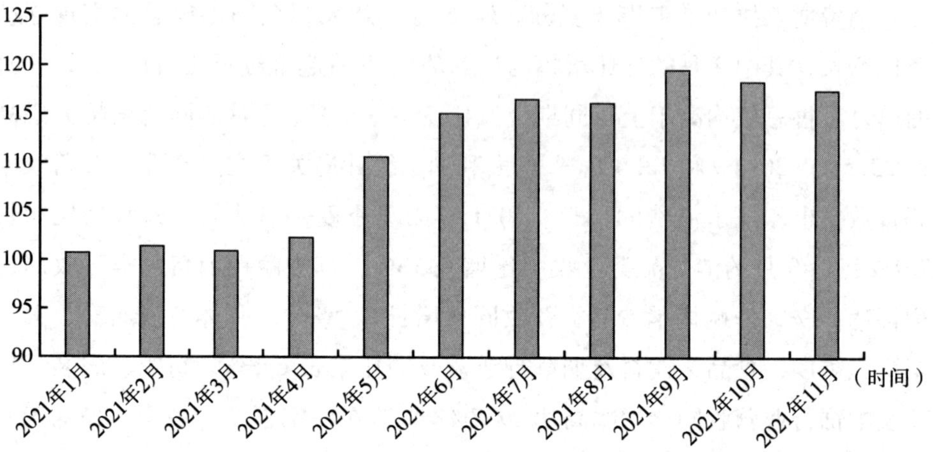

图 1　2021 年意大利消费者信心指数（CCI）月度变化

资料来源：作者根据 Tradingeconomics. com 数据整理制作。

织救济的困难群众数量较上年同期增长 7.6%，这说明经济复苏和就业增长并未直接惠及所有阶层，特困群体的规模仍在扩大。令人稍感欣慰的是，首次接受救济者，亦即所谓"新穷人"所占比例由上年同期的 44%下降至 37%，与疫情前的水平相当。这很可能意味着受疫情冲击致贫者所占比例在下降。另外，在 2020 年首次接受明爱救济的群众中，仅有 29.7%的群众仍须靠救济度日，超过七成的人已能自食其力，这也在一定程度上印证了前文所提及的整体好转。①

亦有研究机构提醒政府警惕两极分化。意大利储蓄基金与储蓄银行协会（ACRI）与益普索（Ipsos）集团于 2021 年世界储蓄日（10 月 31 日）发布的报告显示，在过去 12 个月中，有 62%的受访者表示"对经济形势十分满意或比较满意"，高达 45%的受访者表示能够在不影响生活质量的情况下"从容地储蓄"，但也有 20%的受访家庭表示有成员失去工作或家庭收入状况恶化。此外，不仅无法储蓄，为维持生活还必须动用存款或举

① "Caritas: nel 2020 aiutate 2 milioni di persone", *Ansa*, 16 ottobre 2021, https://www.ansa.it/sito/notizie/cronaca/2021/10/16/caritas-nel-2020-aiutate-2-milioni-di-persone_8acdfd13-df05-4906-92f5-5b0fc6692620.html，最后访问日期：2021 年 12 月 2 日。

债的家庭比例由 2020 年的 16% 上升至 19%。ACRI 主席普洛夫莫（Profumo）将数据体现出的人群差异总结为“新冠之后扩大的‘社会撕裂’”,① 可谓一针见血。

值得一提的是，能源价格暴涨引发系列问题，给低收入民众造成严重困难。天然气价格由 2019 年 9 月的 0.23 欧元/立方米飙升至 2021 年 10 月末的 0.98 欧元/立方米，且带动电价持续上涨。陶瓷、玻璃、橡胶、塑料、冶金等高能耗行业所受冲击最为严重，企业被迫减产、停产，20 余万从业者生计堪忧，申请社会救济者数以千计。② 汽油、柴油价格也持续上涨，据《翁布里亚邮报》估算，仅汽车加油一项，平均每个家庭每年就要多支出约 400 欧元。③ 更令政府头疼的是冬季取暖问题，困难群众因支付不起电费而受冻是任何政治领袖和党派都难以承担的责任。能源涨价问题一方面推高了失业风险，另一方面加重了家庭经济负担，从收支两头同时威胁普通民众生活，然而德拉吉内阁目前仍未拿出切实有效的针对性措施，由此造成的特困群体规模还可能进一步扩大。

二　社会扶持力度不减，措施多样

得益于“下一代欧盟”计划，意大利将陆续获得 1915 亿欧元的复苏基金，加上多个基金运作得当，使意政府能在 2021 年拥有较为充盈的财力，保持社会救助力度不减，继续以全民基本收入计划（Reddito di Cittadinanza,

① “Risparmio, italiani ottimisti ma il Covid pesa”, *Ansa*, 20 ottobre 2021, https://www.ansa.it/sito/notizie/economia/2021/10/20/risparmio-italiani-ottimisti-ma-il-covid-pesa_2854f269-4aee-4d9c-b7ab-323dc4f50418.html，最后访问日期：2021 年 12 月 2 日。

② Davide Madeddu, “Caro energia, ecco in quali settori produzione e occupazione sono a rischio”, *Il Sole 24 Ore*, 24 ottobre 2021, https://www.ilsole24ore.com/art/caro-energia-ecco-quali-settori-produzione-e-occupazione-sono-rischio-AEp8r0r，最后访问日期：2021 年 12 月 2 日。

③ “Carburanti, altri rincari sulla benzina: per le famiglie in un anno aumento di spesa da oltre 400 euro”, *Corriere dell'Umbria*, 20 ottobre 2021, https://corrieredellumbria.corr.it/news/economia/29123820/carburanti-rincari-benzina-diesel-famiglie-anno-400-euro-aumento-spesa.html，最后访问日期：2021 年 12 月 1 日。

以下简称 RdC）为最困难、最弱势家庭“兜底”，同时根据疫情变化灵活调整，以减免税负、发放补贴等方式促进民生改善，维护社会稳定。

德拉吉政府继续通过 RdC 向低收入家庭发放补贴，保障其基本生活，RdC 资助总额高，惠及人数多。1~10 月，RdC 的资助总额超过 72 亿欧元，预计全年的费用将超过 87 亿欧元，高于最初计划；受助家庭达 135 万个，受惠民众超过 300 万。① RdC 在资助对象上有所偏重，在相当程度上体现了“为最贫困、最易受冲击的群众提供基本生活保障”② 的宗旨。44.68%的受助家庭属于一个特殊的类别，即独居单身人士，其中不乏已超过 60 岁的尚未退休却因疫情失去收入或收入减少的独居老人。上述人士缺少家人的扶助，对抗经济风险的能力较弱，属于疫情下易受损害人群。

在疫情背景下，RdC 为扶助困难群众，维护社会稳定与公平，起到了基础性作用，但对其的非议也在所难免。一是发放办法未能充分考虑不同地区间的生活成本差异。意大利南北物价水平差异显著，但在为发放补贴设定收入“门槛”时，政策制定者并未采用体现地域差异的计算方式。在“一刀切”的操作下，北方一些真正困难的群众未能得到帮助，部分原本应该“雪中送炭”的补贴则流向南部，仅起到“锦上添花”的作用，有悖于“谁穷帮谁”的原则。以 2021 年 10 月为例，在全部受助家庭中，有约 29.7 万个来自北方，约占 21.6%，仅与坎帕尼亚（Campania）一个大区的受助家庭数量相当。而同期南方受助家庭数则多达 84.6 万个，在惠及人数和补贴总额上均占约 2/3。③ 二是 RdC 未能帮助足够多的困难群众重获工作，自食其力。据交通部前部长托尼内里（Toninelli）披露，仅有 15%的补贴领取者

① “Reddito di cittadinanza per 1，35 milioni di famiglie，il 45% single. In dieci mesi spesi oltre 7 miliardi”，*Il Messaggero*，19 novembre 2021，https：//www.ilmessaggero.it/economia/news/reddito_cittadinanza_in_ottobre_1_35_milioni_di_famiglie_45_single_in_ottobre_spesi_740_milioni-6332537.html，最后访问日期：2021 年 12 月 1 日。

② 孙彦红主编《意大利发展报告（2020~2021）》，社会科学文献出版社，2021，第 60 页。

③ “Reddito di cittadinanza per 1，35 milioni di famiglie，il 45% single. In dieci mesi spesi oltre 7 miliardi”，*Il Messaggero*，19 novembre 2021.

重获工作，且有相当一部分人受雇状态不稳定，被迫接受较低的薪资。① 事实上，帮助补贴领取者重新融入劳动力市场是 RdC 的第二大任务，只是从 2019 年该计划出台以来，再就业工作就一直是其“短板”。

此外，意大利政府还在《2021 年预算法》（*Legge di Bilancio 2021*）和《扶持法令 II》（*Decreto Sostegno Bis*）框架内，根据疫情变化，出台多样化措施，以减轻民众负担和维护社会稳定。篇幅所限，笔者只选其中最具代表性的措施略做评介。

2020 年 12 月 30 日通过的《2021 年预算法》（以下称《预算法》）② 将减轻企业负担、保障就业特别是青年就业摆在重要位置，试图以社保减免的方式减轻个体经营者、自由职业者特别是企业主的负担，令企业放弃裁员，甚至鼓励其雇佣新员工。为促进青年就业稳定，该法律规定，2021 年、2022 年与 36 岁以下青年签订长期合同的雇主可获得最长期限为 36 个月、每年最高 6000 欧元的社保免除。

在《预算法》框架内，意大利政府动用全民津贴和家庭服务基金设立了生育津贴（Bonus Bebè）和入托津贴（Bonus Asilo Nido）。1 周岁以内新生儿的监护人只需拥有意大利或欧盟合法身份、居住在意大利且与子女共住，即可申领生育津贴。补贴金额因核心家庭经济状况换算示数（ISEE）③ 而有所不同，每名新生儿每月可获补贴在 80～92 欧元之间。④ 子女正值入托年纪（2016 年 1 月 1 日及以后出生）的家庭可申领入托津贴。

① “Percettori reddito di cittadinanza fannulloni? Oltre il 15% lavora，ma è sottopagato”，*Corriere della Sera*，14 settembre 2021，https：//video. corriere. it/politica/toninelli - percettori - reddito - cittadinanza - fannulloni - oltre - 15percento - lavora - ma - sottopagato/e60acd02 - 14c4 - 11ec - ba57 - c9ba96e5a256，最后访问日期：2021 年 12 月 1 日。

② Ministero dell'Economia e delle Finanze，*Legge di Bilancio 2021*，31 decembre 2020，https：//www. mef. gov. it/focus/Legge-di-Bilancio-2021/#：～：text = La%20Legge%20di%20Bilancio%202021%20conferma%20i%20principali，quali%20si%20aggiungeranno%20le%20risorse%20del%20Recovery%20Plan%29，最后访问日期：2021 年 11 月 21 日。

③ ISEE 值 = ［核心家庭年收入 +（动产价值 + 不动产价值）×20%］/换算参数

④ INPS，“Assegno di natalità（Bonus Bebè）”，3 marzo 2021，https：//www. inps. it/prestazioni-servizi/assegno-di-natalita-bonus-bebe，最后访问日期：2021 年 9 月 23 日。

根据ISEE的不同，该津贴分为三档，年补贴额度分别为1500欧元、2500欧元和3000欧元。① 两项补贴旨在减轻家庭抚养低龄子女的负担，具有鼓励生育、维护家庭稳定、保障和促进就业特别是女性就业的积极意义。

2021年5月，意大利政府颁布《扶持法令II》（以下称为《法令》），计划补贴总额高达400亿欧元，关注的问题和帮扶重点与《预算法》类似。② 但《法令》聚焦具体行业，扶助对象更明确，更具针对性。如特别关注旅游、洗浴、创意文化、演艺等遭疫情沉重打击的行业，规定上述行业的私企雇主可申请免交2021年的社保费。《法令》还将航空业作为重点补贴对象，通过延长工资补贴及发放裁员基金的形式帮助处于重大危机或濒临倒闭的航空公司。为鼓励失业者重新融入劳动力市场，《法令》规定，持有再就业合同的劳工，每年可申请为期6个月、最高6000欧元的社保全免。③ 此外，为保障困难家庭日常生活的基本需求、拉动消费，中央政府还拨款5亿欧元向其发放购物券，并为租房家庭提供经济补贴。④

在对年轻人的扶持措施中，特别值得注意的是青年首套住房津贴（Bonus Prima Casa Giovani）。政府调拨2.9亿欧元专款支持36岁以下人士购买首套住房。除了获得一定的购房税费减免之外，⑤ ISEE低于4万欧元且

---

① INPS, "Bonus asilo nido e forme di supporto presso la propria abitazione", 15 luglio 2021, https://www.inps.it/prestazioni-servizi/bonus-asilo-nido-e-forme-di-supporto-presso-la-propria-abitazione，最后访问日期：2021年10月3日。

② "Def, Camere approvano scostamento pareggio di bilancio", *Il Sole 24 Ore*, 22 aprile 2021, https://www.ilsole24ore.com/art/def-camere-approvano-scostamento-pareggio-bilancio-AE6Vd1C，最后访问日期：2021年10月15日。

③ "Decreto Sostegni bis, come funzionano i contratti di rioccupazione e di espansione. Che dovrebbero convincere le aziende ad assumere", *Il Fatto Quotidiano*, 31 maggio 2021, https://www.ilfattoquotidiano.it/2021/05/31/decreto-sostegni-bis-come-funzionano-i-contratti-di-rioccupazione-e-di-espansione-che-dovrebbero-convincere-le-aziende-ad-assumere/6215872/amp/，最后访问日期：2021年12月1日。

④ "Decreto Sostegni bis: tutte le novità sugli aiuti alle famiglie", *Leggi Oggi. it*, 29 luglio 2021, https://www.leggioggi.it/2021/07/29/decreto-sostegni-bis-aiuti-alle-famiglie/，最后访问日期：2021年10月20日。

⑤ 增值税、印花税减少，登记税、抵押税等暂时取消。

符合其他条件的申请人可获相当于房价 80%的贷款（贷款总额不得超过 25 万欧元），ISEE 高于 4 万欧元的 36 岁以下青年也可申请相当于房价 50%的贷款。[①] 在意大利，36 岁以下青年多为初入职场者，整体而言收入水平、工作稳定程度、还款能力确实不乐观。

得益于一系列救助措施，社会形势整体向好。但不可否认，部分补贴的持续期较短，金额有限，未必能帮助受助对象完全脱困。如对航空业的扶助力度就明显不足，久经财务危机的意大利航空公司（Alitalia）于 2021 年 10 月宣布停飞重组，随之而来的是降薪和大幅裁员。此外，补贴申请程序过于繁复、无法准时到账，也为民众所诟病。例如原计划于 2021 年 9 月发放的"紧急状况收入"（REM）就延迟到了 11 月下旬才发放。[②] 帮扶措施的执行尚有较大的优化空间。

三　非常规移民来势汹汹，应急安排基本得当

在抗疫和复产复工的大背景下，非常规移民问题仍是意大利各界关注的热点。2021 年，中地中海区域非常规移民继续报复性增长。1~11 月，经中地中海线进入意大利的偷渡者数量多达 62941 人，约为上年同期的 2 倍，是 2019 年同期的 6 倍。[③] 据联合国难民事务高级专员公署（UNHCR）估算，每 10 个经海路进入欧盟的非常规移民中，有 6 个是在意大利登陆

① CONSAP，"Fondo di Garanzia Mutui Prima Casa"，2021，https：//www. consap. it/famiglia-e-giovani/fondo-di-garanzia-mutui-prima-casa/，最后访问日期：2021 年 10 月13 日。

② "Reddito di emergenza，a novembre arriva il pagamento della quarta rata dopo 2 mesi di ritardo"，*Giornale di Sicilia*，12 novembre 2021，https：//gds. it/articoli/economia/2021/11/12/reddito-di-emergenza-a-novembre-arriva-il-pagamento-della-quarta-rata-dopo-2-mesi-di-ritardo-53f2a732-a4b4-44ab-ab1e-6abc1bd7635c/，最后访问日期：2021 年 11 月 20 日。

③ Ministero dell'Interno，"Cruscotto statistico giornaliero"，30 novembre 2020，https：//www. interno. gov. it/it/stampa-e-comunicazione/dati-e-statistiche/sbarchi-e-accoglienza-dei-migranti-tutti-i-dati，最后访问日期：2021 年 12 月 1 日。

的。[1] 囿于篇幅，本小节仅分析两个问题：一是移民从何而来，为何数量激增；二是意大利的主要应对措施。

（一）移民的来源及增长的原因

中地中海非常规移民数量激增，是来源国和登船国社情变化以及地缘政治博弈的结果。移民来源国数量众多，但有约 77.4%的登陆者来自排名前十的来源国。突尼斯仍旧是最大的移民输出国，2021 年前 11 个月中，有 15055 名非常规入境者来自该国，同比增长 20.5%（见图 2）。直观地讲，差不多每 4 名成功登陆的偷渡者中就有 1 名突尼斯人。值得注意的是，突籍偷渡者数量增加，所占比例却低于 2020 年（38.4%），可见来自其他国家的移民数量增幅更大。移民来源位列第二的埃及、第三的孟加拉国、第五的科特迪瓦和第八的摩洛哥 2020 年同期亦是榜上有名。埃及移民数量增幅尤为明显，达 578.3%。以往名不见经传的伊朗、伊拉克和叙利亚也进入了前十，共计输出了 8164 名移民。[2]

历史上，利比亚和突尼斯一直是地中海区域偷渡活动中最重要的登船国，从细分的偷渡线路来看，从两国出发的偷渡船主要目的地是靠近北非的兰佩杜莎（Lampedusa）岛、庞特雷利亚（Pantelleria）岛和西西里（Sicilia）岛的西南海岸。据 UNHCR 披露，2021 年 1 月 1 日至 11 月 28 日，有 48430 名非常规移民（占全部非常规移民的 77.5%）经上述线路进入意大利，其中有 29153 人（占 46.7%）是在利比亚登船的，这个动荡的国家仍是中地中海区域的第一登船国。[3] 但于利比亚登船的移民中极少有该国国民，与往年一样，上述线路依旧缓慢地“释放”着利比亚数量巨大的“存

① UNHCR，“Mediterranean situation”，2021，https：//data2.unhcr.org/en/situations/mediterranean，最后访问日期：2021 年 12 月 1 日。

② 本段移民数据均来自：Ministero dell'Interno，“Cruscotto statistico giornaliero”，30 novembre 2020，https：//www.interno.gov.it/it/stampa-e-comunicazione/dati-e-statistiche/sbarchi-e-accoglienza-dei-migranti-tutti-i-dati，最后访问日期：2021 年 12 月 1 日。

③ UNHCR，“Italy Weekly Snapshot - 29 november 2021”，https：//data2.unhcr.org/en/documents/details/89871，最后访问日期：2021 年 12 月 1 日。

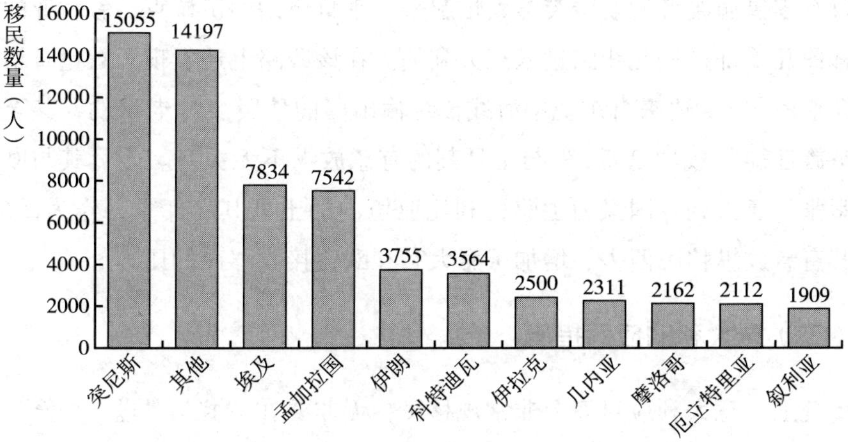

图 2　2021 年 1~11 月意大利非常规移民主要来源国

资料来源：笔者根据意大利内政部网站 https：//www. interno. gov. it 数据计算制作。

量移民”，他们主要来自撒哈拉以南非洲和南亚。值得注意的是，埃及籍移民数量的显著增加。这恰恰解释了埃及在移民来源国中名次跃升的原因：大批埃及国民由埃及与利比亚边境进入利比亚，继而转往利比亚西北海岸登船，前往意大利。① 埃及政府和控制利比亚东部的图卜鲁格（Tobruk）政权均对埃及移民西进采取了纵容态度，以此向亲西方的的黎波里（Tripoli）当局及其背后的意大利和欧盟施压。同期，有 19277 名移民（占 30.9%）从突尼斯登船，登陆意大利，② 他们大多数为突尼斯国民。该国政治动荡，近十年内换了 11 届政府，疫情之下经济低迷，民生凋敝，失业率高达 17.8%，衣食无着的国民选择偷渡也属情理之中。③

值得注意的是，一条新移民线路突然兴起。11173 名移民（占 17.9%）在土耳其登船，于西西里东南岸和卡拉布里亚（Calabria）东岸登陆。这条

① “Migratory Situation in October：Persisting Pressure on Eastern Border”，*Frontex*，november 22 2021，https：//frontex. europa. eu/media－centre/news/news－release/migratory－situation－in－october－persisting－pressure－on－eastern－border－flfAwy，最后访问日期：2021 年 12 月 1 日。

② UNHCR，“Italy Weekly Snapshot－29 November 2021”.

③ “Tunisia Unemployment Rate”，https：//tradingeconomics. com/tunisia/unemployment－rate，最后访问日期：2021 年 12 月 1 日。

往年仅有零星偷渡者的航线突然繁忙起来，来自伊朗、伊拉克、叙利亚的非常规移民几乎都是经此线路进入意大利的。在该线路上还发现了数量日增的阿富汗移民。① 上述来自东地中海线传统输出国的移民“扶老携幼，甚至举家、举族迁徙”成功抵意，② 与土耳其的有意放纵不无关系。土耳其与欧盟关系紧张，意大利等国又力主驱逐利比亚境内的土耳其雇佣军，作为回应，土耳其有意放纵移民西去，增加了意大利和欧盟接收移民的压力。

（二）意大利的应对措施

传统上，意大利应对海上非常规移民，无非要在“拦”“送”“养”三方面下功夫。③ 在拦阻方面，德拉吉政府延续了明尼蒂（Minniti）时期传承下来的基本思路，坚持与利比亚、突尼斯合作加强中地中海巡逻管控。2021年意大利高层与北非盟国互动频繁，仅外交部长迪马约（Di Maio）就五次访问利比亚。尽管意方极力促成欧盟对突尼斯的经济援助，④ 还大量从该国进口橄榄油，⑤ 并于 2021 年 8 月初向该国赠送了 150 万剂新冠疫苗，⑥ 突尼

① “Migranti: 119 afghani sbarcano su coste del Siracusano”, *Ansa*, 02 novembre 2021, https://www.ansa.it/sicilia/notizie/2021/11/02/migranti-119-afghani-sbarcano-su-coste-del-siracusano_971df386-9789-42b7-a613-1485824de482.html，最后访问日期：2021 年 12 月 1 日。

② Alessandra Ziniti, “Migranti, rotta sulla Calabria ‘Roccella è la nuova Lampedusa’”, *La Repubblica*, 24 ottobre 2021, https://ricerca.repubblica.it/repubblica/archivio/repubblica/2021/10/24/migranti-rotta-sulla-calabria-roccella-e-la-nuova-lampedusa10.html? ref=search，最后访问日期：2021 年 12 月 1 日。

③ 毛国民主编《欧洲移民发展报告（2018）——难民危机与管理》，社会科学文献出版社，2018，第 107~108 页。

④ “Italy, EU Vow to Support Tunisia's Economy to Stem Migration”, *AP NEWS*, 21 May 2021, https://apnews.com/article/africa-tunisia-italy-europe-health-b0d0fc7715d7721279772a1cab1481c1，最后访问日期：2021 年 12 月 1 日。

⑤ “Prestito di 6 milioni per gli ulivi tunisini”, *La Stampa*, 23 novembre 2021, https://www.lastampa.it/cronaca/2021/11/23/news/prestito_di_6_milioni_per_gli_ulivi_tunisini_uniprol_schiaffo_all_italia_aiutate_noi_del_salento_in_ginocchio_per_la_xyl-624646/，最后访问日期：2021 年 12 月 1 日。

⑥ Feruccio Micheli, “L'Italia invia 1, 5 milioni di vaccini anti-Covid in Tunisia”, *Formiche*, 2 agosto 2021, https://formiche.net/2021/08/vaccini-covid-italia-tunisia/，最后访问日期：2021 年 12 月 1 日。

斯仍难以在阻拦移民上达到意方预期的成效。《意大利-利比亚合作备忘录》于2021年7月成功续签，意大利试图弥合与利比亚之间的裂痕，对其物资援助的额度又创新高，达1050万欧元，[①] 以帮助其加强海警力量。实际上，利比亚海警在拦截方面"成绩卓著"，截至2021年10月下旬，其共将约2.5万名偷渡者带回利比亚。[②] 怎奈偷渡者数量太过庞大，能将拦截率保持在约50%的水平，实属不易。总而言之，在汹涌的移民潮面前，"拦"的效果有限。

所谓"送"，指的是将移民遣返回国，或通过欧盟内部的重新安置程序，送往其他国家。大疫之年，本就有限的遣返合作规模缩水，2021年初至10月8日，意大利仅送走约1500人。[③] 在移民再分配方面，2021年初至11月中旬，盟国仅从意大利接走97人。[④] 与此同时，法国和奥地利两国加强了边境巡逻，移民自发的北迁遭沉重打击。因此，"送"的成绩微乎其微。

"养"包括安置、防疫等系列工作，有应急和长期之别。在应急安置方面，意大利政府取得了较好成效。尽管移民登陆在时间和空间上高度集中，但意大利的应急接纳体系始终没有崩盘，政府一边扩建、升级营地，一边完善前沿检疫和移民分流，还斥资租用大型邮轮，开展"船上隔离"（Quarantena a bordo）行动。隔离船在重点海域巡游或待命，根据罗马指挥

---

① ISPI，"Libia e migrazioni，accordo rinnovato"，15 luglio 2021，https：//ispo. campaign-view. eu/ua/viewinbrowser? od = 3zfa5fd7b18d05b90a8ca9d41981ba8bf3&rd = 166050ccb0d235a&sd = 166050ccb0c76c9&n = 11699e4c270a31e&mrd = 166050ccb0c76b1&m = 1，最后访问日期：2021年12月1日。

② Alessandra Ziniti，"Migranti，con Lamorgese uno su tre ripreso dalla guardia costiera libica：più del doppio che con Salvini e Minniti"，*La Repubblica*，21 ottobre 2021，https：//www. repubblica. it/cronaca/2021/10/21/news/migranti_ durante_ la_ gestione_ lamorgese_ il_ maggior_ numero_ di_ interventi_ della_ guardia_ costiera_ libica-323189362/? ref = search，最后访问日期：2021年12月1日。

③ "Migranti，arrivi da Libia e Tunisia verso l'Italia raddoppiati"，*Il Sole 24 Ore*，8 ottobre 2021，https：//www. ilsole24ore. com/art/migranti-frontex-arrivi-libia-e-tunisia-l-italia-raddoppiati-inizio-anno-48mila-ingressi-AEUdWWo，最后访问日期：2021年12月1日。

④ Alessandra Ziniti，"Migranti，il tradimento dell'Europa：sono stati redistribuiti solo 97 dei 50mila sbarcati in Italia"，*La Repubblica*，12 novembre 2021，https：//www. repubblica. it/esteri/2021/11/12/news/ue_ sbarchi_ migranti_ italia_ paesi_ che_ accolgono_ di_ piu_ redistribuiti-326146219/，最后访问日期：2021年12月1日。

中心的命令，随时驰援移民爆满的港口。依据核酸检测的结果，移民被分批转送至船上不同区域，在医疗、心理、翻译、法务等方面专家的帮助下，接受船上隔离。待隔离期满，船停靠在指定港口，“乘客”依复查结果，被送往内陆安置点，或留船继续观察、治疗。仅 2021 年 1~7 月，在船上隔离的人数就超过 1 万，[①] 这种隔离措施有效弥补了抗疫背景下临时安置资源的不足，为内陆地区构筑了可靠的防疫屏障，保证了分区医学观察的强制性和严肃性，有效遏制了移民无序流动导致的病毒扩散风险，为陆上后续安置设施的升级和安置体系的恢复[②]赢得了宝贵时间。截至 2021 年 11 月 30 日，全国各类安置中心接纳的移民存量为 79666 名，[③] 安置中心为其提供基本生活和医疗服务。直至 2021 年 12 月初，意大利并未出现大规模输入性疫情的报道，可见抗疫背景下的移民临时安置是成功的。

后续管理的效果则令人担忧。疫情之下，移民在经济、就业、教育等方面遭遇的困难比意大利公民严重许多，各类辅助融入的服务基本停滞。[④] 由于短期内难以或根本无法获得合法居留，非常规移民无法加入国民医疗系统，故难以接种疫苗，也便难以获得“绿通”，工作、生活受限，传染和被传染的风险比国民更高。直至 2021 年 6 月，意大利大部分省区仍无法为非常规移民提供疫苗接种。[⑤] 截至 2021 年 10 月下旬，有 13 个大区允许非常规移民凭 STP 卡（外国人暂住证，办理门槛较低）接种疫苗；仍有 6 个大区和 2 个自治省仅通过开放日、流动诊所等临时方式为无居留移民提供零星的

① 笔者根据有关公文、报道估算。

② 在萨尔维尼（Salvini）任内政部长时期，移民安置体系曾遭破坏，安置中心由 8145 个骤减至 5482 个，降幅达 32.7%。

③ Ministero dell'Interno，“Cruscotto statistico giornaliero”，30 novembre 2020.

④ Caritas Italiana，“XXX rapporto immigrazione 2021，sintesi per la stampa”，2021，https：//www.caritas.it/caritasitaliana/allegati/9645/Sintesi%20Rapporto%20Immigrazione.pdf，最后访问日期：2021 年 12 月 1 日。

⑤ Alessandro Camilli，“Vaccini，gli assenti：anziani，clandestini（migranti e non solo）e quelli che… è estate，una dose basta”，*Blitzquotidiano*，21 giugno 2021，https：//www.blitzquotidiano.it/salute/vaccini-gli-assenti-anziani-clandestini-e-quelli-che-e-estate-una-dose-basta-3380751/，最后访问日期：2021 年 12 月 1 日。

疫苗接种服务。[①] 在2020年夏天的“大赦”中，意大利政府受理了23万余份申请，截至2021年10月中旬，仍有约18万人的申请处于“办理中”的状态。[②] 意大利政府也因此被指责官僚主义和行政效率低下。

四 启用“绿通”，防疫成效突出

所谓“绿通”，是新冠疫情下意大利政府2021年推出的一种以二维码形式呈现的数字化健康证明，其为持有者提供进入特定场所、享受特定服务的权限。意大利公民和旅意外国人须满足下列条件之一，方可获得“绿通”：（1）接种第一针新冠疫苗满15日；（2）48小时内核酸检测结果呈阴性（分子检测有效期为72小时）；（3）为6个月内康复的新冠患者。启用“绿通”是德拉吉政府2021年实施的颇为明智的一项举措。其实施办法于7月22日通过《105号法令》颁布，明确规定了适用范围和对象。8月6日，“绿通”全面生效，后随着疫情、社情、舆情变化多次调整。到了年底，为兼顾圣诞-新年长假和疫情防控，意大利政府在一些特殊场合推行“绿通”的升级版“超级绿通”（Super Green Pass），监督、管控更加严格。

“绿通”是监督和防控疫情的重要工具，旨在为复产复工保驾护航。2021年11月底12月初启动“超级绿通”模式之前，身处疫情“白区”、“黄区”和“橙区”的人们欲进入影院、剧院、博物馆、室内餐厅、酒吧等封闭场所，须出示“绿通”。自9月1日起，无“绿通”人士无法乘坐城市公交、火车、飞机、轮船，无法进入学校。自10月15日起，公私机构的劳动者每天在进入工作场所前须先通过扫码检查，但人们前往药店、超市等基本服务设施或进入露天咖啡馆等室外场所则无须扫码，以尽可能减少对经济

---

① Sara Scarano，“Come fanno gli stranieri ad ottenere il Green pass?”，*Mondo Internazionale*，22 ottobre 2021，https：//mondointernazionale. com/come－fanno－gli－stranieri－ad－ottenere－il－green－pass，最后访问日期：2021年12月1日。

② “Migranti Quei 180mila irregolari in attesa del permesso”，*La Repubblica*，12 ottobre 2021，https：//ricerca. repubblica. it/repubblica/archivio/repubblica/2021/10/12/migranti－quei－180mila－irregolari－in－attesa－del－permesso21. html？ref=search，最后访问日期：2021年12月1日。

活动的影响。拒绝提供“绿通”、违规进入特定场所者将被处以 400~1000 欧元的罚款，而累计 3 次未能履行入口检查义务的场所经营者或雇主则将被裁定停业 1~10 天。①

尽管由于右翼政客大打“自由牌”，声援“反医疗独裁”（Dittatura Sanitaria）② 行动，意大利多地爆发反“绿通”、反疫苗游行，新法西斯势力“新力量”党（Forza Nuova）的支持者也在各地制造系列暴力事件，还冲击了意大利劳工总联合会总部，但是大多数群众选择支持“绿通”。2021 年 10 月 18 日，意大利全国单日核酸检测数达 66.2 万余例，创历史新高；“绿通”App 的单日下载量超过 100 万，创下其上架后的最高纪录。③ 民众持“绿通”上班的第一周内，核酸检测数同比增长了 78.5%，多地出现检测试剂供不应求的情况。④ 可见政府的坚决执行促使相当一部分原本持反对或观望态度的民众做出了理性选择。面对不同意见，意大利政府增派警力维持示威现场秩序，保障民众表达意见的权利，同时也谴责暴力，惩治打砸抢烧分子。为方便工作场所入口的检查，提高“通关”速度，国家社会保障局（INPS）还开发了线上批量验证系统。⑤

事实上，意大利政府推行“绿通”还有推动疫苗接种的目的。德拉吉

① Alessandro Longo e Massimo Mangia，“Green pass：cos'è，come farlo，a cosa serve e obblighi 2021”，*Agenda Digitale*，https：//www.agendadigitale.eu/sanita/passaporto-vaccinale-europeo-cosa-e-e-come-funziona/，最后访问日期：2021 年 12 月 5 日。

② “Coronavirus：In piazza a Roma negazionisti”，*Ansa*，5 settembre 2020，https：//www.ansa.it/sito/notizie/politica/2020/09/04/in-piazza-a-roma-negazionisti-e-no-mask-attesi-in-duemila_699ddd07-dfb9-4270-8bf9-77b59e057f8b.html，最后访问日期：2021 年 10 月 5 日。

③ “Green pass：all'Inps più di 80mila certificati di malattia，+11，2% rispetto a martedì scorso”，*Ansa*，19 ottobre 2021，https：//www.ansa.it/sito/notizie/cronaca/2021/10/19/ieri-scaricati-piu-di-un-milione-di-green-pass-_7b9cd95b-bba7-43af-ab6f-e5b828cb10be.html，最后访问日期：2021 年 11 月 19 日。

④ “Green pass：In 7 giorni 2 milioni di tamponi，stabile il numero dei vaccinati”，*Ansa*，22 ottobre 2021，https：//www.ansa.it/canale_saluteebenessere/notizie/sanita/2021/10/21/green-pass-in-7-giorni-2-milioni-di-tamponi-stabile-il-numero-dei-vaccinati_8df235b8-1675-4462-a986-958a1ac111cb.html，最后访问日期：2021 年 11 月 19 日。

⑤ Matteo Prioschi，“Green pass controllato online per le aziende con più di 50 addetti”，*Il Sole 24 Ore*，24 ottobre 2021，https：//www.ilsole24ore.com/art/green-pass-controllato-online-le-aziende-piu-50-addetti-AEj2fYr，最后访问日期：2021 年 11 月 1 日。

深知，全面接种疫苗才是保平安、稳生产的正道，但在意大利特殊的政治环境和社会氛围中，政府不可能公开推行全民强制接种，故通过“绿通”措施进行引导、鼓励。在获得“绿通”的三种方式中，通过病愈获取的情况属极少数；凭核酸检测获得的“绿通”有效期短，对上班族十分不便；最简便的办法显然是通过接种疫苗获得长期有效的“绿通”。[①] 意大利政府给予在疫苗问题上态度不定的人群以选择权，但又令其充分感知便利度上的显著差异，导向性明显。截至 2021 年 12 月 7 日，意大利全国 12 岁以上人口中已有 87.8%接种了至少一针疫苗，有 84.8%完成了两针接种，与 9 月 1 日相比分别提高了 20.4 个百分点和 20.9 个百分点。[②] 意大利的疫苗接种工作在欧盟范围内走在前列，“绿通”发挥的作用不可低估。得益于较高的疫苗接种率和“绿通”的推行，意大利防控 2021 年 11 月暴发的第四波疫情的效果明显优于邻国。[③]

面对病毒新变种奥密克戎的挑战，单纯从抗疫角度来讲，年底控制疫情的最佳手段无疑是禁止圣诞-新年假期的节庆聚会活动，但是意大利人很难直接接受这种限制。在此背景下，持续期为 2021 年 12 月 6 日（“黄区”和“橙区”于 11 月 29 日开始）至 2022 年 1 月 15 日的“超级绿通”措施应运而生。根据新规，未接种新冠疫苗者无法获得“超级绿通”，因此也无法在室内餐厅用餐，不能到现场观看体育比赛，不得进入影院、剧院、博物馆等文化场馆。此举无疑切中了要害，进一步促进了疫苗接种，争取了中间“摇摆”人群。值得一提的是，“超级绿通”措施为未接种疫苗人士保留了

---

① 此类“绿通”的有效期最初定为 6 个月，后变更为 12 个月，11 月新法令出台后，又变更为 9 个月。

② Governo Italiano，“Report Vaccini Anti COVID-19”，7 dicembre 2021，https：//www.governo.it/it/cscovid19/report-vaccini/；“Coronavirus in Italia，il bollettino di oggi 16 ottobre：2983 nuovi casi e 14 morti”，*Corriere della Sera*，16 ottobre 2021，https：//www.corriere.it/salute/malattie_infettive/21_ottobre_16/coronavirus-italia-bollettino-oggi-16-ottobre-2983-nuovi-casi-14-morti-7549803a-2e6f-11ec-a3a3-d55b78391c72_amp.html，最后访问日期：2021 年 12 月 7 日。

③ “Covid，10.638 positivi，69 le vittime”，*Ansa*，19 novembre 2021，https：//www.ansa.it/canale_saluteebenessere/notizie/sanita/2021/11/18/covidgimbein-7giorni-32-casi15-ricoveri14intensive_d42bb945-36c4-4533-ae1b-b347cdfd0954.html，最后访问日期：2021 年 12 月 1 日。

庆祝节日的可能，允许持普通“绿通”入住酒店的客人在其内部餐厅享用节日大餐，这体现了人性化的一面，也避免了激化矛盾。

面对不同声音、不同诉求，德拉吉政府能够较好地倾听民意，采用刚柔相济的策略，灵活调整，依靠“绿通”和“超级绿通”逐步推进疫苗接种和重点场所的疫情防控，为意大利的全面复苏提供了相对安全稳定的环境。

五 总结与展望

与2020年相比，2021年意大利的社会形势总体趋向改善。随着经济形势好转，就业稳步增长且逐渐恢复到疫情之前的水平，居民家庭收入有所提高，家庭消费增幅更加显著。

整体而言，民众生活水平有所回升，对未来的预期比较乐观，但也有数量不容低估的民众需要靠各种救济度日。德拉吉政府重视社会救助工作，依旧以全民基本收入计划为最困难群体“兜底”，保障其基本生活需求，但补贴细则未能充分考虑南北方的物价水平差异，在技术层面有待改进。此外，该计划中的再就业服务水平依然较低，帮助补贴申领者重新融入劳动力市场将是未来工作的重点。形式多样的其他补贴较为精准地帮扶了特定困难群体，在促进就业、维护家庭稳定等方面起到了一定作用。

中地中海偷渡活动更加猖獗，进入意大利的非常规移民数量激增，给南方“前沿”的移民安置和疫情防控造成一定困难。“船上隔离”移民起到重要的缓冲作用，为内陆安置设施升级、扩建赢得了时间，有效防范了输入性疫情。相比之下，意大利的中长期移民安置工作缺乏统筹，效率低下，导致部分移民处境艰难，感染新冠的风险较高。通过在全国范围内启用“绿通”，重点场所疫情防控得到加强。更多的意大利人在“绿通”的柔性推动下接种了新冠疫苗，防疫形势整体向好。

2022年，意大利的社会形势可能会受到其外部和内部两场重要选举的影响。在外部，原定于2021年12月24日举行的利比亚大选因日益激化的派别斗争和地方军阀的武装干预而“流产”。关于推迟至何时选举，是否还会有大选，目前尚无确切消息。利比亚的“东西对立”可能进一步加剧，战火可能重燃，届时的黎波里当局的海陆巡逻可能再度废弛，利比亚境内数十万“存量移民”若报复性释放，意大利面临的非常规移民压力将骤增。在内部，意大利总统马塔雷拉将于 2022 年 2 月 3 日届满卸任，德拉吉当选新一届总统的呼声较高。然而，根据意大利宪法，德拉吉不能同时担任总统和总理，这意味着政府可能会重组。意大利政府是否会发生变化、社会政策如何，尚待跟踪观察。

B.5

意大利外交：建制派的多边主义方案*

钟 准 高蒲岳扬**

摘 要： 2021年2月，建制派经济学家马里奥·德拉吉领导的大联合政府开始执政。与此前五星运动与民主党联合执政时相比，意大利在对外政策上进一步回归西方主流，多边主义外交是其主要特点。通过担任2021年二十国集团轮值主席国，意大利积极推动气候变化、经济复苏、全球抗疫、阿富汗问题等议题的多边协商。同时，欧盟和北约也是意大利多边外交的主要平台。意大利加强与法国、德国的合作，试图在欧盟内部扮演更重要的领导角色。在欧洲战略自主问题上，意大利并未在欧盟和北约之间选边站队，而是采取了灵活合作的态度。虽然中意合作在一定程度上受到意大利政局变化、中美竞争和新冠疫情的影响，但是仍取得了一些进展。在北非地区，意大利通过外交和经济手段对利比亚与突尼斯施加影响，试图达到稳定边境和保证外部能源供应的目的。

关键词： 意大利外交 多边主义 欧盟 中意关系 北非地区

2021年2月，马里奥·德拉吉领导的新政府上台，成为二战结束后意

---

* 本文受到重庆市社会科学规划项目“民粹主义思潮下世界政党政治发展趋势研究”（2020QNZZ05）资助。

** 钟准，意大利LUISS大学政治学博士，重庆大学人文社会科学高等研究院副教授，主要研究领域为欧洲政治、意大利外交、中欧关系。高蒲岳扬，意大利LUISS大学国际关系专业硕士研究生，主要研究领域为意大利外交。

大利的第67届政府。从根本上看，德拉吉政府是因紧急状态而组建的跨党派、跨政治光谱的大联合政府。该政府带有技术官僚政府的特点，得到了议会中主要政党以及多数民众的共同支持。民调机构SWG在2021年6月9~14日的调查显示，对于德拉吉感到“很信任”的民众占调查总体的61%。①

在德拉吉政府的领导下，意大利外交政策相较此前的孔特政府发生了较为明显的转变。如果说2020年意大利主要是针对新冠疫情开展危机外交，那么2021年则是在国家缓慢复苏的情况下，更加主动地参与塑造多边主义秩序。这种变化反映了意大利建制派的外交偏好，也标志着2018年以来民粹主义政党在意大利对外政策上的“遗产”被逐步清除。

一　担任G20轮值主席国：拥抱多边主义

由意大利担任轮值主席国的二十国集团（G20）峰会，是2021年意大利开展多边主义外交的主要抓手。此次峰会聚焦气候变化、经济复苏、全球抗疫、阿富汗问题等多个议题。意大利在上述领域明确提出了自身诉求，并积极推动相关国际合作。

意大利试图在应对全球气候变化中发挥更大影响力。各国领导人在G20峰会上达成共识，承诺为实现将全球升温控制在1.5摄氏度范围内的目标采取有效行动。在G20峰会之后召开的第二十六次《联合国气候变化框架公约》缔约方会议（COP26），也由英国与意大利在格拉斯哥共同举办。尽管G20领导人宣言中并未明确针对气候变化要采取怎样的具体措施，意大利总理德拉吉仍宣布在未来五年内将本国应对气候变化的投入增加2倍，每年达到14亿美元。② 在2021年10月米兰举办的PRE-COP会议与Youth4Climate

① SWG spa，“Lei ha molta，abbastanza，poca o per niente fiducia in Mario Draghi”，15 giugno 2021，http：//sondaggipoliticoelettorali.it/GestioneSondaggio.aspx，最后访问日期：2021年6月28日。

② “Italy Triples Climate Finance Resources at G20 Meeting”，21 October 2021，https：//donortracker.org/policy-updates，最后访问日期：2021年11月5日。

会议上，德拉吉再度强调支持“欧洲绿色协议”，并承诺意大利在 2030 年将碳排放量减少到现在的 55%，到 2050 年实现净零排放。①

在经济领域，受新冠疫情影响，加上意大利固有的经济增长缓慢、税收制度复杂以及冗杂的审批手续，近两年意大利的基础设施投资明显下降。因此意大利致力于通过 G20 合作提高其基础设施建设与投资水平。基础设施建设与投资是 2021 年在 G20 框架下举行的四次财长与央行行长金融会议的核心议题。金融会议主张在 G20 框架下建立一个关于基础设施投资的永久对话机制，以支持经济复苏。领导人峰会重申了实现可持续发展目标的重要性和迫切性，达成了加强金融弹性和支持包容性增长的共识，包括促进可持续资本流动、发展本币市场和保持强大有效的金融安全网。意大利则表示将以基础设施、气候与能源、文化与发展领域的成果为基础，制定 G20 城市可持续化公约，并补充联合国秘书长古特雷斯（António Guterres）关于城市未来的倡议，以满足主要新兴经济体维持人口增长的需要，同时应对全球系统变革的机遇。②

国际贸易是促进多边主义国际秩序和意大利经济发展的关键因素。近年来，多边贸易体系陷入危机，世界贸易组织（WTO）内部也存在结构性问题，迫切需要改革：如成员国之间利益差别过大，未能就数字贸易或可持续性等紧迫问题的新规则达成一致，未能适当监督一些成员国透明地开展贸易活动，2019 年底以来 WTO 上诉机构因法官任命受阻而瘫痪，等等。为解决疫情带来的健康和经济挑战，提高环境与社会可持续性，更新数字贸易规则，消除扭曲竞争的不公平交易行为，G20 各国均倡导 WTO 改革。意大利外交与国际合作部部长迪马约在重申意大利对 WTO 改革进程的支持时表

① “Prime Minister Draghi's Remarks to UN Climate Roundtable”, 20 September 2021, https://www.governo.it/it/node/18006，最后访问日期：2021 年 11 月 10 日。

② “Deputy Secretary-General's Remarks to the Media after Meeting with Minister for Foreign Affairs and International Cooperation of Italy, Luigi Di Maio”, 23 July 2021, https://www.un.org/sg/en/content/dsg/press-encounter/2021-07-23/deputy-secretary-general's-remarks-the-media-after-meeting-minister-for-foreign-affairs-and-international-cooperation-of-italy-luigi-di-maio%C2%A0，最后访问日期：2021 年 11 月 10 日。

示，意大利作为轮值主席国，将加紧工作进程，促进广泛的国际趋同并实现贸易和投资复兴。① 意大利的立场与领导人峰会一致，强调加强全球供应链，实现更具弹性、安全和可持续的生产。领导人峰会还达成了针对跨国公司全球税收改革的协议，规定各国将对在本国经营的跨国公司统一执行至少15%的全球最低企业税率，建立重新分配公司注册地所在国家收益的机制，还声明将最贫穷国家的债务偿还期限延长到2021年底。

新冠疫情暴露出意大利公共卫生系统的短板，也加快了意大利公共卫生改革以及积极参与全球卫生合作的步伐。包括意大利在内的G20国家承诺将全球健康峰会上通过的《罗马宣言》作为集体行动的指南，成立G20卫生融资联合工作组，由世界卫生组织（WHO）发挥核心协调作用。面对全球疫苗分配不均的困境，中国国家主席习近平以视频形式参会并提出了全球疫苗合作行动的六点倡议，该倡议得到了G20国家的一致认可，特别是为发展中国家获取疫苗提供金融支持的有关内容。2021年11月初，意大利宣布认可中国疫苗，接种过中国疫苗后只需要在6个月内再接种一剂欧盟先前认可的疫苗作为加强针，即可获得欧盟通行证。

意大利也在G20峰会上关注阿富汗问题。在2021年10月12日举行的阿富汗问题会议上，G20呼吁尊重阿富汗的主权、独立与领土完整，必要时授权联合国对阿富汗人道主义危机采取行动。然而，中国与俄罗斯领导人缺席该会议削弱了G20在阿富汗问题上的影响力。由于西方各国不愿与塔利班直接接触，目前联合国是意大利应对阿富汗问题的主要渠道。意大利也不承认塔利班政府，并敦促各国政府为防止阿富汗经济崩溃展开行动。一旦阿富汗经济崩溃，大量难民势必通过各种手段涌向欧洲，而意大利将首当其冲。意大利国内对是否接纳阿富汗难民意见不一。在政治光谱的右端，联盟

---

① Minister of Foreign Affairs and International Cooperation, "Foreign Ministy-press Release on the Meeting of Minister Di Maio with the Director-General of the World Trade Organization, Ngozi Okonjo-Iweala", 9 May 2021, https://www.esteri.it/en/sala_stampa/archivionotizie/comunicati/2021/05/farnesina-comunicato-stampa-sull-incontro-del-ministro-di-maio-con-la-direttrice-generale-dell-organizzazione-mondiale-del-commercio-ngozi-okonjo-iweala/，最后访问日期：2021年11月10日。

党的马泰奥·萨尔维尼（Matteo Salvini）和意大利兄弟党的乔治亚·梅洛尼（Giorgia Meloni）对阿富汗难民涌入表示忧虑，认为这将给意大利带来负担。而由民主党领导的中左联盟和五星运动则声明将支持人道主义，呼吁通过紧急条例接受阿富汗难民尽快进入意大利。①

总之，作为2021年G20轮值主席国，意大利以多元包容的姿态圆满地主办了会议，在气候变化、发展议题、国际贸易、全球抗疫与阿富汗问题上传递出了积极信号，同时彰显了其多边主义的外交战略。除了G20，意大利也更注重欧盟与北约，将欧洲一体化与跨大西洋关系作为其多边主义的主要锚定物。

二　欧盟和北约中的意大利

2021年亲欧、亲美的建制派经济学家德拉吉担任总理后，意大利更加侧重“经营”欧洲内部关系与跨大西洋伙伴关系。在后默克尔时代和后英国脱欧时代，意大利有望在欧盟中扮演更重要的领导角色。一方面，意大利将在欧盟复苏基金的使用中发挥关键作用，其成败可能影响欧洲一体化的发展前景；另一方面，意大利试图通过欧盟战略自主来加强自身话语权，并力求在欧盟与北约之间达到微妙的平衡。

（一）与法、德加强合作，受益于欧盟复苏基金

2020年英国正式脱欧与2021年德国总理默克尔卸任，引发欧盟内部成员国权力关系的新一轮重组。英国脱欧后，意大利在欧盟中的重要性进一步凸显。而在德国领导人变更后，过去几十年中推动欧盟发展的“德法轴心”也面临一些不确定性。在此背景下，意大利的欧洲政策出现了新调整，最重要的目的就是尝试填补欧盟领导层的空缺。首先，意大利与法国关系得到了

① Davide Angelucci，Pierangelo Isernia，Silvia Colombo，Andrea Dessi e Ettore Greco，“Afghanistan，missioni all'estero e spese militari：le opinioni degli italiani”，Istituto Affari Internazionali，settembre 2021.

加强。2021 年 11 月，意大利与法国签署友好条约《奎里纳尔宫条约》，充分彰显了两国加强合作的意愿。[①] 两国拥有一致的关键利益是双方合作的前提，如都代表南欧地中海七国的利益。[②] 该条约将加强两国工业和战略合作，如得以成功实施，欧盟的影响力重心将向南转移，并推动欧盟朝着更深入的财政一体化方向发展。

其次，意大利仍与德国保持紧密关系。两国密切的经济与商业合作是双边关系的坚实基础，双方在外交领域的多项共识对两国关系起到了协调作用。对意大利而言，德国作为欧盟领导国对欧洲一体化和跨大西洋联盟的态度是其首要关注的问题。新冠疫情大流行对欧盟冲击尤甚，意大利与德国的共同利益还包括欧洲经济的复苏和长期发展。德拉吉提出，将利用其担任欧洲中央银行行长期间应对欧债危机的经验，与德国一同推进“下一代欧盟”计划的落实，谋求两国在欧盟的经济优先事项、目标和规则上的立场共识。

2020 年新冠疫情暴发之初，意大利向欧盟求援无果一度恶化了两者的关系，而欧盟复苏基金对意大利的大力支持则使两者关系大为改善。“下一代欧盟”复苏基金总计 7500 亿欧元，意大利将获得其中的 1915 亿欧元，是该基金的最大受益国。复苏基金将围绕欧洲层面的三个战略轴心制定，包括数字化与创新、生态转型和社会包容、修复与韧性三个方面，有助于解决意大利经济的结构性问题，引导意大利走上生态和环境转型之路，并缩小地域、代际和性别差异。该基金也将对意大利国内经济和生产力产生重大影响，根据意大利政府预测，与不引进该计划相比，2026 年底前意大利 GDP 将多增长 3.6 个百分点。[③]

---

① Ministero degli Affari Esteri e della Cooperazione，“Firma del Trattato Italia-Francia al Quirinale”，26 novembre 2021，https：//www. governo. it/it/articolo/firma - del - trattato - italia - francia - al - quirinale/18658，最后访问日期：2021 年 12 月 1 日。

② 参见王战、刘天乔、张瑾《地中海南欧七国联盟》，社会科学文献出版社，2018。

③ Francesco Corti & Jorge Nùnez Ferrer，“Assessing Reforms in the National Recovery and Resilience Plans Italy”，Recovery and Resilience Reflection Papers，CEPS，June 2021.

（二）欧洲战略自主问题

战略自主是近几年欧盟提出的新发展方向。欧盟认为其战略自主权受到不稳定的国际局势和日益增长的混合性威胁的影响，因此试图在安全和军事方面加强一体化建设和对外投射能力。传统上，欧洲战略自主强调在军事防务领域减少对美国的安全依赖。为此，欧盟将在 2021~2027 年为其内部的永久结构性合作（Permanent Structured Cooperation，PESCO）注入新的发展资金。PESCO 将增强某些关键军事基础设施，以更好地整合欧盟武装部队执行任务的能力。此外，近期欧洲战略自主扩大到更广泛的对外政策领域，有学者认为包括战略主权、经济主权、技术主权三方面内容。[①] 例如，欧盟以“欧洲经济和技术主权”为由要求成员国在投资审查及 5G 监管上遵照欧盟标准，并将中国定义为“经济竞争者”和“系统性对手”。

鉴于许多欧盟成员国同时也是北约成员国，欧盟战略自主与北约转型之间存在一定张力。意大利是欧盟军事实力最强的成员国之一，是欧盟自主防务的重要力量，其立场至关重要。意大利通常不会就依靠欧盟或依靠北约明确站队，而是根据本国的国家利益与战略目标的动态变化开展具体合作。在支持欧洲防务一体化的过程中，意大利同时注重与北约合作而非强调独立，预计这种平衡的防务方针将持续下去。意大利会不断评估欧盟内部和地中海地区的安全形势，并相应调整其在欧盟防务和北约义务间的平衡方式。例如，由于目前美国在北非和中东采取战略收缩，将其战略重心转向亚太地区，意大利关注的地中海地区形势随之改变，因此意大利希望通过参与欧洲战略自主建设，提升自身的国防力量和对周边热点地区的战略影响力。

三　意大利对华政策的发展变化

自 2019 年中意两国签署“一带一路”建设谅解备忘录以来，中意双

① 忻华：《“欧洲经济主权与技术主权”的战略内涵分析》，《欧洲研究》2020 年第 4 期。

方在政策对话、运输物流与基础设施建设、贸易投资、科技教育、绿色发展、人员交流等领域的合作在互利共赢的基础上进一步深化。在取得成就的同时，我们也应看到，由于国际国内客观形势的变化，当前中意两国合作也面临着结构性挑战。

（一）2021年以来中意合作的新进展

在运输、物流与基础设施建设方面，2019 年，中国交通建设有限公司（以下简称中交）相继投资了热那亚港与的里雅斯特港，被视为中交进入意大利与欧洲的标志性项目。中交的投资促进了热那亚的新防波堤大坝与的里雅斯特火车站的建设。目前，的里雅斯特火车站已成为意大利最大的铁路货运中心。尽管该火车站的货运量在 2020 年受新冠疫情冲击而减少，但在 2021 年上半年逐渐恢复到疫情前水平，共计处理 4657 班列车，较 2020 年同期增长了 19.47%。[①]

在科技合作领域，第十一届中意创新合作周于 2021 年 12 月 1~3 日成功举办。本届合作周以“共同研究创新，更好影响未来”为主题，着眼于新冠疫情大流行后的经济社会重启，强调两国在数字化转型与可持续经济社会转型领域的协同合作。值得一提的是，迄今为止，中国是意大利有针对性地制定了详细的科技合作战略的唯一国家。[②] 预计在该战略的助力下，两国科技合作将进一步向纵深发展。

在教育和人员交流方面，2021 年中意两国留学生赴对方国家留学比例上升。中国学生在意大利选择的最受欢迎的学习课程是马可·波罗和图兰朵计划下的课程，这是两国在教育领域合作的典型案例。意大利的研究学者与学生则通过中国政府奖学金、中意大学间合作协议赴中国学习。“一带一

① “Trieste, Quanto Vale Il Porto Italiano Delle Materie Prime”, *Il Sole* 24 *Ore*, 14 Ottobre 2021, https://www.ilsole24ore.com/art/trieste-caos-cosa-succede-se-si-blocca-porto-italiano-materie-prime-AEkdkwp?refresh_ce=1，最后访问日期：2021 年 11 月 19 日。

② Lorenzo Mariani, “L’Iniziativa Belt and Road e l’internazionalizzazione della potenza cinese in campo scientifico: il caso dell’Italia”, Istituto Affari Internazionali, Settembre 2021, p. 17.

路”建设谅解备忘录加深了两国在研究和教育领域继续投资与合作的意愿，为两国人员往来提供了持续的互惠通道。

（二）中意关系面临的挑战

意大利政府的更迭是中意“一带一路”合作面临的结构性挑战的内部因素。德拉吉政府在重回欧洲主义和大西洋主义的同时，其对华合作的热情有所降温。[①] 两年前签署“一带一路”谅解备忘录时，在意大利执政的是由五星运动和极右翼的联盟党组成的民粹主义联合政府。2019 年 9 月，该政府被一个新的执政联盟取代，中左翼民主党（PD）加入，由孔特继续担任总理，积极开展对华合作的立场得以延续。然而，在 2021 年初德拉吉上任后，意大利政府对华政策趋于保守。德拉吉强调，“欧盟和大西洋优先，符合意大利的历史锚定”。[②]

中美关系与新冠疫情构成了中意“一带一路”合作面临的结构性挑战的外部因素。2021 年 6 月，意大利签署了北约的声明，该声明认为中国“对基于规则的国际秩序构成系统性挑战”，并呼吁中国“在国际体系中负责任地行事”。[③] 同月，当年推动“一带一路”合作的意大利外交与国际合作部部长迪马约也承认，尽管与中国的贸易联系非常重要，但不足以影响意大利与美国的价值观同盟。[④] 美国在意大利与中国签署“一带一路”建设谅

---

① “Mario Draghi Sets Tone in Cooling EU – China Relations”, *Financial Times*, 6 June 2021, https://www.ft.com/content/4d7bf8ad-f585-44b2-9250-790ec430de4b，最后访问日期：2021 年 11 月 28 日。

② “The Coronavirus Comeback Plan: How Italy Will Rise Again”, *The National Interest*, 27 March, 2021, https://nationalinterest.org/feature/coronavirus-comeback-plan-how-italy-will-rise-again-181179，最后访问日期：2021 年 11 月 5 日。

③ “NATO Leaders Declare China a Global Security Challenge”, *Defense News*, 14 June 2021, https://www.defensenews.com/smr/nato-priorities/2021/06/14/nato-leaders-declare-china-a-global-security-challenge/，最后访问日期：2021 年 11 月 28 日。

④ “Cina, Di Maio: ‘I rapporti con Pechino non interferiscono in quelli con Nato Ue’ ”, *Ansa*, 28 giugno 2021, https://www.ansa.it/sito/videogallery/mondo/2021/06/28/cina-di-maio-i-rapporti-con-pechino-non-interferiscon o-in-quelli-con-nato-e-ue_ 7fd98ae6-037f-4dd3-aa3e-ca0c05e5b263.html，最后访问日期：2021 年 6 月 28 日。

解备忘录时公开表达了对意大利该举动的担心，本届意大利政府似乎正在给出回应。

由于新冠疫情持续，原定于 2020 年举办的中意文化与旅游年活动推迟到了 2022 年，中意双方的国事访问也随之取消。疫情同样扰乱了“一带一路”合作的计划，投资与金融合作进展缓慢。意大利在获得欧盟最大份额的经济复苏基金后，对中国投资的需求有所下降，开始针对中国投资设置更多的限制条件。例如，意大利政府更加频繁地动用“黄金权力”审查和阻碍中资收购。2021 年 5 月 20 日，意大利政府批准了移动电话运营商沃达丰（Vodafone）与华为之间的交易，但是设置了一系列严格的前提条件，包括限制华为进行远程干预以修复技术故障和极高的安全门槛。① 美国极力游说意大利和其他欧盟国家避免在其下一代电信网络中使用华为设备，并严格审查另一家中国企业中兴通讯，意大利方面显然受到了美国影响对华为采取了更强硬的立场，但并未完全禁止使用其 5G 基础设施。意大利政府还阻止了一家中国公司收购一家小型半导体公司的投标，② 并且阻止了中国一汽集团收购依维柯公司。③ 中国在意大利国家电网中相对较高的持股比例也引发了意大利方面的担心，其要求中资企业减持意大利战略行业企业的股份。随后，德拉吉再次动用“黄金权力”否决了浙江晶盛机电股份有限公司与美国应用材料公司香港分公司成立合资企业并收购后者在意大利的丝网印刷设备业务的申请。④

---

① “Italy Gives Vodafone 5G Deal with Huawei Conditional Approval-sources”, *Reuters*, 1 June 2021, https://www.reuters.com/technology/italy-gives-vodafone-5g-deal-with-huawei-conditional-approval-sources-2021-05-31/, 最后访问日期：2021 年 10 月 15 日。

② “China Targeted Milan Semiconductor Firm Before Draghi's Veto”, *Bloomberg*, 9 April 2021, https://www.bloomberg.com/news/articles/2021-04-08/italy-s-draghi-seeks-broader-shield-from-chinese-corporate-bids, 最后访问日期：2021 年 11 月 28 日。

③ “Italy's CNH and China's FAW in Talks Over Trackmaker Lveco”, *Reuters*, 6 January 2021, https://www.reuters.com/article/us-iveco-m-a-faw-idUSKBN29B16H, 最后访问日期：2021 年 11 月 28 日。

④ “Draghi Vetoes Third Chinese Acquisition in Italy This Year”, *Market Research Telecast*, 23 November, 2021, https://marketresearchtelecast.com/draghi-vetoes-third-chinese-acquisition-in-italy-this-year/209531/, 最后访问日期 2021 年 11 月 25 日。

总体而言，自中国与意大利签署“一带一路”建设谅解备忘录以来，两国在多重领域展开合作，并取得了积极成效。意大利方面认为加入“一带一路”为意大利带来了不少优势，但更为看重的是“一带一路”合作能否转化为意大利实质性的收益。也有意大利学者认为，谅解备忘录的签署给意大利带来的潜在风险大于实际收益。一方面，备忘录并不能保证中国对意大利的基础设施进行投资，或确保意大利能扩大对华出口；另一方面，对中国而言，谅解备忘录的签署具有一种象征性价值，即欧盟主要成员国成为“一带一路”的一部分，而这让作为欧盟创始国和 G7 成员国的意大利面临地缘政治风险。① 可以说，受到意大利国内政党轮换、中美关系与新冠疫情的影响，未来中意两国关系进一步深化面临阻力，但合作仍将是主流。

四　地中海地区的周边安全

地中海地区是意大利外交的关注焦点之一，尤其是其关乎意大利的边境安全和能源问题。意大利着力凸显本国在利比亚和平进程中的关键地位。2021 年 3 月，利比亚民族团结政府宣誓就职，这是自 2020 年 10 月达成永久停火协议后利比亚和平进程的又一里程碑。在利比亚军事动乱频仍期间，意大利保留了驻利比亚大使馆并维持能源巨头埃尼（ENI）在该国的正常运营。然而，由于意大利与欧盟未能对利比亚进行直接军事干预，土耳其乘虚而入，通过军事和政治支持扩大了其在利比亚的影响。② 由于缺乏对利比亚的军事介入，意大利只能从经济和能源方面着手，来维系其在利比亚的影响力。

意大利与利比亚签署了诸多经济与能源方面的协议，以换取利比亚当局阻止更多非法移民通过意大利进入欧盟。2021 年 2 月，德拉吉上任伊始便向利比亚释放交好信号，成为欧盟第一个出访利比亚新政府的政府首脑，彰显了意大

① Alice Politi, “Italy: A Case Study of the Silk Road Project in Europe”, Lau China Institute Policy Series 2020, LAU China Institute, May 2021.

② Dario Cristinai, “Libya as a Transatlantic Litmus Test for European Strategic Autonomy”, Istituto Affari Internazionali, April 2021.

利对利比亚的重要关切。两国探讨了人道主义与移民问题、打击人口贩运、难民援助与农村地区发展问题，意大利承诺将为利比亚难民的自愿遣返和人道主义撤离提供资金。[①] 目前利比亚正处于经济凋敝期，其希望意大利等国支持其经济发展，促进和平建设进程。利比亚的经济恢复将需要大量劳动力，这或将激励更多移民选择留在利比亚，而这显然有助于缓解意大利的移民危机。

与利比亚类似，突尼斯受过去十年国内政治动荡的影响，大量非法移民通过隔海相望的意大利潜入欧洲。2021 年 7 月，突尼斯主要城市再次爆发大规模游行示威，抗议政府和议会防控疫情和提振经济不力。突尼斯总统凯斯·赛义德（Kais Saied）宣布暂停议会，剥夺了议员的豁免权并罢免了总理沙希姆·迈希希（Hichem Mechichi）。[②] 突尼斯国内存在的极端主义、从利比亚蔓延过来的安全问题、民众抗议和动员的周期性循环都是阻碍突尼斯实现政治稳定的因素。出于限制非法移民的考虑，意大利期望突尼斯实现政治稳定。德拉吉在 2021 年 12 月举办的地中海对话论坛上强调，地中海国家之间的合作必须超越双边关系和危机管理，意大利与北非国家应共同行动，阻止非法移民流动。

值得一提的是，欧盟与意大利致力于在 2050 年前实现碳中和目标，而北非丰富的可再生能源可为欧盟与意大利实现该目标提供重要助力。对于意大利而言，关注地中海区域的能源发展一方面是为了实现碳中和目标；另一方面则旨在为当地创造就业机会，促进经济发展，从而减少移民流出。“欧洲绿色协议”的一个重要目标是加强欧盟在绿色转型方面的全球领导地位，路径之一就是与欧盟南部邻国建立环境、能源和气候伙伴关系。德拉吉也重申地中海国家共享自然资源、进行可再生能源合作的重要性。该地区的利比亚、

① Atlantic Council，“Italy Found Its Way Back to Libya”，14 April 2021，https：//www. atlanticcouncil. org/blogs/menasource/italy-found-its-way-back-into-libya/，最后访问日期：2021 年 12 月 5 日。

② Silvia Colombo，“Tunisia's Quest for Democracy：Unfinished Domestic Revolution and Regional Geopolitical Entanglements”，Istituto Affari Internazionali，October 2021.

突尼斯与摩洛哥也都不同程度地参与绿色转型，寻求对可再生能源的投资。[①] 意大利除了投资传统的太阳能和风能，还投资新兴的氢能源。氢能可实现季节性储存并可使用天然气管道经济高效地长距离运输，其中摩洛哥与突尼斯的地理位置和可再生能源设施尤为适合向欧洲输送氢气，意大利则是北非氢气出口的门户。

五　结语

2021 年，在德拉吉政府的领导下，意大利展现了其作为欧盟核心成员国、可靠的西方合作伙伴以及地中海事务的重要参与者在外交事务上的优先目标。意大利通过举办 G20、COP26 与全球健康峰会，积极推广其多边主义外交主张。在国际合作上，德拉吉政府的外交政策重点进一步向欧盟、跨大西洋关系和多边主义倾斜，并希望在大国竞争日益激烈的世界中发出自己的声音，通过与盟友合作，成为美国平等的地缘政治伙伴。在此过程中，德拉吉政府有意避免其前任政府青睐的与中国和与俄罗斯的双边合作，而将欧洲主义和大西洋主义置于对外战略的核心。

意大利对外政策的上述倾向能够持续多久，在很大程度上仍取决于其国内政治。虽然目前德拉吉本人及本届政府的支持率总体较高，但是由于德拉吉是技术官僚而非任何政党的领导人，通常也较难寻求更长期连任，他本人也有可能在 2022 年接替马塔雷拉担任总统。如果继任政府仍由建制派的民主党主导，那么意大利外交将在很大程度上延续德拉吉政府的路线。

① European Council on Foreign Relations, "Power Surge : How the European Green Deal Can Succeed in Morocco and Tunisia", 26 January 2021, https: //ecfr. eu/publication/power-surge-how-the-european-green-deal-can-succeed-in-morocco-and-tunisia/, 最后访问日期：2021 年 12 月5 日。

专 题 篇

Special Reports

B.6

意大利港口体系：结构、发展规划与当前挑战

〔意〕卢卡·达内塞*

摘　要： 意大利位于地中海中心，临近欧洲中部市场，这是其港口体系的优势所在。意大利拥有57个全国性大港口，其中14个位居泛欧交通网络核心走廊之列。本文分析了意大利港口体系的特点、运行机制、中央和地方的权责、港口管理部门的职能，以及欧洲和意大利推行新的港口发展规划的意义。本文特别述及2021年意大利政府出台的国家复苏与韧性计划，并重点关注欧盟提出的泛欧统一交通网络战略及其对意大利港口体系的影响，最后还分析了当前意大利港口体系面临的挑战以及应对措施和改革前景。

关键词： 意大利　港口体系　国家复苏与韧性计划　海运　绿色船舶

---

* 卢卡·达内塞（Luca Danese），意大利政治、经济与社会研究所（EURISPES）顾问，曾任意大利基础设施、交通与航海部副部长。

意大利港口的优势在于优越的地理位置，位于地中海中心，临近欧洲中部市场。简言之，海运对意大利经济增长起到双重作用。其一，海运本身具有重要的经济价值。2020 年，意大利港口物流领域及造船业的增加值占其国内生产总值（GDP）的比重约为 4%。其二，高效的港口服务对提升工业体系的竞争力以及更好地开拓国际市场发挥着重要的支撑作用。在新冠疫情造成生产活动短暂停滞后，当前国际市场需求正在回暖，相应的，港口基础设施及服务的供给也在持续复苏。本文将对意大利港口体系的结构与特点、发展状况、发展规划以及面临的挑战做一梳理分析。

一　意大利港口的组织体系与港务局的职能

意大利海运体系包含 57 个全国性大港口，十分复杂。其复杂性首先源于地理因素，意大利国土从由北至南延伸至地中海，地形独特。其次是历史因素，意大利境内的港口经历了不同的历史变迁，有的得到振兴，有的则走向衰落甚至被废弃。根据 1994 年 1 月 28 日的第 84 号法律[①]及其后来的修订，特别是 2016~2018 年的更新，意大利国家级海港被分为以下四类：（1）一类港，即对军事防御和国家安全具有重要意义的港口或特殊港口区域；（2）二类港的一级港，即对国际经济具有重要意义的港口或特殊港口区域；（3）二类港的二级港，即对本国经济具有重要意义的港口或特殊港口区域；（4）二类港的三级港，即对大区或不同大区间经济具有重要意义的港口或特殊港口区域。排除第一类的军港，除按经济重要性对港口进行分类之外，基础设施与可持续交通部在听取港口管理机构或海洋管理机构的意见后，还对港口的核心功能进行了认定，主要包括贸易与物流、工业与石油、客轮运输及邮轮、捕鱼、旅游与游艇。

根据经济重要性与功能做分类，意大利港口被视作一个大的体系，它包含 16 个子体系（类似于工业集群），由 16 个大港和数目众多的次要港组

① *Piano nazionale dei porti*，Legge n. 84，28 gennaio 1994.

成，涵盖了意大利全部港口吞吐量的70%。该体系由16个港务局经营管理，1994年第84号法律对港务局的职能做了规定。2016年8月4日的第169号法令（关于港口机构的重组、优化及精简）[①] 对第1994年第84号法律的第6款做了修改，调整了16个港务局，分别是西部利古利亚海港务局、东部利古利亚海港务局、北部第勒尼安海港务局、中北部第勒尼安海港务局、中部第勒尼安海港务局、南部第勒尼安海和爱奥尼亚海港务局、萨丁岛海港务局、西部西西里海港务局、海峡港务局、东部西西里海港务局、爱奥尼亚海港务局、南部亚得里亚海港务局、中部亚得里亚海港务局、中北部亚得里亚海港务局、北部亚得里亚海港务局、东部亚得里亚海港务局。根据意大利政府制订的《港口与物流国家战略计划》，[②] 基础设施与可持续交通部负责提名港务局局长人选，并且对港务局提出的三年发展规划进行审核，并对落实进行监督。

意大利政府根据吞吐量、货物量和对周边地区经济影响等指标，决定将对大区、国家和欧盟经济发展具有重要意义的港口纳入港务局管理体系。港务局办公地点设在相关辖区的中心港口，即根据1994年第84号法律规定的对国际和本国经济具有重要意义的港口（二类港的一级港或二级港），也就是所谓的“核心港”，同时也被列入泛欧交通网络（TEN-T）核心走廊，后者是根据欧盟2013年第1315号条例确定的。该条例于2013年12月11日获欧洲议会和欧盟理事会批准。[③] 成员国与欧盟对港务局办公地设在“核心港”的双重认定，是理解意大利与欧盟的港口政策之间联系的关键因素，两者在涉及核心港的总体与专项战略、创造港口发展的机遇与条件、推动与支持投资等方面都有规划。

1994年第84号法律的第1条规定，港务局负责制定港口发展的具体

---

① *Riorganizzazione, razionalizzazione e semplificazione della disciplina concernente le Autorità portuali (Istituzione delle Autorità di Sistema Portuale-AdSP)*, Decreto legislativo n. 169, 4 agosto 2016.

② *Piano Strategico Nazionale della Portualità e della Logistica-PSNPL*, Decreto del Presidente del Consiglio dei Ministri, 6 agosto 2015.

③ European Union, *Guidelines for the Development of the Trans-European Networks TEN-T*, Regulation 1315/2013.

目标，其承担着六项任务。（1）港口的投资方向、战略规划及港口间的协调；关于货物与乘客运输的所有操作和服务的管理、推动和监管（可通过各地方港口办公室来具体执行）；港口空间的转让以及港口内部和周边地区进行的贸易与工业活动（根据该法第16、17、18条）；另外，根据该法第24条，港务局有权就工作地点的安全、事故风险防范、卫生环境等事宜做出规定。（2）港口的一般设施与配套设施的日常及特殊维护，包括海底养护。（3）委托与监管向港口用户提供付费服务的相关业务，这些业务不一定要与港口活动密切相关（见该法第16条第1款），具体由基础设施与可持续交通部的部长政令来确定。（4）协调所辖港口区域内以及国家海域范围内的公共机构的管理活动。（5）对所辖国家海域及其范围内物产有唯一经营管理权。（6）推动港口与后港区以及与其他港口间物流体系的连接。

二　意大利核心港口与泛欧交通网络核心走廊

如前文所述，港务局办公地点所在的核心港不仅是意大利政府制定政策的重要参照，也是欧盟推动和发展泛欧交通网络核心走廊的重要参照。泛欧交通网络核心走廊是欧盟拟建成的海陆空全方位交通体系，也辐射到欧盟以外的地区，该体系对建立一个稳固的欧洲大市场，加强整个欧盟的经济、社会与地区的融合发挥着重要作用。欧盟认可意大利港口的重要性，并将符合其要求的14个意大利港口纳入核心港范围。具体要求是年吞吐量大于或等于150万吨货物，或是20万乘客。① 欧盟将利用2021~2027年预算中的“连接欧洲基金”为建设和完善港口提供资金支持。

2021年春，欧盟委员会开始对泛欧交通网络战略在2013~2020年的落

① European Union, *Guidelines for the Development of the Trans - European Networks TEN - T*, Regulation 1315/2013.

实效果进行评估。经过 2 月 10 日至 5 月 5 日近 3 个月的充分的公共讨论，欧盟通过了 2021 年第 1153 号条例。根据该条例，欧盟调整了“连接欧洲基金”的运作方式。另外，经过成员国间密集磋商，欧盟更新了港口发展战略，确立了核心走廊在可持续运输网中的关键地位，确定了待建的基础设施，以及 2030 年、2050 年前的优先目标和时间表（2030 年前完成欧洲运输核心走廊的建设，2050 年前建成欧洲单一运输空间）。在更新过程中，14 个已被认定对欧洲具有重要价值的意大利港口被列入泛欧交通网络核心走廊门户港名单，该名单共有 200 个港口。这 14 个意大利港口是：安科纳（Ancona）、奥古斯塔（Augusta）、巴里（Bari）、卡利亚里（Cagliari）、热那亚（Genova）、焦亚陶罗（Gioia Tauro）、拉斯佩齐亚（La Spezia）、里窝那（Livorno）、那不勒斯（Napoli）、巴勒莫（Palermo）、拉文纳（Ravenna）、塔兰托（Taranto）、的里雅斯特（Trieste）和威尼斯（Venezia）。

在上述核心走廊门户港名单外，还有两个名单，分别是对意大利国家运输网络具有重要意义的大区港口名单和意大利内港名单。大区港口名单包括：布林迪西（Brindisi）、卡罗福尔特（Carloforte）、齐奥基亚（Chioggia）、齐维塔维基亚（Civitavecchia）、菲乌米齐诺（Fiumicino）、卡艾达（Gaeta）、杰拉（Gela）、格尔夫阿兰奇（Golfo Aranci）、拉马达莱娜（La Maddalena）、马里纳迪卡拉拉（Marina di Carrara）、墨西拿（Messina）、米拉佐（Milazzo）、蒙法尔科纳（Monfalcone）、奥尔比亚（Olbia）、帕拉乌（Palau）、比奥比诺（Piombino）、莱万特港（Porto Levante）、托雷斯港（Porto Torres）、费拉约港（Portoferraio）、维斯美港（Portovesme）、雷焦卡拉比里亚（Reggio Calabria）、萨莱诺（Salerno）、萨沃纳-瓦多（Savona-Vado）、西拉古拉（Siracusa）、得拉巴尼（Trapani）。内港名单包括：米兰（Milano）、克莱莫那（Cremona）、曼多瓦（Mantova）、拉文纳（Ravenna）、威尼斯-莱万特港（Venezia-Porto Levante）、的里雅斯特、齐奥加（Chioggia）、蒙法尔科纳、诺加罗港（Porto Nogaro）、罗维哥（Rovigo）。

需要强调的是，欧盟将定期审查港口分类名录，并可能做出修订。为保持自身地位，入选名录的港口必须加强与欧洲运输网络九大核心走廊的联系，同时，还必须符合并保持以下标准：（1）年乘客吞吐量须超过欧盟所有海港乘客总吞吐量的0.1%，数据以欧盟统计局公布的近三年数据的平均值为准；（2）年货物总吞吐量（包括集装箱货物与非集装箱货物）须超过欧盟所有港口货物总吞吐量的0.1%，数据以欧盟统计局公布的近三年数据的平均值为准；（3）港口应位于海岛上，且须是所在地区内唯一可进入全球运输网络的地点。

毋庸置疑，进入欧盟核心港名录会为意大利港口带来发展机遇，但是由于欧盟与意大利相关投资政策的不同，也给意大利带来了不小的问题。在港口投资上，欧盟奉行的是竞争与自由化的原则，不允许公共投资介入，认为后者会扭曲海洋运输自由市场的运行。欧盟相关法律的导向也遵循这种地主港的模式，鼓励和支持私人资本和经营。在该模式下，港口的战略规划由当地港口管理机构负责，建设与完善基础设施则允许私人资本参与。有一点需要指出，盎格鲁-撒克逊地区和汉萨地区的港口之所以更有竞争力，一个重要原因是，通常情况下当地港务局对港口拥有产权，可以自主决定港口的转让。而在意大利和拉丁地区，港务局对港口没有产权，它只是代表国家或当地政府对港口进行管理。在这种情况下，港务局在转让和交付第三方经营方面的权力很小，甚至毫无权力。此外，在财务自主权这一决定货物吞吐量、附加值和盈利等港口经营绩效的重要因素上，盎格鲁-撒克逊体系、汉萨体系与拉丁体系也有明显区别。与北欧国家不同，南欧国家的港务局虽然对港口投资完全负责，但是在港口经营收入的控制与管理方面权力很小，有的甚至没有任何权力。即便与同为南欧国家的西班牙相比，意大利港务局的财务自主权也更有限。

欧盟的这种导向对进入欧盟核心港名录的意大利港口的发展造成了严重制约。一直以来，意大利港口发展践行的是另一条道路。与欧盟要求不同，意大利港口的基础设施（码头和岸线的扩建）和集装箱装卸设备的投资都来自公共资金，换言之，依靠的是国家投入。由此，意大利与欧盟相关机构就产生了某种争议。这些欧盟机构主要包括欧盟创新与网络执行署（INEA）

和欧洲海港组织（ESPO）。INEA 的前身是泛欧运输网络执行署。值得注意的是，自 2021 年 4 月 1 日起，该署又被新机构欧盟气候、基础设施和环境执行署所取代。ESPO 代表欧盟 22 个成员国以及挪威的港口行政机构、协会和管理机构。阿尔巴尼亚、英国、冰岛、以色列和乌克兰以观察员身份加入了该组织。根据港口发展的竞争和自由化原则以及“欧洲绿色协议”，上述两家机构要求意大利限制国家对港口去碳化、船舶使用低排放燃料、港口废弃物处理、码头电气化（用于船舶接用岸电）等方面的投资，允许公共资本进入的领域包括推动港口的生态转型和数字化转型（物流、装卸、仓储的智能化处理）。在基础设施建设上，铁路物流平台的发展规划、港口与铁路连接、与港口内铁路运输相关的环境保护等方面亦可允许公共资本进入。

根据竞争与自由化的原则，欧盟要求对旨在提升港口容纳能力的公共投资进行限制，这一要求得到上述两家机构相关分析的支持。特别是，欧盟委员会 2021 年发起的公开讨论以及相关研究显示，在地中海地区，无论是欧盟港口还是非欧盟港口，到 2030 年均将出现基础设施过剩问题。欧盟认为，不仅是意大利，法国、西班牙、斯洛文尼亚、克罗地亚等国以及其他地中海东西沿岸国家都将面临这个问题。不难想见，意大利业内人士对此持有异议。他们认为，为适应转运集装箱需求的增加，意大利港口的容纳能力还存在很大提升空间，为此需要制定宏观层面的投资战略，加强港口基础设施（扩大码头和岸线）以及装卸和存储集装设备。实际上，这类投资的必要性在意大利政府的“港口发展三年规划”中已提及。这正是意大利反对欧盟要求的根本原因。意大利港口体系有其独特性，很难与其他国家的港口相比，无论是地中海国家，如西班牙、中东国家、北非国家的港口，还是法国的勒阿弗尔港和德国的汉堡港这些意大利以北国家的港口。具体而言，意大利港口体系承担着相当多样化的海运任务，滚装货物、集装箱、散装固体货物、液体货物、乘客都占有较大比重，因此在基础设施需求与服务组织方式上也有一定的特殊性。

表 1　意大利港口吞吐量与基础设施（2018 年）

吞吐量	集装箱	液体	固体	滚装货物	其他类	总计
（单位 = 1000 件）	105819	195474	80122	99069	21474	501958
基础设施	泊位数(个)		长度(米)		泊位总面积(平方米)	
	2090		488596		10657534	

资料来源：作者意大利基础设施与可持续交通部（MISM）数据制作。

三　意大利港口吞吐量的最新变化

意大利港口协会（Assoporti）的统计数据显示，近十几年来，意大利港口的货物吞吐量在欧洲范围内排名第三，仅次于荷兰与英国。2020 年，意大利港口的货物吞吐量为 44.1842 万吨，接近新冠疫情暴发前的峰值水平，也即 2017 年的 47 万吨。该数据与欧盟统计局公布的数据大体一致，尽管两者的统计方法有所不同。欧盟统计局的数据显示，2015~2020 年，意大利港口的货物吞吐量一直位列欧洲第三，乘客吞吐量则位列欧洲第一。

意大利港口在欧洲长期占据重要地位，与两个贸易因素密切相关：一是与非欧盟的地中海国家的贸易往来；二是与苏伊士运河以南的国家、远东国家以及中国的贸易往来。此外，还有一个新的变化值得关注。近年来，意大利的港口越来越遭遇强劲对手，特别是在集装箱运输方面。这些竞争对手主要是北欧国家的港口，也包括地中海东西两岸的港口群，以及地中海南岸的新转运港口，如塞得港、突尼斯港、丹吉尔港、阿尔赫西拉斯港。例如，焦亚陶罗港曾经在很长时间里一直是地中海最重要的集装箱船转运港，但是目前其年吞吐量为 320 万标箱，低于西班牙的瓦伦西亚港（420 万标箱）、巴塞罗那港、阿尔赫西拉斯港、丹吉尔港和塞得港（350 万标箱）。总体上看，由安特卫普港、阿姆斯特丹港和汉堡港组成的北欧港口群的吞吐量已超过意大利所有港口的吞吐量之和。北欧港口群的效率非常高，以至于一些意大利运营商会将以意大利为发货地或终点的货物交付给这些港口来运输，此类货物量每年高达 44 万标箱。

在与地中海国家的运输贸易中，意大利港口在短途海运和多式联运方面占据领先地位。2019 年，意大利港口吞吐的集装箱船货物量是 1.15 亿吨，滚装船货物量为 1.05 亿吨。2020 年，滚装船货物量实现反超，达 1.13 亿吨，而集装箱为 1.11 亿吨。需要注意的是，滚装船运输得益于良好的公路-海洋物流联运，价格稳定，上载量大。而集装箱运输则面临世界上各大物流公司的竞争，并且受到船舶运输能力过剩的影响。

还有一个关键因素需要注意，那就是国际和国内旅游的规模和价值。根据欧盟统计局公布的数据，2020 年，意大利港口的乘客吞吐量超过 4500 万人次，其中 1100 万人次为邮轮乘客。这部分乘客通过意大利港口或特许经营商进行中转。

此外，近期通过所谓“海上高速公路”（Autostrade del Mare）实现的海运服务也得以增长，这主要受到以下两方面推动：一是意大利与地中海国家贸易的复苏；二是意大利港口的服务能力、灵活性以及物流辐射能力有所提升。

四　意大利港口体系的国家战略规划

意大利港口发展规划的主要依据文件是《港口与物流国家战略规划》。该规划由 2015 年 7 月 13 日的部长会议通过，同年 8 月 6 日以总理政令的形式颁布。往前追溯，该规划是在 2014 年第 133 号部委令第 29 条的基础上制定的。此部委令经修订后成为 2014 年第 164 号法律即《解放意大利》（Sblocca Italia）法案的一部分。《解放意大利》法案明确提出要尽最大努力推进公共工程建设、加快建筑工地开工、推动国家数字化转型、简化行政程序和振兴生产活动。

意大利《港口与物流国家战略规划》的目标是“提高港口与物流领域的竞争力，推动货物与乘客数量增长，推动货物的多式联运，推进港口管理机构的合理化重组”。简言之，规划认为，港口国际竞争力的基础在于保证充分的海上可及性，具备足够的基础设施和码头接纳能力，最重要的是，保证往返港口的公路和铁路的连通和运输能力，以实现高效可持续的“门对门”的物流服务。规划还评估了港口的需求与供给，对意大利港口物流体系的优势与劣势做了分析。它不仅描述了现状，还展望了前景，同时强调了应实现的战略目标以及在全球市场竞争的背景下为提升整个意大利物流体系应采取的具体措施。

为重振意大利港口体系，该规划确定了以下优先战略目标：简化行政手续；制定有利于促进竞争、透明和服务优化的规则；海运连接的优化与便捷；物流系统一体化；强化基础设施功能；数字化创新；推动可持续性；财政资源要有保障、有计划性；加强全国范围的协调与沟通，强化公共资本和私人资本联合；优化治理体系。为实现这些战略目标，需要一系列部门行动，还要求在法律、规定、管理和操作层面拿出具体措施。

值得注意的是，该规划在目标、行动与法律配套措施三个层面确立了先后的逻辑关系，下面看一个实例。上文提到的 1984 年第 84 号法律，后经 2016 年第 169 号法令和 2017 年第 232 号法令修改。修改内容针对的是国家规划里设定的战略目标之一，即港口体系的管理。之后基础设施与交通部出台了行动计划，提出应使港口组织体系更趋合理有效，推动港口机构改革，加强公共资本和私人资本的联合。此后国家港口体系全国协调会议得以启动，其职能是协调重大基础设施投资项目，规划港口建设、转让战略、营销策略以及国际推广等。根据国家规划里设定的其他目标和行动，一些新的更适当的法律规定陆续发布，涉及港口体制调整计划出台与批准程序的简化、行政管理的简化（建立“一站式窗口”）、环境和能源的可持续性规划等。

五　国家复苏与韧性计划中支持港口发展的措施

2021 年 4 月，德拉吉政府向欧盟提交了意大利国家复苏与韧性计划，旨在抓住7500亿欧元的“下一代欧盟”计划带来的机遇，克服新冠疫情对经济、社会造成的负面影响。意大利国家复苏与韧性计划与“下一代欧盟”计划确定的六大重点方向相呼应：绿色转型；数字化；智慧、可持续和包容性增长；社会与地区融合；卫生与经济、社会和制度韧性；面向儿童和青少年的政策。

与欧盟提出的宗旨相一致，意大利国家复苏与韧性计划的改革内容可以划分为三大类，旨在促进意大利的国家体系在经济、政治和社会等领域的全面现代化。三大类改革分别为：横向改革，主要是部委与大区的职能改革；能力建设改革，旨在消除导致行动迟缓的主要障碍，如行政官僚化；部门改革，推动特殊领域的创新。该计划的投资内容被整合为六大使命，分别为：数字化、创新、竞争力、文化和旅游；绿色革命和生态转型；实现可持续交通的基础设施；教育与研究；包容与凝聚力；健康。

在国家复苏与韧性计划中，针对港口的措施被归入“使命三：实现可持续交通的基础设施”中。该使命共将获得418.1亿欧元投资，分配结构如下：高铁与道路安全，总投资为383.2亿欧元；港口运输与物流一体化，总投资为34.9亿欧元，此项包括约31亿欧元的港口基础设施投资。在港口投资方面，国家复苏与韧性计划将优先资助可推动生态转型的措施，如港口改造与改良，以及符合“欧洲绿色协议”和降低碳排放目标的各类去碳化措施。基于欧盟和意大利绿色低碳发展的总体目标，以下几类项目将优先获得资助：（1）减少港口二氧化碳排放的绿色项目，如使用液化天然气的低排放设备、码头数字化、港口水域改良等；（2）绿色船舶计划，即船舶的科技创新，包括船舶改造、油电混合引擎、使用新的低排放燃料等；（3）物流及货物多式联运供应链的优化，包括装卸操作及储存数字化等。在基础设施建设方面，将重点支持发展铁路物流平台和连接港口与多式联运公路和铁路网络的项目。

总之，上述相关项目将得到来自欧盟、意大利政府、港务局系统和私人资本的联合支持。按照公私联合的模式，港务局系统自筹资金，同时吸引私人资本参与。私人资本主要来自特许经营公司、物流公司和船东（主要以意大利船东联合会 CONFITARMA 为代表）。在港口与铁路平台连接方面，主要参与者是意大利国家铁路公司和码头铁路公司。在滚装船、码头以及地面运输的连接上（所谓的“最后一公里”），投资主要来源于高速公路公司和国家公路公司。私人投资在以下两个方面尤为重要：扩建码头和拓深海底，以便能接纳 2 万吨位体量以上的船舶靠岸；优化海上高速公路的物流平台，升级滚装船码头。

六　意大利船东对新绿色船舶的投资

与意大利政府实现零排放的目标一致，意大利船东为船舶更新做出了巨大努力。值得强调的是，在目前技术不足、缺乏可代替燃料和合适的运输网络的状况下，意大利船东在这方面的努力显得尤为不易。2017~2020 年，意大利船东联合会会员企业共投资约 165 亿欧元，向本国以及其他国家造船厂定购了 63 艘绿色船舶。相对于意大利政府投入的 5 亿欧元，私人企业的投入要高得多。

我们可通过格里马尔迪集团（Grimaldi Group）的例子看出私人资本为船舶“绿色化”做出的贡献。该集团是意大利最大的船东，旗下共有 7 家公司和 130 艘船，另外还控制和经营着分布在全球 12 个国家的 20 多个泊位，拥有 16000 名员工，营业额达 30 亿欧元。该集团首席执行官艾马努尔・格里马尔迪（Emanuele Grimaldi）表示，“到 2050 年，全球海洋工业应实现无碳化，这一天并不遥远。希望当那一天到来的时候，我们的船舶已全部实现零排放”。① 2020 年初至 2021 年底，意大利共有 12 艘新船服役，另有 20 艘新船将于 2025 年前交付。相较于正在使用中的船舶，新一代船舶将减少 50%的温室气体排放。

---

① Emanuele Grimaldi，“Dichiarazione”，*La Nuova*，10 ottobre 2021，https：//www.lanuovasardegna.it/regione/2021/10/09/news/grimaldi-sempre-piu-green-obiettivo-emissioni-zero-1.40794916，最后访问日期：2021 年 12 月 15 日。

七　意大利港口发展面临的挑战

归纳起来，当前意大利港口发展主要面临着以下六个方面的挑战。

（一）海底水深

海底水深和码头条件是船只能否靠港的主要因素。换言之，港口必须满足船只的靠港需求。大型集装箱货船靠岸既需要一定的水深，也需要加长码头（只有这样才能允许大船或多只船同时靠岸）。与国外港口比较，便可以发现意大利港口的劣势。北欧最大港口的水深至少为 16 米，而意大利最重要的几个港口，如那不勒斯、里窝那、拉文纳、威尼斯、热那亚和拉斯佩齐亚，水深都达不到 16 米。平均而言，意大利大港的水深为 9. 8 ~ 18 米，总体上勉强可以满足各类船型的停靠。焦亚陶罗港和的里雅斯特港可以接纳目前最大的船只靠岸。此外，正在建设的萨沃纳-瓦多泊位建成后也可以停靠最大的船只。

（二）集装箱处理能力

根据意大利港务系统公布的数据，目前意大利所有港口的集装箱处理能力上限是 1530 万标箱，当前总处理量为 1020 万标箱，利用率约为 66. 7%。考虑到目前正在进行的改造工程及下一步规划，意大利港口的集装箱处理能力还将提高，尽管并不一定能满足所有类型的需求。此外，即便货物量的增长超过预期，还可以通过整合不同港口的管理来形成规模经济效应。对各港口的供需关系做进一步评估后可发现，拉斯佩齐亚港的利用率接近其处理能力上限，还有其他一些港口的利用率也较高，如热那亚港（80%）、的里雅斯特港（76%）、安科纳港（85%）和拉文纳港（76%）等。

（三）码头利用水平

这涉及集装箱船，由于集装箱船的运输装卸活动比较集中，因此码头利用率相对更高。随着集装箱船只体积的增大，其对装卸设备的要求更高，船只靠港停留的时间也会更长（因为要完成更多操作），码头的使用率就会相应提高。因此，如果想停靠更大吨位的船，港口就要提高服务供给水平。对于除集装箱船之外的环节，实际上其与码头适用性关联不大。这一方面是因为船舶的数量是相对稳定甚至呈下降趋势的；另一方面，正在使用中的船舶体量也没有实质性变化。对于运输液体或干散固体货物的船只，所有的专门港口均具备合适的停靠码头，可以停靠 85000 吨位以内的船只。至于乘客业务，虽然邮轮对码头岸线的长度有要求，但是就目前情况看，意大利有 13 个港口具备停靠超过 300 米长度船只的能力。

（四）港口区域面积

意大利港口的另一个结构性弱点是其港口区域面积过小，这严重制约了港口的扩张。尤其是，与其他欧洲大港相比，意大利最大的 10 个港口的面积加起来才和安特卫普港、勒阿弗尔港或鹿特丹港一个港口的面积差不多。在其他国家，港口面积包括大片的物流活动区域，而附加值主要产生在这些区域。这也更清楚地表明，港口、物流与后港区的整合是意大利港口未来发展的重要方向。尽管港口面积的大小在很大程度上取决于沿海地区的形态，但是也反映了过去的政治决策的影响。例如，集装箱运输属于土地密集型活动，需要有适合装卸和寄运的堆场，在这方面，意大利港口的规模与那些国际大港是无法同日而语的。应当指出的是，最近有研究从地形、泊位位置、航行安全规则、泊位使用情况等方面对港口接纳能力进行评估，结果显示，60%的意大利港口处于正常状态，而其他港口则遭遇发展瓶颈，尤其是亚得里亚海与中部第勒尼安海的港口。

（五）特别经济区与特别物流区的组织与运行

根据 2017 年第 91 号法律以及 2018 年第 12 号总理令，意大利批准设立了特别经济区，旨在促进自身港口体系的发展并提升国际竞争力。2020 年，意大利政府通过预算案批准设立特别物流区，对于中部地区的港口而言，特别物流区的意义等同于特别经济区。根据上述法律，新的特别经济区应至少包含一个符合欧盟标准的港口区域，而且该港须与泛欧交通网络相连。这在港口与特别经济区之间建立起了有机联系。特别经济区由政府特派员管理，按照相关大区批准的实施计划来运营。2021 年，首先批准特别经济区实施计划的两个大区是坎帕尼亚大区和卡拉布里亚大区，涉及的港口有那不勒斯港、萨莱诺港和焦亚陶罗港。目前，有关这些新特区的发展计划、治理体系、经营商激励措施等仍不完善，意大利政府正在通过国家复苏与韧性计划的落实给予积极推动。

（六）治理模式

一个港口的竞争力和吸引货物的能力不仅与基础设施有关，还与有效的港口管理和治理密切相关。意大利港口治理中的一些因素，如产权归属、中央与地方政府的监管、港务局的经营与财务自主权等方面的区别，决定了不同港口在竞争力上也存在差异。

港口与物流是对国家发展具有战略意义的领域，这就要求对其的规划与经营必须交由一个公共机构来掌握。这个机构应拥有财政资源，能有效地将公共资本与私人资本结合起来；应拥有自主性，不受地方政治与经济利益群体的限制；要能克服当前很多港务局存在的弱点和地方主义思维；除了具备职业化的管理能力，还应成为港口用户（无论是海上还是陆上用户）的唯一对话者。这个问题是开放的，仍有待深入探讨。如前文所述，目前北欧和南欧的港口治理模式存在很大不同。

此外，在简化行政手续方面，最近几年意大利政府批准了一些具体的改革方案，做出了一些尝试，但是未见明显成效。2021 年的国家复苏与韧性计划再次提到这些改革。未来可能会进一步讨论的改革措施有：参照欧盟核心港数目缩减港务局的数目，对其进行重组；将港口的投融资管理集中到基础设施与可持续交通部手中，依据优先性原则和港务局提供的成本收益分析适当引入私人资本；港口规划的审批权应由中央部门掌握。另一个普遍诉求是建立一种真正的、系统的、有效的公私合作伙伴关系，由公共和私人部门共同推动意大利港口体系的现代化，但是合作的模式还需进一步摸索确定。

可以肯定的是，意大利港口治理体系的改革已迫在眉睫。意大利船东联合会会长马里奥·马蒂奥利（Mario Mattioli）清楚地表达了这一点。2021年4月23日，马蒂奥利在意大利参议院听证会上发言，他在谈及意大利港口体系的竞争力和物流领域的实际困难时说："意大利位于地中海的中心位置，全球海运的30%都经过这里，是一个具有战略意义的要塞，但是意大利过去并未能充分利用这一优势。船体在变大，物流时间在缩短，环保越来越受到重视，这些都对港口提出了更高的要求：要能接纳越来越大的、可持续发展的、连接越来越便利的船舶。港口应能满足这些要求，这也决定了其竞争力。"他进一步指出："依据世界银行的物流绩效指数，意大利排在全球第19位。而根据港口连通性指数，意大利表现最佳的热那亚港排在第31位，与排在第1位的欧洲主要港口鹿特丹港相比，评分要低40%。实际上，在意大利，港口和货物管理有177项行政规定，又分由17个不同的公共部门来管理，因此这一排行并不奇怪。低效的物流每年为意大利港口造成2万工作小时的损失。根据储蓄银行（Cassa Depositi e Prestiti）的数据，意大利物流企业的成本与欧洲平均水平相比高11%。此外，意大利的物流基础设施尚有近700亿欧元的投资缺口，其中300亿欧元是由行政负担重和数字化应用滞后造成的。"马蒂奥利说："在海洋领域，意大利的很多规定是19世纪末或一战后制定的。意大利港口情况错综复杂，各港之间存在很大差异。职权和规定重重叠叠，导致我们一直在等待政策执行，时常毫无效率可言。例如，特别经济区、特别物流区的做法在全世界都行之有效，但是在意大利，在提出四五年之后仍没能得到切实执行。"①

① Mario Mattioli, *Audizione del Presidente di Confitarma di fronte all' 8^ Commissione Trasporti del Senato della Repubblica*, Roma, 23 febbraio 2021, https://liguria.bizjournal.it/2021/02/mattioli-confitarma-nel-recovery-plan-occorrono-azioni-mirate-al-trasporto-marittimo/，最后访问日期：2021年12月15日。

八 结语

意大利在港口体系改革上已迈出的第一步是政府部委重组。根据2020年第191号总理令，之前的基础设施与交通部变更为基础设施与可持续交通部。新的基础设施与可持续交通部下设三个司。一司主管基础设施与交通网络体系的规划与管理，信息系统也受该司管辖，信息系统可及时跟踪了解基础设施项目的设计与执行进展；二司主管公共工程、公共建筑规划和城市改造；三司主管交通体系，包括公路交通、铁路交通、航空、地方公共运输、港口与机场等。除对部委进行重组外，政府还将深化行政管理体制改革，这在国家复苏与韧性计划中亦有提及。

总之，通过一系列改革与投资措施，切实推动建立有效的公共与私人部门合作机制，在意大利构建一套统一的港口治理体系，这符合许多业内人士的期盼。无论如何，对于有意到意大利投资合作的国外机构而言，了解意大利港口体系的基本情况和新变化是十分必要的。

（于雪风译，孙彦红校）

B.7

新冠疫情冲击下的意大利时尚产业：挑战与机遇*

李　晶**

摘　要： 意大利时尚产业在世界上独树一帜，从设计到制造都彰显着“意大利制造”的独特魅力，是高品质的代名词。时尚产业在意大利经济中占据重要地位，在新冠疫情暴发前的2019年，意大利时尚产业的年营业额超过800亿欧元，占该国制造业营业额的8.5%。2020年新冠疫情暴发后，意大利时尚产业遭受严重冲击，销售渠道一度几乎完全关闭，纺织品、服装、皮革和配饰生产几乎全部中断，出口也大幅下滑。未来意大利时尚产业要重新振兴，既需要有力的资金支持，更有赖行业自身的持续创新。

关键词： 意大利　时尚产业　新冠疫情　创新　可持续发展

时尚产业是包含纺织品、服装、皮革皮具的生产、加工和销售等多个环节的制造业部门。意大利时尚产业有着悠久的历史，是一个完整的体系，可以说是历史、文化、艺术和加工制造业的有机结合。

自2020年新冠疫情暴发并在全球蔓延以来，作为“意大利制造”的代

---

* 本文为广东外语外贸大学校级项目“‘一带一路’背景下中国形象在意大利的变化研究”（项目编号：19QN15）的阶段性研究成果。

** 李晶，文学博士，广东外语外贸大学西方语言文化学院讲师，研究方向为中意比较文化和比较文学研究、跨文化研究。

表性行业，意大利时尚产业遭受沉重打击，产业链上各类企业的制造、流通、销售活动一度接近完全中断。本文将从过去、现在、未来三个方面，回顾和分析意大利时尚产业在该国经济体系中占据的重要地位、在疫情暴发后遇到的困难及未来发展前景。

一 新冠疫情暴发前的意大利时尚产业：灿烂与辉煌

提及意大利的时尚产业，就不得不提“Made in Italy”，即“意大利制造”。“意大利制造”意味着出众的创造性和专业性，意味着高品质，还意味着创新。在时尚领域，意大利一直以其高品质且优雅高贵的纺织与皮革制品在国际市场独占鳌头。

“意大利制造”的历史十分悠久。早在公元16世纪，意大利手工业者在奢侈品制造、纺织、贵金属、珠宝和皮具领域的高超技艺已得到整个欧洲的认可，特别是在高档纺织品领域，意大利的地位无人能及。那个时候，整个欧洲的贵族都以穿着意大利制造的服装而骄傲：由最好的羊毛和丝制成的衣服，上面点缀着精致的手工刺绣。文艺复兴期间，意大利成为艺术、建筑、文学和哲学等几乎所有领域创新浪潮的中心，而且手工业制造的水平也达到了一个新的高峰。这些优秀的手工业制造“基因”被一代代传承至今，成为意大利人与生俱来的本领。

说到“意大利制造”，人们首先会想到意大利时尚产业中的代表——意大利时装。20世纪80年代和90年代是意大利时装走向世界、誉满全球的黄金时代。在20世纪80年代的短短10年间，意大利时装业得到了空前发展，“全国时装店从2.4万家增长到8.2万家，女装的产量翻了三倍，服装就业人数从22万增加到了33万，1988年达到84万。80年代初整个纺织服装行业的总利润为11万亿里拉，这一数字相当于当年全国肉、纸和石油的总消费额”。[①] 在这一时期，意大利时装设计师和企业间的合作越来越普遍，

① 田时纲等：《悠远与凝炼——二十世纪意大利文化》，东方出版社，1999，第244页。

很多设计师纷纷以自己的名字创立服装品牌，华伦天奴（Valentino）、乔治·阿玛尼（Giorgio Armani）、范思哲（Versace）、古驰（Gucci）、米索尼（Missoni）、菲拉格慕（Salvatore Ferragamo）都是其中的代表。20 世纪 80 年代初，穿着服装的品牌成为个人地位和经济实力的象征，人们除了关注服装的质量，更看重其品牌。时装设计师发现这样的市场趋势后，不再局限于服装设计，而是将目光投向与服装相关联的其他产品，如家具、文具、手表、床上用品等。这一时期，意大利时装的风格也越来越符合国际化和现代人的品位，为该国时尚产业的全面发展打下了坚实基础。

进入 20 世纪 90 年代，意大利经济走出了 80 年代的低迷时期，设计师们的设计风格和品牌形象逐渐深入人心，各大品牌之间的竞争也越来越激烈。恰恰是在这样的激烈竞争中，“意大利制造”成为高品质和新潮流的代名词。正是这些意大利时装设计师品牌的辉煌，带来了整个意大利时装的大发展，也使得意大利时尚产业走向了灿烂与辉煌。

在新冠疫情尚未在全球肆虐的 2019 年，时尚产业是继冶金制造业之后的意大利第二大制造业：年营业额超过 800 亿欧元，占该国制造业营业额的 8.5%；为近 50 万人提供就业机会，占全国加工制造业就业总人数的 12.5%。[①] 2018 年，意大利与时尚产业相关的加工制造企业共有 8.2 万家，其中 25%的企业从事皮革加工，56%的企业从事服装生产加工，纺织业企业占到 19%。[②]

意大利时尚产业的企业规模远低于欧盟其他国家平均水平，仅相当于后者的 1/3。众所周知，意大利是中小企业王国，这一特点也显著体现在时尚产业加工和制造中，特别是在服装和皮革加工生产领域，近 70%的企业是小型甚至微型企业。也正是基于这种特殊性，在意大利时尚产业从事加工制

① CDP，EY e LUISS，*Settore Moda e Covid－19*，luglio 2020，https：//assets.ey.com/content/dam/ey-sites/ey-com/it_ it/generic/generic-content/ey-settore-moda-e-covid-19-v5.pdf，最后访问日期：2021 年 11 月 20 日。

② Chiara Bertoletti，“L'industria della moda in Italia vale 78 miliardi di euro：tutti i numeri”，*Mark-up*，19 dicembre 2019，https：//www.mark-up.it/lindustria-della-moda-in-italia-vale-78-miliardi-di-euro-tutti-i-numeri/，最后访问日期：2021 年 11 月 20 日。

造的企业拥有更灵活、高度专业化、创新能力强等特点，从而保障了强大的产业竞争力。意大利时尚产业不仅在该国经济体系中占据重要地位，在世界时尚产业中也具有举足轻重的影响。根据意大利 CDP 智库、LUISS 商学院和安永会计师事务所联合开展的一项调查，2019 年，世界上 60%的高品质时装来源于意大利时尚产业链，同时意大利纺织业出口额占欧盟出口总额的 77.8%。[①]

意大利时尚产业取得的成就使得时尚业的“意大利模式”成为其他国家竞相仿效的对象，然而，其成功依托于历史、文化、艺术、制造、工艺等方面的“完美”结合，要成功复制这一模式并不容易。

二　新冠疫情冲击下的意大利时尚产业：困难与挑战

总体而言，时尚产业是受新冠疫情影响最严重的行业之一。2021 年 3 月，麦肯锡咨询公司发布了一份报告，对世界主要地区和国家的时尚产业在疫情冲击下的发展状况做了分析。[②] 2020 年全年，欧洲时装销售额比 2019 年下降了约 20%；在美国，时装销售额同比下降了 23%。相比之下，中国迅速恢复了势头，2020 年 8 月中国市场就重回增长轨迹，2020 年全年销售额与 2019 年相比仅下降 7%。在欧洲内部，德国和法国的表现最佳，2020 年的销售额仅比 2019 年下降了大约 16%～18%，而西班牙、意大利和一些东欧国家的时装销售额则大幅下降了约 30%。与实体店销售相比，2020 年时尚产品线上销售在欧洲取得不错成绩。电子商务巨头 Zalando[③] 仅在 2020 年第三季度就增加了 300 万新买家。虽然意大利长期以来对于线上销售持相

① CDP，EY e LUISS，*Settore Moda e Covid-19*，luglio 2020.

② “Moda e pandemia”，*Ansa*，10 marzo 2021，https：//www. ansa. it/canale_ lifestyle/notizie/moda/2021/03/10/moda-e-pandemia-scenario-in-caduta-ripresa-nel-2022_ fbda5e62-4f44-4a3b-9dbf-39a9ebcd1bd5. html，最后访问日期：2021 年 11 月 20 日。

③ Zalando 是一家总部设在德国柏林的公司，由罗伯特·根茨和施奈德于 2008 年创立，旗下网站 zalando. com 是德国乃至整个欧洲最大的在线零售商，主营男女儿童服装、鞋帽、配饰、美容产品、运动用品以及时尚家居。

对保守的态度，但是2020年其时尚产业的线上销售额也增长了25%。可以说，在疫情背景下，线上销售模式为时尚产业提供了新的发展可能性，也为该产业的复苏注入了活力。

奢侈品行业在时尚产业中占据重要地位。“在过去20年里，奢侈品行业，特别是个人奢侈品消费持续增长，营业额从2000年的略低于1200亿欧元增加到2019年的2800亿欧元以上，年均增长率约为5%。”[①] 值得一提的是，意大利个人奢侈品消费增长的主要驱动力来自中国市场。意大利奢侈品行业协会（Altagamma）的数据显示，2019年，意大利奢侈品购买客户中有35%来源于中国。然而，受到新冠疫情的影响，意大利的奢侈品销售额也呈“断崖”式下跌，2020年整个行业营业额下降了22%。[②]

有关新冠疫情对意大利时尚产业造成的冲击，意大利联合信贷银行（Intesa Sanpaolo）2021年2月发布的一项调查报告做了较细致的评估。[③] 根据该报告，2020年1~11月，意大利纺织、服装和皮革行业的营业额与2019年同期相比下降了22%（其中纺织业下降了17%，皮革和配饰行业下降了26%）（见图1）。此外，受疫情影响，意大利时尚产业主要目标市场的销售额普遍萎缩，导致2020年前10个月其产品出口额下降了22%。疫情的冲击还直接影响到上市奢侈品公司的股票市值。2020年初至年末，菲拉格慕公司的股价狂跌了45%，普拉达（Prada）的股价下跌了约35%。具体而言，意大利时尚产业中的服装、配饰行业受新冠疫情的冲击最为严重，仅次于旅游业。2020年4月，意大利的纺织品、服装、皮革和配饰产量同比下降81%，实体销售渠道几乎完全关闭，零售额与2019年同期相比大幅减少了83%以上。

2020年，意大利时尚产业遇到的困难较其他国家更为严重，是因为该国一度成为新冠疫情的重灾区，政府采取的防疫措施也更为严格。自2020

① CDP，EY e LUISS，*Settore Moda e Covid-19*，luglio 2020.

② Ibid.

③ Intesa Sanpaolo，“Il sistema moda italiano nel post Covid”，febbraio 2021，https://group.intesasanpaolo.com/content/dam/portalgroup/repository-documenti/newsroom/comunicati-stampa-it/2021/02/trend-industria-della-moda-italiana-2020.pdf，最后访问日期：2021年11月20日。

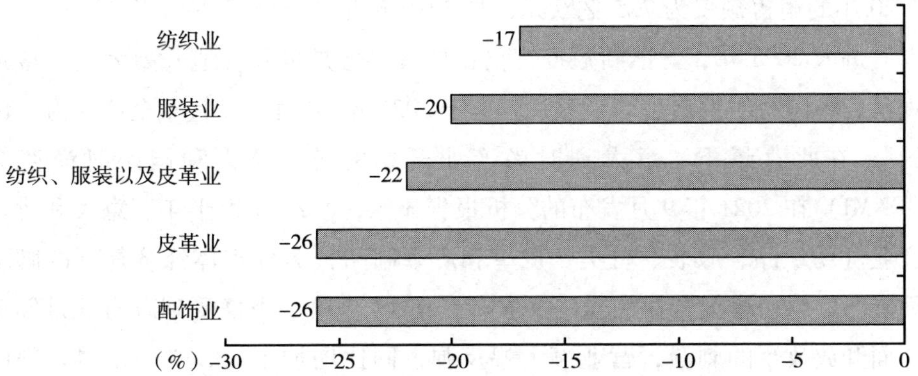

图 1　意大利时尚产业营业额趋势（2020 年 1~11 月）

资料来源：Intesa Sanpaolo，“Il sistema moda italiano nel post Covid”，febbraio 2021。

年 2 月 21 日开始，意大利的确诊病例在短短十几天内由 17 例激增至近万例。鉴于全国疫情局势不断恶化，2020 年 3 月 9 日，时任意大利总理孔特宣布于次日起在全国范围内实施封锁，即所谓“封国”。3 月 22 日，经济发展部颁布强制停止生产和经营的政令，包括时尚产业在内的绝大多数制造业部门被迫停产。受到一系列严格抗疫措施的限制，意大利的时尚产业从生产到销售都陷入停滞状态。同时，意大利入境旅游也因疫情和防疫措施遭受重创。意大利国家旅游局公布的报告显示，从 2020 年 3 月 16 日到 9 月 21 日，意大利国际游客入境人数与 2019 年同期相比下滑了 84%。其中，下滑最明显的是来自中国的入境游客，大幅减少了 91.7%，来自美国的入境人数也急剧减少了 90.6%。[①] 入境游客流量的急剧减少，对购物特别是对意大利时尚产业和奢侈品消费产生了巨大影响。过去 10 年来，来自全世界游客的旅游零售的营业额几乎翻了一番，入境游客消费对于意大利尤为重要。数据显示，2019 年，14%的外国游客以购物为目的赴意大利旅游。[②] 因此在“封国”、生产销售禁令以及入境游受阻的三重打击之下，意大利时尚产业在

① 〔意〕阿祖拉·利纳尔迪：《新冠肺炎疫情冲击下的意大利旅游业》，载孙彦红主编《意大利发展报告（2020~2021）》，社会科学文献出版社，2021，第 115 页。

② CDP，EY e LUISS，*Settore Moda e Covid-19*，luglio 2020.

2020 年的销售额仅为 725 亿欧元，与 2019 年相比下降了 26%。①

进入 2021 年，虽然新冠疫情仍在持续，但是世界各地开始大规模接种疫苗，各国纷纷重启生产，意大利也于 2021 年 10 月 9 日宣布全境成为“白区”。在此背景下，意大利时尚产业开始复苏。意大利国家时尚商会（CNMI）在 2021 年 9 月发布的分析报告显示，2021 年上半年，意大利时尚产业（纺织品、服装、鞋类、皮革和皮革制品）紧随整体经济复苏的脚步而复苏，第一季度营业额同比仅下降了 0.3%，第二季度受到政府 5 月颁布全面开放政令的刺激，营业额大幅反弹，同比增加了 63.9%，使得该部门上半年的总体增长率达到 24%。细分到具体产品类别，鞋包、珠宝、手表和化妆品的销售额已回归或超过新冠疫情暴发前的水平，而服装销售则尚未恢复。②

从出口方面看，2021 年 1～5 月，意大利时尚产业的出口额同比增长了 27.6%，对非欧盟国家的出口额同比增长了 34.3%。在 10 月底举行的为期 3 天的 2021 米兰时尚峰会中，意大利对外贸易协会主席卡罗·玛利亚·费罗（Carlo Maria Ferro）表示：“2021 年 1～8 月，意大利出口贸易实现了 4.9% 的增长，占 GDP 的 12%，可以说市场正在恢复。就时尚产业而言，我们已经和包括中东市场在内的众多中小企业达成了 11 项线上贸易协定。”③

如果用“举步维艰”来形容意大利时尚产业在 2020 年的处境，那么 2021 年则是充满挑战的一年。意大利时尚产业的复苏与 2021 年全球主要经济体新冠疫苗接种率的大幅提高密切相关。一方面，虽然跨境游暂时未开放，但是意大利全境成为“白区”后其内部人员流动明显回升，这在一定

① “Moda，per l'industria italiana persi 25 miliardi di fatturato nel 2021”，*La Repubblica*，22 febbraio 2020，https：//www.repubblica.it/economia/rubriche/fashion - e - finance/2021/02/22/news/confindustria_ moda-288703435/? ref=pmsk，最后访问日期：2021 年 11 月 20 日。

② “Moda italiana，nel 2021 fatturato a - 7% sul 2019”，*Pambianconews*，8 settembre 2021，https：//www.pambianconews.com/2021/09/08/moda-italiana-nel-2021-fatturato-a-7-sul-2019-324752/，最后访问日期：2021 年 11 月 18 日。

③ “MFGS 2021，l'industria della moda guarda al futuro con ottimismo”，*Verità Italiana*，28 ottobre 2021，https：//verita-italiana.it/14965/cronaca/mfgs-2021-lindustria-della-moda-guarda-al-futuro-con-ottimismo/，最后访问日期：2021 年 11 月 20 日。

程度上促进了消费，拉动了时尚产业的复苏。另一方面，随着疫情缓解，意大利时尚产业的出口贸易渠道也得以逐步恢复。各大经济分析机构纷纷看好意大利时尚产业在 2022 年及之后的发展前景。然而，不容忽视的是，新冠疫情何时终结尚未可知。2021 年 11 月中旬以来，奥密克戎变种病毒的快速传播导致意大利全国确诊病例激增，这难免会在一定程度上减缓时尚产业复苏的脚步。

根据一些经济机构的预测，2022 年欧盟应该会适当调整货币政策，而整个欧洲乃至全球绝大多数经济体的消费都会有所增加。欧盟委员会估计：2022 年，美国个人消费将增长 4.5%；欧洲个人消费将增长 6%，其中意大利将增长 4.9%。[①] 整体而言，若疫情形势不出现大的突变，意大利时尚产业在 2022 年应会继续复苏，全年销售额很可能会达到或接近新冠疫情暴发前的水平。

三　意大利时尚产业的复苏：机遇与不确定性

事物总是具有两面性的，新冠疫情在严重冲击世界经济的同时也蕴含着机遇。“意大利正处在一个重要的转折点，在我们面前的是前所未有的机遇。在经历这些年的沉寂之后，全球一体化、迅猛发展的科技和长期积累的资本给意大利带来了在世界上找到自己正确位置的机会。”[②] 在意大利经济迎来复兴机遇的同时，在全球享有盛名的意大利时尚产业也渴望复苏并再创辉煌。

新冠疫情的影响对于原本脆弱的意大利经济而言可谓“雪上加霜”。根据欧盟统计局的数据，在疫情暴发前的 1999～2019 年的 10 年间，意大

① “Industria italiana della moda：－10% rispetto ai livelli pre-crisi”, *Fashion Magazine*, 17 novembre 2021, https：//www.fashionmagazine.it/market/su－otto－mesi－impatta－la－brexit－industria-italiana-della-moda--10-rispetto-ai-livelli-pre-crisi-108507，最后访问日期：2021 年 11 月 20 日。

② “MFGS 2021, l'industria della moda guarda al futuro con ottimismo”, *Verità Italiana*, 28 ottobre 2021.

利的 GDP 增长了 7.9%，但是同一时期，德国增长了 30.2%，法国增长了 32.4%，西班牙增长了 43.6%。2020 年意大利 GDP 萎缩了 8.9%，是经济衰退最为严重的欧盟成员国之一。在此背景下，意大利经济的重启和结构调整迫在眉睫。为落实“下一代欧盟”计划，意大利政府提出了规模达 1915 亿欧元的国家复苏与韧性计划，其中 238.9 亿欧元用于恢复生产、增强生产体系的创新能力以及竞争力。意大利时尚产业作为意大利加工制造业的领军行业，必然也会从中得到强大的资金支持。

来自欧盟和国家层面的资金支持固然重要，但是从根本上看，意大利时尚产业要再次焕发活力还需要产业自身的努力。综合近年来该产业的实践和各类研究的发现，本文认为以下三个方面的努力颇为重要。

（一）创新是最重要的驱动力

持续创新一直是意大利时尚产业最显著的特点之一。自第一次工业革命之后，时装行业是最早向技术转型的行业之一。根据有关数据，意大利制造业研发支出额的 7%来源于时尚产业。① 在新冠疫情的冲击下，人们的思维方式发生了深刻变化，消费者对时尚产品的需求发生了巨大的变化，开始更加关注产品的实用性、持久性和可循环性。在此背景下，时尚产业的创新势在必行。

首先，时尚产业从业企业需要不断开发和设计符合市场需求的新产品系列，同时还需要吸引专门的投资以支持生产新的产品系列，投资不应仅着眼于意大利本土和欧洲市场，还要放眼更广阔的市场，特别是美国、中国、中东地区等。以奢侈品消费为例，欧洲奢侈品消费者对国内和海外的消费都持谨慎态度，但美国和中国的消费者则体现出更加乐观和积极的态度，他们是近年来个人奢侈品市场增长的最主要动力。

其次，创新还要体现在生产加工过程中，包括使用基于数字技术的加工设备、高科技面料等。“时尚界正在进行着一场关于材料的革命：产品原料

---

① CDP，EY e LUISS，*Settore Moda e Covid-19*，luglio 2020.

是可生物降解、智能的甚至是超高性能的。从使用玉米到回收塑料，再到光纤复合物、石墨烯等，不仅具有时尚性，同时具有抗菌、抗污、芳香、放松、检测健康指数、热调节、变色等功能。”①

再次，销售模式的创新迫在眉睫。受到疫情影响，与传统渠道相比，消费者越来越倾向于在线购物。在疫情最严重时，世界各国的线下实体店营销模式遭到毁灭性打击，而线上销售模式的优越性得以充分体现。在传统销售模式几乎全军覆没的情况下，线上销售额节节攀升，上文提到的德国线上商业巨头 Zalando 在 2020 年第三季度营业额增长了 30%。② 保持“社交距离”措施的常态化使得线上模式在人际交往、娱乐、工作、消费等领域的优势凸显。未来，从设计到销售都可以采用新的数字技术，并利用虚拟环境（如数字 T 台）实现时尚产品的发布与销售。

最后，创新不仅局限于生产层面，还应体现为时尚产业从业人员的“新”。“当前，40%的时尚产业企业都采用了新的专业人士：24%的公司还配备了电子商务经理，23%的公司拥有平面设计师，17%的公司增设了消费趋势研究人员，16%的公司拥有社交媒体经理，12%的公司设立了可持续发展经理。”③ 这些都是顺应时代潮流而诞生的新职业，未来这些“新人员”在意大利时尚产业从业企业中还有相当大的发展空间。

（二）可持续发展至关重要

新冠疫情时期的新消费模式改变了市场的需求，甚至在疫情暴发之前，不少消费者就表现出购买经济实用性强、支持可持续发展产品的倾向。因此，意大利时尚产业从业企业需要加强原材料以及终端产品的循环利用，以

---

① “Moda e sostenibilità, la pandemia accelera la rivoluzione?”, *Ansa*, 6 novembre 2020, https://www.ansa.it/canale_lifestyle/notizie/moda/2020/11/06/moda-e-sostenibilita-la-pandemia-accelera-la-rivoluzione_2dfe65c0-fcbb-4f54-8e10-a24640c7e45b.html，最后访问日期：2021 年 11 月 20 日。

② “Moda e pandemia”, *Ansa*, 10 marzo 2021.

③ Euler Hermes ITALIA, “La moda italiana torna a sfilare”, L’analisi di Euler Hermes, ottobre 2021.

此减少浪费并生产新产品。同时在生产加工环节倡导使用环保新材料、天然材料，以减少二氧化碳排放，应对全球气候变化。

正如乔治·阿玛尼在接受采访时表示的：“我们要放慢脚步，仔细地重新审视意大利时尚体系，更加靠近我们的时尚产业集群，关心我们的消费者。不要过分追求每一时尚季太过于超前的设计，要多关注真实的世界和真实的消费者。”杰尼亚（Zegna）的创意总监亚历山德罗·萨尔托利（Alessandro Sartori）也认为：“可持续发展首先是一种精神态度，一种哲学，并不能把它当做一种市场营销手段，也不是设计师的灵感。可持续发展与我们每个人息息相关，与我们每天的生活密不可分，就时尚而言，可持续发展是我们每一个设计的基础，从而展示出我们对地球和下一代的尊重。”以羊绒制品风靡世界的时尚品牌比亚乔蒂（Biagiotti）的高管也表示，“我们的设计就是为了减少代际的争端，这也是一个重新找到人与自然平衡点的契机”。而在费思卡泰克（Fiscatech）主席亚历山德罗·莫里尼（Alessandro Morini）看来，“时尚产业需要以创新和可持续发展为目标”。①

意大利时尚的可持续发展，正如阿玛尼所言，需要推广“慢时尚”理念，因为这样更有利于高品质的意大利产品的传播，从而加强人们对“意大利制造”的认识。这种“慢时尚”与当下流行的“快时尚”模式相反，鼓励消费者购买采用环保面料和以环保方式加工制成的高品质产品，而“快时尚”主要涉及许多低质量的时尚产品，这些产品的使用寿命较低，过季后往往会成为“时尚垃圾”，对大自然和环境造成污染。

意大利时尚产业的可持续发展还与“意大利制造”在世界市场上的形象息息相关。具体而言，就是诸多企业在努力拉近生产和零售之间的距离，巩固和加强其在销售终端的品牌形象和品牌价值，以消费者和消费市场为导向来巩固市场对“意大利制造”的认同，提升“意大利制造”的国际影响力。

---

① 此段落中涉及的意大利市场品牌负责人的表态均来自：“Moda e sostenibilità，la pandemia accelera la rivoluzione?”，*Ansa*，6 novembre 2020。

（三）关注新一代消费者

根据意大利奢侈品行业协会的数据，新冠疫情时期，“千禧一代”和“Z世代”是对疫情后的时尚产业复苏最乐观的消费者。“千禧一代”是指在20世纪时未成年、跨入21世纪（即2000年）后达到成年年龄的一代人。这代人的成长时期几乎和互联网、计算机科学的兴起与高速发展时期相吻合。而“Z世代”（Generation-Z）一词最早出现于欧美地区，泛指出生于1995~2009年的一代人。这一代也被称为互联网世代，即受到互联网、即时通信等科技产物影响很深的一代。这两个世代的消费者中，有一半以上的人对时尚产业快速复苏持乐观态度，远高于“X世代”、“婴儿潮一代”和“白银一代”消费者。“千禧一代”和“Z世代”在未来的时尚消费市场上扮演着非常重要的角色。据意大利奢侈品行业协会估计，到2025年，他们的购买将占全球奢侈品市场份额的60%以上，预估市场价值约为2350亿~2650亿欧元。

实际上，“千禧一代”和“Z世代”在消费市场中已经拥有较强的影响力，因为他们对高科技和时尚潮流都更加敏感。新一代时尚产业消费者主要通过数字社交媒体（如电子杂志、微博、聊天工具、电子游戏平台）和各种时尚品牌的网站来了解产品，并做出是否购买的决定。特别是在新冠疫情暴发后的特殊时期，网络直播销售成为新一代消费者的首选购物方式。据意大利奢侈品行业协会发布的一份研究报告，中国有73%的消费者表示知道在线购物平台或实体商店使用直播销售的方式，而欧洲的平均水平仅为30%，因此网络直播销售模式在意大利和欧洲都还有巨大发展潜力。此外，值得注意的是，70%的“千禧一代”和“Z世代”表示，自身对于时尚潮流的关注受到可持续发展主题的影响。这两类人群中有80%的人表示，如果发现所关注的品牌公司使用“不可持续”的生产、加工、销售模式，他们将停止购买该品牌的产品。[①]

---

① BCG e ALTAGAMMA, True - Luxury Global Consumer Insight - Sommario dello studio BCG - Altagamma 2021.

四 结语

意大利时尚产业成功地经受住了时间的“千锤百炼”，从设计到制造，都彰显着“意大利制造”的独特魅力，备受全球消费者青睐。据估计，意大利二级供应商系统提供了全球60%的优质时装；欧盟时尚产业所创造的价值约1/3与意大利时尚产业有关，这一份额相当于德国的3倍，西班牙的4倍，法国的5倍；意大利纺织业的出口额占欧洲出口总额的77.8%。①

新冠疫情暴发后，意大利时尚产业遭遇了前所未有的挫折，传统的线下销售渠道曾完全关闭，纺织品、服装、皮革和配饰的生产也几乎全部停滞，同时出口也大幅下滑。进入2021年，在意大利国家复苏与韧性计划的支持下，同时得益于产业自身的持续创新，当前意大利时尚产业正在复苏当中，而且正在焕发出新的活力。未来，产品创新、生产过程创新、销售模式创新、人员技能提升都是意大利时尚产业创新的重要方向。此外，与疫情前相比，意大利时尚产业还更加专注于可持续发展，更加关注“千禧一代”和“Z世代”的消费倾向。

总之，在新冠疫情冲击下，虽然意大利时尚产业遭遇了严重困境，但同时也在酝酿新的发展机遇，未来可期。

---

① CDP, EY e LUISS, *Settore Moda e Covid-19*, luglio 2020.

B.8

意大利养老金体系：管理机构、服务与近年来改革历程

〔意〕杰拉尔多·罗马诺*

摘　要： 本文从《意大利共和国宪法》的基本原则出发阐述意大利复杂的养老金体系，梳理了其管理机构、职能和服务，并且重点关注1992年以来该体系的漫长改革历程。改革期间，意大利通过了多部国家法律。时至今日，意大利养老金体系改革仍然伴随着激烈的政治辩论。改革的目的在于既要维护意大利作为老牌福利国家的制度框架，又要在控制国家公共支出与确保公民享有充足社会保障和养老金福利之间达成相对稳定的平衡。由于近几十年意大利人口的结构性变化对其经济社会体系特别是养老金体系产生了严重影响，寻求上述平衡显得愈发必要和迫切。

关键词： 意大利　养老金体系　公共支出　福利国家　人口结构变化

在意大利的法律体系中，社会保障和养老金的根本基础是《意大利共和国宪法》第38条，其中规定：

> 公民在丧失劳动能力和缺乏必要的谋生手段时，有从社会获得扶助与救济的权利。

* 杰拉尔多·罗马诺（Gerardo Romano），意大利政治、经济与社会研究所（Eurispes）顾问，意大利公共部门雇员社会保障金监督委员会主席。

劳动者在事故、疾病、丧失劳动能力、年老和非自愿失业时，有按规定获得保障其适当的生活需要的资料的权利。

无劳动能力人和残疾人有受教育和参加职业培训的权利。

本条所规定的任务由国家设立或资助的机构和组织完成。

私人援助是自由的。

养老金体系的运作基础是法律规定的雇员和/或雇主开展相关活动时的缴费义务。养老金缴费指根据法律规定用于为社会保障基金和福利金供资的部分工资或薪酬。养老金缴费由依法设立的社会保障机构负责收取，并由其负责养老金给付。

一　意大利养老体系中的机构和基金

在意大利，公共和私营部门雇员以及自雇者的养老金业务由国家社会保障局（INPS）负责。不同的是，自雇者必须加入相应行业的强制性养老基金，以确保其获得社会保障和福利保护。在获得这一基本保护的前提下，公民还可自愿参与其他养老基金以获取补充性养老保障。本小节将对国家社会保障局管理的养老金、行业强制性养老基金和补充性养老基金做一梳理。

（一）国家社会保障局及其管理的养老金

国家社会保障局成立于1898年，距今已有120多年的历史，其前身是根据1898年第350号法令设立的“工人伤残与年老保险国家基金会”[①]，旨在为面临残疾、年老和死亡风险的劳动者提供保障。1919年，意大利政府将所有私营部门雇员纳入强制性残疾和老年保险（当时公共部门雇员适用不同规则）保障之中。此外，意大利政府还引入了残疾和正常退休养老金

① 该基金会的意大利文名称为 Cassa Nazionale di previdenza per l'invalidità e per la vecchiaia degli operai。

（领取退休养老金的最低要求是年龄满65岁，且工龄满12年）以及强制性自愿失业保险（自1923年起交由基金托管）。这是意大利向保护劳动者使其能够抵御所有可能影响其个人和家庭收入的风险而迈出的第一步，也是意大利构建福利体系的开端。此后“工人伤残与年老保险国家基金会”更名为国家社会保险基金（CNAS），受意大利政府委托管理国家社会保障体系。1933年，CNAS更名为国家法西斯社会保障局，这是一个法人公共机构，实行自主管理，并于1943年再次更名为国家社会保障局（以下简称INPS）。随着时间推移，INPS发挥着越来越重要的作用，既是意大利国家福利体系的支柱，也是意大利最重要的社会保障机构。

INPS负责管理养老金和具有社会保障与福利性质的津贴的结算和给付，并获得国家财政担保。养老金是社会保障金，待遇由保险关系决定，并由劳动者以及公共和私营企业缴费供资。福利或“收入补助金”为在工作生活中遇到特殊困难的劳动者提供保障，为低收入人群和多人口家庭提供补助。INPS于2020年发布的报告（第20份年度报告）显示，2020年其总资产结构如下：社会保障金占81%，社会福利金占19%。从给付的养老金类型来看，规模最大的类别为达到缴费年限的退休养老金和提前退休养老金（占总资金的30.9%），其次为满法定年龄正常退休养老金（占总资金的24.5%），遗属抚恤金占20.5%，无民事行为能力残疾人抚恤金占15.3%，社保伤残抚恤金占5%，社会津贴占3.9%。[①]

意大利约有6000万常住人口，其中INPS管理的福利体系可由以下一系列数字（截至2020年底）来概括：2550万参保劳动者，127万家注册公司，1600万养老金受益人，370万“全民基本收入”（RDC）/“公民养老金”（PDC）受益人，110万紧急状况收入（REm）受益人，420万自雇者福利金受益人，670万工资保障金（CIG）受益人；INPS共有312家机构和2.33万名雇员；INPS网站接待8亿人次访客，提供6.83亿次在线服务；INPS总资金流量达9520亿欧元。

---

① Istituto Nazionale per la Prevenzione Sociale（INPS），*XX Rapporto annuale*，Roma，luglio 2021.

截至 2020 年 12 月 31 日，意大利共有 1600 万养老金领取者，其中 770 万为男性，830 万为女性。尽管从人数上来看，女性占多数，但是男性的平均养老金待遇（1897 欧元/月）明显高于女性（1365 欧元/月）。地区层面的差距也在数据中有所体现：中北部地区平均养老金略高于 1700 欧元/月，而南部及岛屿地区的平均养老金仅为 1400 欧元/月。从财务管理上看，2020 年 INPS 的总收入为 4723.32 亿欧元，总支出为 4794.84 亿欧元，整体收支为赤字 71.52 亿欧元。

上述 INPS 报告也强调了涉及意大利养老金体系可持续性的一个重要方面，从宏观层面来看，从 2014 年起，养老金支出的增长已开始放缓，但是意大利的退休人数与就业人数之比仍处于整个欧洲的最高水平。此外，2001~2020 年，养老金支出总额（按名义价值计算）与就业人数之比提高了 70%。但是，这一金额中包括部分福利开支，而对福利开支的确认可能会显著影响有关意大利养老金体系可持续性及其与其他欧洲国家相对状况的判断。基于上述原因，同时为了落实 2020 年预算法的规定，意大利劳动与社会政策部牵头设立了一个特别技术委员会，其成员包括来自 INPS 的代表。该技术委员会的任务是基于国际比较，对意大利用于社会保障和福利目的的公共支出的项目类别进行分析与调整。①

（二）行业强制性养老基金

除了 INPS 管理的养老金之外，意大利还有为特定职业和自雇者设立的养老基金（Casse di Previdenza）。目前，这类养老基金共有约 170 万参保人。此类基金并未获得意大利政府的财政担保，其主要运作方式是收取和管理参保人员缴纳的社保费，并向参保人员给付养老金。此外，此类基金还负责为参保人员提供额外福利金作为收入补助，包括家庭补贴、失业津贴、市政生育津贴等，具体发放办法和标准因机构而异。截至 2020 年底，此类养老基金管理的资金已达 1007 亿欧元。目前意大利主要设立了以下行业养老基金

① Istituto Nazionale per la Prevenzione Sociale（INPS）, *XX Rapporto annuale*, Roma, luglio 2021.

（有的称为机构养老基金）：全国律师福利与援助基金、注册会计师养老基金、勘测员福利基金、全国自雇工程师与建筑师福利和援助基金、全国公证人基金、全国会计师与商务专家福利和援助基金、全国商务代理商与代表援助机构（ENASARCO）、全国劳工顾问福利和援助机构（ENPACL）、全国医生福利和援助机构（ENPAM）、全国药剂师福利和援助机构（ENPAF）、全国兽医福利和援助机构（ENPAV）、全国农业雇员福利和援助机构（ENPAIA）、航运及航运代理商雇员福利基金、意大利全国记者福利机构（INPGI）、意大利全国医疗孤儿救助机构（ONAOSI）、意大利记者补充援助自主基金（CASAGIT）、工业技术员和研究生工业技术员福利机构（EPPI）、多类别福利和援助机构（EPAP）、全国生物学家福利和援助机构（ENPAB）、全国护士福利和援助机构（ENPAPI）、全国心理学家福利和援助机构（ENPAP）以及 INPS 独立管理计划（Gestione Separata INPS）。

（三）补充性养老基金

意大利还设立了补充性养老金体系，其运作基于公民的储蓄选择和自愿缴款。这一体系中的养老基金与公民签订合同，收取需缴纳的费用及进行适当管理，并依法向参保人员给付福利金。随着时间的推移，补充性养老金体系现已具备相当规模，并且通过收取需缴纳的费用和运用部分资金构成了支持经济社会发展政策的一项重要工具。收取的费用主要用于购买国债、进行股权投资和房地产投资。所有此类养老基金都由依据 1993 年第 124 号法令成立的养老基金监督委员会（COVIP）负责监督。2011 年颁布的第 11 号法令还赋予 COVIP 管理前文所述行业养老基金的资金投资和资产构成的权力。

根据 COVIP 于 2021 年 6 月 14 日提交给议会众议院的年度报告，截至 2020 年底，意大利共设有 372 个养老基金，其中补充性养老基金的参保人数达到 840 万，较上一年增长 2.2%，覆盖总劳动人口的 33%。在补充性养老基金的参保人中，男性占 61.7%，这再次印证了意大利社会保障领域的“性别鸿沟”。此外，该报告也证实了此类养老金体系存在的“代际鸿沟”。从年龄分布上看，中年和接近退休年龄的参保人人数占比大，51.6%的参保人年龄介于35~54岁之间，55岁及以上参保人占31%。从地理区域分布来看，多数参保人（57%）居住在意大利北部。①

最后还应注意两个重要因素。第一个因素是，此类养老基金由国家和欧盟层面的两个最高级别机构进行监管。第二个因素则与新冠疫情大流行的影响有关。关于第二个因素，COVIP在上述报告中指出，整体而言，新冠疫情大流行对意大利补充性养老金体系的影响相对有限。从组织角度来看，在疫情冲击下，意大利补充性养老金体系通过远程办公以及远程通信渠道加强与企业、财务经理、服务提供商、参保公民信息的交流，迅速做出响应。费用的收缴工作照常稳步推进，缴费总额仅在2020年第二季度出现小幅下降，总体保持上升趋势。在支出方面，未出现提前支取和赎回请求导致的资金紧张。至2020年底，随着市场复苏，其财务管理也取得良好业绩，实现了正收益。

二　意大利不同类型的养老金

为了更好地掌握意大利持续几十年未间断且目前还在推进的养老金体系改革的历程，有必要先了解意大利多种类型的养老金。

养老金领取者的养老金待遇取决于多项因素，最重要的是退休年龄和缴费年限，但也受其他诸多因素的影响，例如养老金领取人的性别、可能丧失劳动能力的情况、需求情况、是否从事高强度劳动、是否提前就业（19岁之前）以及参保人所属的管理制度或基金类型等。

以下逐一介绍意大利不同类型的养老金。（1）正常退休养老金（Pensione di vecchiaia），指向达到法定退休年龄以及缴费年限和保险期限的雇员和自雇者发放的养老金。（2）达到缴费年限的退休养老金（Pensione di anzianità），指向参与替代或补充一般性强制保险（Assicurazione Generale Obbligatoria，简称AGO）的养老基金的雇员和自雇者（包括手工业者、商人、农民、移民

① Commissione di Vigilanza sui Fondi Pensione（COVIP）, *Relazione*, Camera dei Deputati, Roma, 14 giugno 2021.

和租种土地的农民等）发放的补偿金。这类养老金已根据福尔内罗改革于2012年1月1日予以废除。（3）丧失劳动能力抚恤金（Pensione di inabilità），指向完全和永久无能力从事任何工作的劳动者发放的抚恤金。（4）遗属抚恤金（Pensione ai superstiti），指向养老金领取者或劳动者的遗属发放的补偿金。（5）补充养老金（Pensione supplementare），指向在INPS体系内缴费年限不足但达到领取其他养老金（高龄或普通残疾津贴）要求的劳动者支付的养老金。（6）社会养老金（Pensione sociale），这是一项纯粹的福利金，无保险或缴费要求，是政府采取的一项干预措施，目的是保障缺乏必要谋生手段的公民的生活。（7）无劳动能力残疾人养老金和抚恤金（Pensione e prestazioni invalidi civili），意大利宪法规定，通过发放养老金、津贴或各种抚恤金，为丧失劳动能力和缺乏必要谋生手段的公民提供支持。（8）提前退休津贴（Anticipo pensionistico，简称APE），这是一项试验性的津贴，已于2021年12月31日结束。它面向的是在2021年1月1日至12月31日期间达到年龄要求（63岁零5个月）、存在特殊需求且尚未在意大利或其他国家领取直接型养老金的劳动者（包括失业人员、需要照护家庭成员的人员，以及被认定至少丧失74%民事行为能力的人员）。提前退休津贴的金额等同于在申请时应当给付的养老金，最高为每月1500欧元。该津贴在达到退休年龄后停止发放，之后劳动者仍需要申请养老金。（9）普通伤残津贴（Assegno ordinario di invalidità），向因身体或精神虚弱工作能力下降至不足之前1/3的劳动者发放的津贴。（10）社会津贴（Assegno sociale），这是一项福利性质的津贴，无须缴费，向面临经济困难，尤其是符合法律规定的收入条件的人员发放。（11）低龄缴费劳动者（Lavoratori Precoci）养老金，指向在19岁之前便开始缴费的劳动者发放的一项经济福利，如果满足以下两条要求，则可通过提交明确申请提前退休：可证明在年满19岁之前实际缴费满12个月；截至2026年12月31日，缴费年满41年。（12）妇女的选择（Opzione donna）养老金，这是一项试验性的福利金计划，有效期至2021年底，允许女性劳动者领取对年龄要求更宽松的年资养老金。（13）家庭主妇基金（Fondo casalinghe），设立于1997年1月1日，面向出于家庭责任从事无报酬家务劳动人员的养老基金。(14)替代一般性强制保险(AGO)的养老基金，指针对特定行业(如交通运输业、通信业、电子业等)劳动者的专门基金，与针对普通雇员的养老基金(OBG)相比，这类基金采用独特的账户管理、绩效核算和计算方法。(15)补充一般性强制保险的养老基金，这类基金的目的在于补充针对残疾、年老和遗属的一般性强制保险待遇，向参保人员和遗属发放。补充养老金与一般性强制保险养老金一同发放。(16)神职人员基金(Fondo clero)，专门管理参保神职人员的缴费并计发福利金，以保证为神职人员提供社会保障。(17)收入支持团结基金(Fondi di solidarietà a sostegno del reddito)，是一项提供特殊收入补助津贴的基金，即退休时可领取的临时福利金，不属于法定社会保障体系。

三　意大利养老金的管理和计发

(一)管理养老金的财务制度

通常而言，可采用两种不同的财务管理制度来保障养老金体系的收支平衡(即劳动者和企业缴纳的费用与支付的养老金和福利金之间的平衡)，分别是积累制和现收现付制。

积累制基于精算结余，即以人寿保险概率为基础计算的缴费收入与预期支出之间的结余，可表示为个人结余(“个人积累”)或参保和退休人员集体结余(“集体积累”)。积累制的优点在于管理简单，并且能够保证较高的偿付能力。尽管如此，这类体系通常无法留出充足的资源以保护最需要社会保障服务的群体。实际上，这也是保险产品通常采用的体系，它可以保证同质风险群体之间的互助，但无法充分发挥社会保障的基本功能之一，即加强所有参与者之间的团结。

在现收现付制体系中，一定时期(例如，1年或10年等)内的应计负债是由同一时期内的缴费收入支撑的。在纯粹的现收现付制中，精算结余是一定时期(通常为1年)内的缴费收入与同一时期内应给付的养老金之间的结余。在意大利，INPS管理的一般性强制保险采用的便是现收现付制。

此外，意大利养老金体系内还有一种多年期分摊机制，该机制设有法定保证准备金，金额为当前养老金年金的5倍，旨在确保更长时间内的基金结余。这是专门针对自由职业者的社会保障机构采用的管理体系，根据1994年第509号法令，此类管理机构已私有化。

在意大利，养老金管理的现收现付制始于二战结束后，当时受到货币大幅贬值的冲击，之前的积累制陷入危机。当时，意大利政府认为现收现付制能够提供更强有力的保障，因为它基于代际协议而非资金积累。现收现付制基于这样一个信念，即现在缴纳养老金的一代人将在未来享受同等待遇，领取由后代缴纳的养老金。

（二）养老金计发制度

养老金制度的另一个基本要素是养老金计算方法。从原理上看，养老金计算方法可以分为两种主要模式，即收入关联型和缴费关联型。在收入关联型模式下，养老金待遇由养老金领取人退休前几年或者整个职业生涯的工资水平决定；在这种模式下，计算养老金待遇时并不考虑劳动者在职业生涯期间缴纳的费用的金额。在缴费关联型模式下，养老金待遇是由养老金领取者在职业生涯累计缴纳的总金额决定的。

在过去几十年里，意大利养老金制度正在逐步由收入关联型（基于最近数年的工资水平）向完全的缴费关联型转变。这一重要改革以及其他多项改革举措都是限制养老金支出的必要之举。

总体而言，20世纪90年代以来意大利进行养老金体系改革的主要动因可概括如下：养老金待遇与职业生涯累计缴纳的费用的金额不相称，同时养老金待遇计算参数过于慷慨；无论从退休年龄还是从缴费年限上看，养老金领取资格门槛都过低；养老金重估调整系统不仅与通货膨胀率挂钩，还与实际工资变化趋势挂钩；人口预期寿命显著延长，导致养老金支付期延长；经济增长放缓，对养老金缴费收入产生负面影响；人口出生率持续下降，导致人口老龄化，养老金支出压力增大。根据意大利经济与财政部2008年的预测，如果不实行适当改革，到2040年与养老金相关的公共支出占全部公共支出的比重将超过23%。[1] 为避免发生此种情况，意大利在过去30多年里进行了多次重大结构性改革。

四 意大利养老金体系的漫长改革历程

在1992年之前，INPS管理的参保人员一直可以享受与其退休前几年的工资水平挂钩的养老金待遇。养老金的年均缴费率为2%，乘以40年的缴费年限，则退休后的养老金待遇相当于退休前工资水平的80%左右（替代率）。正常退休养老金的领取资格为男性满60岁，女性满55岁，且缴费满15年。年资养老金要求领取者缴费年限达到35年，无退休年龄限制，达到要求后将根据领取者退休前5年的收入水平计算养老金待遇。此外，意大利还会不定期对养老金待遇进行重新评估，主要是将物价和实际工资上涨的影响考虑进来。

以下将逐一梳理20世纪90年代初以来意大利养老金体系的一系列改革及其主要举措。

（一）阿玛托改革（1992年第503号法令）

阿玛托改革以时任政府总理阿玛托（Giuliano Amato）的名字命名，是意大利实行的第一次重要的养老金改革。改革的主要内容是逐步提高正常退休年龄，男性由60岁提高到65岁，女性由55岁提高到60岁，还将正常退休的最低缴费年限从15年提高到20年。改革的另一重要举措是改变劳动者养老金计算基数的参考标准，不再使用退休前5年的平均工资水平，而是改用退休前10年的平均工资水平。对于1996年1月1日起新进入劳动力市场的劳动者，将基于其整个职业生涯的工资收入所得来计算养老金。改革的最后一项举措涉及养老金待遇指数化的参考标准，这一参考标准不再与工资增

① Ministero dell'economia e delle finanze（MEF），*Previsioni su sistema pensionistico*，Roma，2008.

长挂钩，转为仅与消费者物价趋势（通货膨胀率）挂钩。

经过阿玛托改革后，劳动者养老金待遇与退休前工资收入水平之间的比率（替代率）有所降低。为了在一定程度上弱化改革对养老金领取者收入的影响，意大利随后根据 1993 年第 124 号法令引入了一个补充社会保障机制，设立了多个带有集体会员制和协商制特征的开放式养老基金。

（二）迪尼改革（1995年第335号法令）

在推行阿玛托改革仅仅 3 年后，意大利政府发现，对养老金体系进行的参数修订仍然不足以保障养老金账户的长期可持续性，必须对养老金的计付方法进行结构性调整。

1995 年，意大利政府推行以时任总理迪尼（Lamberto Dini）命名的迪尼改革，将养老金的计付方法从之前的收入关联型转变为缴费关联型。如上文所述，这两种模式存在巨大差异：在收入关联型模式下，养老金待遇等同于劳动者的部分工资，具体金额取决于缴费年限和平均工资水平，尤其是职业生涯最后数年的工资水平，通常也是最高工资水平；在缴费关联型模式下，养老金待遇取决于劳动者在整个职业生涯中累计缴纳的金额。

在迪尼改革下，意大利政府逐步推动向新计付制度过渡，并且根据缴费年限将劳动者划分为三个类别：截至 1995 年底，缴费满 18 年的劳动者，其养老金待遇按照旧的收入关联制度计付；缴费未满 18 年的劳动者适用混合制度，即 1995 年之前的缴费仍以收入关联制度计付，1995 年之后则按缴费关联制度计付；1995 年之后参加工作的劳动者完全根据缴费关联制度计付。

迪尼改革还对退休年龄做了重大修改，推行弹性退休制度，劳动者（男性和女性）可在 57~65 岁灵活退休（65 岁退休可领取全额养老金，65 岁之前退休可领取与年龄和缴费年限对应的养老金）。此外，迪尼改革还引入了领取正常退休养老金的时间“退出窗口”，并对残疾和遗属抚恤金设置了一些限制，主要是减少拥有其他收入来源的受益人领取的抚恤金。

（三）马洛尼改革（2004年第243号法令，2005年第252号法令）

2004 年，意大利政府通过第 243 号法令，推行以时任劳动与社会政策部部长马洛尼（Roberto Maroni）命名的马洛尼改革，引入多项举措，提高退休年龄，同时鼓励从以国家养老金体系为主的制度向混合制度过渡，促进私人补充性养老基金发展，目的是更好地控制国家养老金支出。

在领取养老金的标准方面，马洛尼改革明确提出要逐步提高领取年资养老金的最低年龄要求。2004 年第 243 号法令仍然保留 35 年的缴费年限要求，但是规定从 2008 年起将领取正常退休养老金的最低年龄从 57 岁提高至 60 岁，从 2010 年起提高到 61 岁，从 2014 年起提高到 62 岁。缴费满 40 年的劳动者领取养老金可不受年龄限制。将退休年龄骤然提高 3 年，这种被称为“大阶梯”（scalone）式的激进改革在当时引起了工会的强烈反对。

为鼓励进一步发展补充性养老基金，2005 年第 252 号法令规定：除非雇员明确拒绝，否则其在工作期间自 2007 年 1 月 1 日起累计的解雇费（TFR）将转移至补充性养老基金；也可以继续由雇主保留，雇员在终止雇佣关系时领取。

意大利政府意识到，随着养老金计付制度向缴费关联型转变，养老金替代率将逐步下降至 50%左右，这也是推动意大利政府引入补充性养老金形式的重要原因。采用某种形式的补充性养老金是确保劳动者享受充足养老金保障的关键所在。

（四）普罗迪改革（2007年第247号法令）

2007 年，第二届普罗迪（Romano Prodi）政府颁布当年第 247 号法令，废除了马洛尼改革引入的“大阶梯”式调整，而是规定分阶段逐步提高退休年龄。

普罗迪改革规定，自 2008 年 1 月 1 日起，雇员的退休年龄设定为 58 岁（自雇者为 59 岁），最低缴费年限为 35 年，之后将根据一个新设计的“配额制”（sistema delle quote）逐步严格退休要求。这一“配额制”首先设定了最低缴费年限为35年，并在此基础上规定，当年龄与缴费年限之和达到某一总数（配额=年龄+缴费年限）时即可退休领取养老金。根据该“配额制”，自2009年7月1日起，配额总年数达到95年且年龄超过59岁，即可退休；自2011年起，配额总年数增至96年，雇员最低年龄增至60岁（自雇者为61岁）；自2013年起，配额总年数增至97年，雇员最低年龄增至61岁（自雇者为62岁）。此外，缴费年限满40年的劳动者，可不受年龄限制地自由选择退休。

此外，普罗迪改革还调整了用于计算养老金待遇的转换系数，改为采用缴费关联型方法，并且规定将根据意大利国家统计局数据计算的平均预期寿命每3年自动修订一次。

（五）福尔内罗改革（2011年第214号法令）

2011年，在意大利濒临主权债务危机之际上台的蒙蒂（Mario Monti）政府推出“拯救意大利”计划（Salva Italia），该计划的一项重要内容就是对意大利的养老金体系进行根本性变革，并且以时任劳动与社会政策部部长福尔内罗（Elsa Fornero）的名字命名为“福尔内罗改革”。

福尔内罗改革的第一个重要举措是调整养老金计付制度，扩展“按比例”缴费关联型计付方法的适用范围，将其应用于1995年迪尼改革的豁免对象。劳动者在收入关联型计付方式中的应计权利截至2011年12月31日。自2012年1月1日起，所有养老金全部采用“按比例”缴费关联型计付方式。

福尔内罗改革的第二个重要举措是提高退休年龄要求。在实施“拯救意大利”计划之前，男性领取正常退休养老金的最低年龄为65岁，而女性的退休年龄则因行业而异。福尔内罗改革对退休年龄提出了新要求。首先，男性雇员（公共和私营部门）和自雇者以及公共部门女性雇员的退休年龄从2012年的66岁提高至2015年的66岁零3个月。2016年1月1日到2018年12月31日，退休年龄提高至66岁零7个月。其次，私营部门女性雇员的退休年龄自2012年起提高至62岁，此后自2014年起至2015年12月31

日提高至63岁零9个月，自2016年1月1日至2017年12月31日提高至65岁零7个月，自2018年1月1日至2018年12月31日提高至66岁零7个月。最后，自雇女性（商人、手工业者和农民）的退休年龄从2012年的63.5岁提高至2013年底的63岁零9个月，自2014年起至2015年底提高至64岁零9个月，自2016年起至2017年底再次提高至66岁零1个月，自2018年1月1日起至12月31日提高至66岁零7个月。到2018年底，将各类型劳动者的退休年龄统一至66岁零7个月。

福尔内罗改革的另一举措是修改提前退休制度，在特定情况下废除总“配额”年数制度。具体而言，对于尚未达到正常退休年龄的劳动者，如果提前退休养老金是其唯一养老金来源，在达到规定缴费年限的情况下可领取提前退休养老金。考虑到人口预期寿命一直在增长，该制度规定：在2018年12月31日前将男性提前退休的缴费年限提高至42年零10个月，女性则提高至41年零10个月；自2019年起再各增加5个月。截至2019年1月1日，所有劳动者的正常退休年龄统一至67岁。之后每两年将依据预期寿命变动调整退休年龄。

（六）提前退休津贴（2016年第232号法令）

总体而言，福尔内罗改革提高了正常退休和提前退休的门槛。为缓冲这些严苛条件带来的负面影响，2016年意大利政府颁布了一项新法令（即2016年第232号法令），引入了多个发放提前退休津贴（APE）的新制度，并且允许在特定条件下灵活领取退休金。

作为一项试验性举措，该法令设立了由养老金担保的财政预支服务（自愿APE）和与正常退休养老金一同发放的津贴（社会APE），两者都涵盖雇员（包括公共部门职员）和参加特殊管理计划或INPS独立管理计划的自雇者（手工业者、商人和农民），但是不适用于参加职业社会保障基金的自雇者。

自愿APE是由银行/保险公司提供的补贴性贷款，这些银行/保险公司与意大利经济与财政部、劳动与社会政策部以及意大利银行协会（ABI）、意大利国家保险公司协会（NIA）签订了相关框架协议。年满63岁、在未来3年零7个月内有资格领取正常退休养老金且缴费满20年的劳动者可申请自愿APE。此外，直接型养老金或普通伤残津贴的受益人不得申请。INPS必须对这些申请条件进行核实。贷款发放比例因申请的预支年限而异（最低为未来净养老金的75%，最高为90%），并且必须在未来20年内分期偿还，偿还方式为由INPS直接在未来养老金中扣除。

社会APE是一项福利金，由国家支付并由INPS发放给依据法律应当得到特殊保护的劳动者（失业者、残疾人、残疾人照料者和从事高强度工作的劳动者）。申请人必须年满63岁，缴费满30年。社会APE不向申请人收取任何费用。满足以下条件之一的劳动者可优先申请领取这项津贴：（1）因解雇（包括集体解雇）、正当理由辞职或双方协议终止雇佣关系后处于失业状态的劳动者；（2）持续至少6个月照护重度残疾配偶或一级亲属的劳动者（根据1992年第104号法令第3条第c.3款）；（3）丧失74%以上工作能力（经负责认定无民事行为能力残疾人的主管委员会确认），且缴费满30年的劳动者；（4）在过去10年中至少有7年，或者在过去7年中至少有6年从事“高强度”工作，且缴费满36年的雇员。值得注意的是，领取该津贴的劳动者每年仍可获取不高于8000欧元的就业或自雇收入，其中自雇收入不得高于4800欧元。补助最高为每月1500欧元，一直发放到劳动者可以领取正常退休养老金或提前退休养老金为止。

此外，意大利还专为补充性养老金计划参保人员制定了另一项提前退休政策，也即预付临时保险年金（Rendita Integrativa Temporanea Anticipata，简称RITA）。RITA使劳动者能够以每月领取年金的形式提前领取其职业生涯中在补充性养老基金中累计的资金，直到其达到领取普通养老金的要求。劳动者可在有资格领取正常退休养老金之前的10年内提出提前领取补充年金的请求。已经退休并且经INPS核实满足领取APE要求的劳动者也可领取RITA。RITA的应纳税部分需缴纳15%的预扣税。

（七）“配额100”计划（2019年第4号法令，2019年第26号法令）

2018年3月大选后，由五星运动和联盟党联合组建的“黄绿政府”正式上台。此后，新政府颁布 2019 年第 4 号法令（随后转换为 2019 年第 26 号法令），对此前的福尔内罗改革做了较大调整，提出著名的“配额 100”计划。该计划是一项试验性举措，规定在 2019~2021 年，年龄满 62 岁且缴费满 38 年的劳动者即可退休。“配额 100”计划与普罗迪改革引入的“配额体系”类似（配额=年龄+缴费年限：62+38=100），但是“配额 100”计划要求养老金领取者不得拥有其他就业或自雇收入，仅允许每年获取不高于 5000 欧元的临时工作收入。在满足退休要求后，该计划还为领取养老金开放了“时间窗口”，规定私营部门劳动者自满足退休要求之日起 3 个月后开始领取养老金，公共部门雇员为 6 个月。

虽然福尔内罗改革明确表示将依据人口预期寿命定期对退休年龄进行调整，并且规定自 2019 年将领取正常退休养老金的年龄提高 5 个月，但是“黄绿政府”的 2019 年第 26 号法令并未遵循这一规定。目前，在意大利，男性在缴费满 42 年零 10 个月、女性在缴费满 41 年零 10 个月后便领取提前退休养老金。预计 2026 年前这一对年龄的要求都不会进行调整。

五　意大利养老金体系改革前景

“配额 100”计划是一项试验性措施，于 2022 年 1 月到期。根据 2011 年推行的福尔内罗改革的要求，如果不进行其他干预，自 2022 年起，意大利所有劳动者的正常退休年龄将恢复至 67 岁。

为此，2021 年底，意大利政府、议会和工会展开激烈辩论，试图寻求一种替代“配额 100”计划的更为柔和的渐进式方法。目前，最为广泛接受的提议之一是采用“配额 102”计划，即年满 64 岁、缴费满 38 年可退休，并且不会被扣除任何养老金。这一解决方案可避免产生新的“阶梯”，即不必自 2022 年 1 月 1 日起实施将正常退休年龄增加至 67 岁、将提前退休缴费年限提高至 42 年零 10 个月（女性少 1 年）等规定。

意大利政府计划在 2022 年之后进一步采取两项举措：一是将弱势群体纳入社会 APE，以增加社会 APE 的覆盖人数；二是自 2023 年起推行“配额

103”计划，自 2024 年起推行“配额 104”计划。事实上，上述新改革举措也不得不调和两项都具有重要价值但又永远难以调和的利益诉求，即一方面要通过提高退休年龄来减少公共支出，另一方面又要使养老金的领取有一定的灵活性。

最后，需要强调的是，虽然意大利养老金体系经历了数次改革，但是在人口出生率显著下降、人口老龄化日趋严重的背景下，意大利的公共养老金体系仍面临严峻挑战，需要进一步改革。在这方面，意大利国家统计局提交给议会的 2020 年国情报告已就此发出警报信号，其中一些重要信息值得关注：“在不考虑新冠疫情大流行对人口变化造成的影响的情况下，基于最新的中值水平的人口预测，当前的 6000 多万意大利人口到 2040 年将下降至 5930 万，到 2065 年将下降至 5380 万。这一人口发展动态将不可避免地深刻影响代际关系。目前 14 岁以下青年人占总人口的 13%，到 2065 年这一比例仍将维持在 12%左右，但是同期劳动年龄（15～64 岁）人口所占比例将大幅下降，降幅或达 9 个百分点（从 64%下降至不到 55%）。与此同时，65 岁及以上老年人口的比例将增加超过 10 个百分点（从 23%增至超过 33%）。具有创造经济价值能力的人口的数量急剧下降，而 65 岁及以上的老年人口却显著增长，这使得当前仍在一定程度上基于现收现付制的意大利养老金体系的可持续性问题进一步凸显。更普遍而言，人口结构的变化加之经济存在的诸多困难使意大利整个社会保障体系的可持续性面临严峻挑战。”①

（语捷翻译组译，孙彦红校）

① ISTAT, *Rapporto annuale 2020. La situazione del Paese*, Roma, 3 luglio 2020.

B.9

近年来意大利高等院校课程体系改革创新及其前景

邢建军*

摘　要： 近年来，为适应全球高等教育体系发展的新趋势，满足国内经济社会发展对人才的需求，意大利高等院校普遍在课程体系上进行了改革与创新。2021年以来，在应对新冠疫情和促进后疫情时代经济复苏的背景下，上述改革与创新的方向更加明确。特别是，国家复苏与韧性计划的出台为意大利高等院校课程体系的进一步改革与创新创造了机遇。本文梳理了近年来意大利高等院校（包括高等艺术院校）课程体系改革创新的进展和主要内容，包括新课程、新专业的设立等一系列以就业和国际化为导向的具体举措，还对改革创新的驱动因素及成效做了分析。

关键词： 意大利　高等教育　课程体系　改革与创新

一　近年来意大利高等院校课程体系改革创新概况

学科是大学凝聚专业力量、汇聚专业人才和开展研究创新的平台。学科体系的构建与发展体现着一所大学的传统特色、战略规划与发展目标，而课

* 邢建军，博士，意大利教育中心协会（Uni-Italia）中国区主任，曾任中国驻意大利使馆经济商务参赞处一等秘书（2005~2010年），主要研究领域为意大利高等教育体系及其法律法规、意大利高等教育史、中意高等教育交流等。

程体系是体现学科特色和培养目标的重要载体和组成部分。自 2010 年杰尔米尼（Gelmini）改革颁布后，意大利高等院校在学科和课程体系的建立上基本实现了与欧洲接轨。

截至 2020/2021 学年，意大利综合性大学共有本科（含本硕连读）学科 50 个、硕士学科 102 个。根据意大利大学与研究部（MIUR）的统计数据，2019/2020 学年，意大利各综合性大学共开设博士研究生课程 382 个，涉及 19 个学科。截至 2021/2022 学年，意大利综合性大学（含私立大学）开设课程超过 5000 门，其中学士学位课程 2370 门，本硕连读课程 324 门，硕士学位课程 2428 门。① 同期，意大利高等艺术院校共设置 14 个学科和 57 个专业。②

意大利加入欧洲高等教育区已近 22 年，其间进行了数次高等教育改革。基于高等教育的全球化趋势和国内经济社会发展的需求，同时出于结合教育教学新技术、新理念完善专业人才培养的考虑，每次改革都会触及学科和课程体系的改革与创新。涉及学科和课程体系的主要改革和创新举措包括：（1）学科方向调整；（2）增加全英文授课（English Medium Instruction，EMI）的学科比例；（3）开设有助于学生就业的课程；（4）针对人才需求的新变化设立学科交叉、学科知识相互融合的创新课程；（5）鼓励大学和高等艺术院校针对人才需求设立高级培训课程（Master Ⅰ，Master Ⅱ）。

近两年，由于新冠疫情对全球教育的冲击和人员流动的限制，意大利的高等教育也受到了深刻影响，其存在的一些“短板”和结构性问题也随之凸显，主要体现在数字化技术在大学的公共管理中应用水平低等方面。2021 年，随着意大利疫情防控形势整体上有所好转以及疫苗接种加快，意大利大学普遍对后疫情时代高等教育的复苏持乐观预期。意大利正在实施的国家复苏与韧性计划（PNRR），在高等教育和人才培养方面也提出了新要求，确定了新目标，并提供相应的资金支持。在 PNRR 框架下，意大利政府出台

① http：//www. miur. it/guida/capitolo3. htm，最后访问日期：2021 年 12 月 8 日。

② 邢建军：《意大利高等艺术教育体系：发展、特色与当前政策》，载孙彦红主编《意大利发展报告（2020~2021）》，社会科学文献出版社，2021，第 142~145 页。

了一系列关于强化在应对气候变化、可持续发展、人工智能、数字化转型、能源转型方面的人才培养、科学研究和技术创新的措施。特别是，PNRR 强调，为培养高水平人才专门设立可持续发展、人工智能和文化遗产国家专项博士生课程，资金须落实到位，同时意大利政府各主管部门须紧密协调。同时，意大利还出台了一些针对高等艺术院校的扶持政策。总体而言，上述措施为高等院校学科和课程体系的改革与创新提供了良好条件，在资金支持上可谓力度空前。

二　意大利高等院校课程体系改革创新的驱动因素

高等院校课程体系的改革与创新并非偶然发生的，而是意大利政府和教育部门对内外部环境变化和人才需求的新趋势做出的应对。归纳起来，激发改革与创新的动力主要有以下四个方面：第一，顺应高等教育国际化的发展趋势和意大利大学自身提升国际竞争力的需求；第二，随着新技术的发展，就业和劳动力市场对高等教育提出的新的要求；第三，社会经济的发展需要新的技能与新的职业，需要突破长期以来形成的“固化”人才培养模式；第四，需要建立体现学科交叉和课程知识体系融合的新课程体系，以加速培养急需的复合型人才。

意大利国家复苏与韧性计划的出台对促进该国疫后经济社会复苏具有里程碑式的意义，而高等教育、科学研究和人才培养是确保该计划的各项措施切实取得成效的重要保障。[①]“可持续发展”和“数字化转型”这两大战略的实质性推进需要大学和产业界密切合作，同时也需要直面意大利高等教育领域的“短板”。首先，与其他欧洲国家相比，意大利经济增长乏力的一个主要原因是生产体系缺乏创新以及数字化应用水平偏低。意大利创新指数长期低于欧盟国家平均水平。大学数字化应用水平也相对偏低，特别是大量小

① Eugenio Bruno，“Tra Pnrr e fondi nazionali 10 miliardi per il rilancio di università e ricerca”，*Il Sole 24 Ore*，8 novembre 2021，https：//www.ilsole24ore.com/art/tra-pnrr-e-fondi-nazionali-10-miliardi-il-rilancio-universita-e-ricerca-AEDaMku，最后访问日期：2021 年 12 月 8 日。

规模高等艺术院校的情况更加如此。其次。意大利高等院校每年的毕业生数量低于经合组织（OECD）国家的平均水平；虽然近年来就读于科学、技术、工程和数学类专业（STEM）学生的数量有所增加，但是增幅缓慢，尤其是女学生的比例仍偏低。再次，意大利高等院校的人才培养与企业对人才的需求脱节，尤其是工程、计算机、人工智能等专业毕业生的需求缺口较大。最后，就国际层面而言，意大利高等教育面临来自其他欧盟国家的竞争。[①] 英国脱欧后，有更多的意大利学生选择荷兰、丹麦、瑞典等北欧国家就读全英文授课的本科和硕士研究生，其中一部分学生选择去这些国家的应用技术大学就读，为的是掌握有助于在未来快速实现就业的技能。

2021 年 11 月，意大利大学校长联合会（CRUI）全国会议发表了一份立场文件。[②] 该文件强调，高等教育在确保达成国家复苏与韧性计划确定的目标任务（六大使命和三大核心措施）中应发挥关键性作用，同时确定了令人才培养模式满足社会经济发展需求和有效应对全球挑战应遵循的指导方针。指导方针主要包括以下八方面的内容：（1）促进学科交叉融合，即促进学科间知识的共享，尤其是人文科学和科学技术学科间的交叉；（2）教学和课程体系的创新，要形成新的学科培养方案，设计新课程，给予大学更大的自由度，使其能够更加贴近就业需求和职业实践来开设实验性的新课程；（3）促进技术和数字化在教学中的应用，提高科研质量，并为此增建新的基础设施；（4）促进科研机制创新，鼓励财团和大学联合建立研究中心，根据研究产出对科研人员进行奖励；（5）机会平等，尽可能确保学习权利与机会的平等；（6）促进国际化，提高意大利大学的国际知名度，增加其对国际学生和研究人员的吸引力；（7）改革教师和研究人员录用机制，创建更便捷的渠道和机制以吸引人才；（8）简化相关行政手续，改善教育治

① Redazione Scuola，“Studiare all'estero：Paesi Bassi e Spagna tra le destinazioni in crescita fra gli studenti”，*Il Sole 24 Ore*，25 novembre 2021，https：//www. ilsole24ore. com/art/studiare－all－estero－paesi－bassi－e－spagna－le－destinazioni－crescita－gli－studenti－AEPliGz，最后访问日期：2021 年 12 月 8 日。

② Fondazione CRUI，*Position Paper*，https：//www. crui. it/ascoltare-la-societ%C3%A0-superare-il-perimetro-dell%E2%80%99accademia. html，最后访问日期：2021 年 12 月 8 日。

理。简言之，上述指导方针的前三个方面均与学科和课程体系的创新与改革有关。

三　意大利综合性大学课程体系改革与创新的主要内容

近年来意大利综合性大学课程体系改革与创新的举措主要有六个方面：增设全英文授课课程、开设“国家博士学位”课程、增设高级培训课程、开设新的学位课程、设立职业导向型本科专业、设立意大利“跑车谷”大学。以下逐一梳理归纳。

（一）增设全英文授课课程（EMI）

随着意大利高等教育改革的持续深入，2010 年意大利时任大学与研究部部长杰尔米尼颁布了新的改革措施，特别强调了意大利高等教育体系的国际化，包括增加教师和学生的国际交流机会、增加意大利大学国际学生的数量等。① 在意大利大学中开设全英文授课课程就是大学国际化的具体体现。虽然在这期间也经历了很多波折，但是 2018 年意大利宪法法院对米兰理工大学部分教师诉讼案的判决，最终从法律上确定了意大利大学开设全英文授课课程的合法性。相关数据显示，2012～2017 年，开设全英文授课课程（包括硕士和博士专业）的意大利院校占比从 74%增加到 85%。② 一些私立高等艺术院校也纷纷开设全英文授课专业。意大利大学校长联合会 2019 年发布的数据显示，意大利 2018/2019 学年开设的全英文授课课程数量较 2012/2013 年度增加了 178%。③ 这方面最成功的案例之一是米兰理工大学将

① 罗红波、孙彦红主编《变化中的意大利》，第三章第三节“意大利的高等教育改革”（邢建军），社会科学文献出版社，2017，第 189 页。

② Francesca Costa，“EMI Stakeholders and Research in the Italian Context. Moving Towards ICLHE?”，in Lynn Mastellotto & Renata Zanin（eds.），*EMI and Beyond*：*Internationalising Higher Education Curricula in Italy*，Bozen-Bolzano University Press，2021，pp. 1-16.

③ Fabio Rugge，“L'internazionalizzazione della formazione superiore in Italia. Le università”，Fondazione CRUI，2019，https：//www. crui. it/images/crui-rapporto-inter-digitale. pdf.

40个硕士学位课程设为全英文授课，特别是其中的设计和建筑类课程受到国际学生的青睐，申请人数逐年上升。米兰理工大学也因此获益匪浅，既可以选拔和吸引更多国外优秀学生，又有利于本国学生参与国际竞争。近年来，米兰理工大学在世界主要大学的国际排名中一直位于意大利大学之首。除了在理工科课程方面，一些国际化程度较高的大学还将一些优势课程设立为全英文授课，如罗马智慧大学的古典学课程、博洛尼亚大学的文物修复硕士课程、罗马第二大学的艺术史课程等。应该说，设立全英文授课课程是意大利高等教育体系全面顺应全球化趋势的一项重要举措。

（二）开设“国家博士学位”课程（Dottorato Nazionale）

1. 开设“可持续发展和气候变化”国家博士学位课程[①]

为创新高层次人才培养机制、充分整合资源，意大利大学与研究部决定开设“可持续发展和气候变化”博士学位课程。该博士学位课程是意大利多个大学和研究机构合作的、以多学科理念为出发点的高层次人才培养计划，旨在为当前全球最具挑战性的问题寻求新的科学与技术解决方案。该博士学位课程经费由30多所意大利大学组成的联合体提供，包括比萨大学、圣安娜高等研究生院和比萨高等师范学校等。课程协调机构设在帕维亚高等研究生院。该博士学位课程是在国家研究计划（PNR）框架下的国家专设博士学位课程，同时也与国家复苏与韧性计划提出的加大可持续发展和应对气候变化相关研究的投入力度相契合。该博士学位课程提供六门课程的学习计划：（1）地球系统与环境；（2）社会经济风险与影响；（3）技术与领土；（4）理论、治理制度与文化；（5）农业与森林；（6）人类健康与生态系统。这些课程旨在实现两个目标：其一，通过多学科体系建立一个学习和研究社区，探索应对气候变化及其影响的可持续发展模式；其二，促进创新和催生具有可操作性的解决方案，解决社会重要变化带来的复杂问题。在这

① Redazione Scuola, “Università, primo dottorato su sviluppo sostenibile e cambiamento climatico”, *Il Sole 24 Ore*, 22 novembre 2021, https://www.ilsole24ore.com/art/universita-primo-dottorato-sviluppo-sostenibile-e-cambiamento-climatico-AEVaJZy，最后访问日期：2021年12月8日。

些课程下，150多名教师将参与相关研究和指导研究生，其中许多教师来自位于比萨的学术和研究机构。“可持续发展和气候变化”博士学位课程是目前意大利存在的两个国家协调的专设博士学位课程之一。该课程也面向国际学生，首届录取的学生超过100名，于2021年11月24日正式开课。

2. 开设“人工智能”国家博士学位课程

为促进人工智能领域的科学研究与创新，加强人工智能在产业和公共管理中的应用，意大利从国家战略层面出发开设了“人工智能”国家博士学位课程。该课程由意大利大学与研究部推动，意大利国家研究委员会和比萨大学负责协调，以5所大学构成的国家级研究中心为基础，同时有多达61所大学参与。比萨大学马可·孔蒂教授担任首席科学家。该课程第一批设立177个奖学金，以创新模式培养将来有望成为研究人员、创新者和人工智能专门人才的优秀学生。课程为期三年，学生将在课程结束后专门从事人工智能领域的前沿性和应用型研究工作。所有博士生首先要接受具有多学科特征的培训课程，之后再专注于特定研究领域。该课程确定了五个优先领域和相应的牵头院校：（1）由罗马生物医学大学牵头的健康和生命科学领域，旨在促进人工智能在物联网和生物机器人中的应用，以推动具有预测性、预防性、个性化和参与性的精准医疗和药物研发的创新；（2）由那不勒斯费德里科二世大学领导的农业（农业食品）和环境领域的人工智能研究，旨在基于气候变化和农业初级生产的多变因素开发前沿性“精准”农业技术；（3）由罗马智慧大学牵头的信息安全和网络安全领域，旨在确保人工智能在计算机系统安全领域的应用、提升人工智能基础设施安全，促进人工智能在网络情报、隐私保护等领域的应用；（4）由都灵理工大学牵头的人工智能与工业4.0应用技术研究，旨在提高制造业生产效率和竞争力，主要包括机器人、预防性维护、过程自动化和数据分析；（5）由比萨大学牵头的人工智能与社会领域，旨在基于人工智能和数据科学对经济社会现象的复杂性进行解读，例如，人口流动和城市动态、人口迁移及其经济决定因素以及人工智能系统对社会的影响等。

该课程充分调动意大利大学和国家级研究机构的现有资源，举全国之力培养有望引领国家数字化转型的高层次人才。整个课程最重要的交叉性主题之一是“值得信赖的人工智能”，这也是欧盟人工智能战略的重点。为此，课程内容将基于道德、公平、安全、正义等原则以及社会可接受的人工智能，并专注人工智能的可持续发展，旨在为欧盟实现联合国 2030 年可持续发展目标做出贡献。

（三）增设 Master 课程

Master 课程在意大利特指获得学士学位或硕士学位后才能参加的高级培训课程，通常是针对特定主题的专业培训，也是贯彻欧盟提倡的“终身学习”理念的继续教育课程。Master 课程根据级别和培训对象分为第一级、第二级、MBA 课程以及企业管理层课程。相关法律规定，Master 课程时间不得少于一年，需要修满 60 学分。Master 课程有几大亮点：课程根据本科和硕士研究生毕业后就业技能需求进行设计，授课内容更加“精准”，更贴近“职业背景提升和解决方案”式的教学，因此颇受欢迎；尽可能考虑培训对象（如企业高管等）对时间的“弹性”需求，授课时间相对灵活；公立和私立大学开设的 Master 课程都是收费课程，部分课程提供奖学金或由相关企业提供部分奖学金，由于这类课程的投资回报率一般较高，因此开设 Master 课程既能提高学校收入，又受到学员普遍欢迎。

根据意大利官方统计，目前该国综合性大学和高等艺术院校开设的 Master 课程累计已达 2800 门。另据 AlmaLaurea 联盟的数据，Master 课程毕业生的就业率和工资均高于本科毕业生。毕业一年后的就业率为 86.9%，平均每月净薪酬为 1745 欧元。相比之下，两年制硕士生毕业一年后的就业率为 70%，平均每月净薪酬为 1374 欧元。①

（四）开设新的学位课程

近年来，意大利综合性大学和高等艺术院校基于自身优势充分整合

① Francesca Barbieri，“Lavoro, il master ‘batte’ la laurea nella corsa al posto. Ecco i titoli vincenti”，*Il Sole 24 Ore*，15 settembre 2021，https：//24plus.ilsole24ore.com/art/lavoro-master-batte-laurea-corsa-posto-ecco-titoli-vincenti-AE8swWf，最后访问日期：2021 年 12 月 8 日。

资源不断推出新课程。仅2021/2022年度，由意大利大学指导委员会（CUN）和国家大学体系与研究评估局（ANVUR）评审，最终由意大利大学与研究部批准的新设课程就多达201门，其中硕士课程113门、本科课程62门、本硕连读课程26门。在这些课程中，有27门课程侧重生态转型，20门课程侧重数字化和人工智能，26门课程属于多学科融合且突出横向技能。

总体上看，意大利大学不断探索课程体系创新与改革主要基于以下几个方向：（1）基于主体专业现有的教学内容和教学模式的创新；（2）充分体现多学科间的横向联系与知识融合，如社区设计、可持续发展生态设计、人工智能与企业管理等课程；（3）与国家复苏与韧性计划的实施相契合，意大利未来将大力加强在数字化和人工智能、应对气候变化和可持续发展、能源转型等领域的投资，势必对专业化人才产生强劲需求，相应的，2021年意大利大学开设的这类新课程也最多；（4）更多开设全英文授课课程，以吸引国际优秀学生，如米兰大学开设的生物医学课程。

表1　意大利综合性大学开设的新课程一览

学科类别	大学名称	培养层次与授课语言	课程名称	课程创新点
设计学	佩鲁贾大学/坎帕尼亚大学	硕士/意大利语	可持续生态设计(Planet Life Design)	校际合作课程
医学	坎帕尼亚大学	本科/英语	护理学(Nursing)	国际学生参与度高
统计学	坎帕尼亚大学	本科/英语	数据分析(Data Analytics)	多学科融合
教育学/心理学	摩德纳雷焦艾米利亚大学	本科/意大利语	数字教育(Digital Education)	多学科融合
设计学	那不勒斯费德里科二世大学	本科/意大利语	社区设计(Design for Community)	课程培养目标：具有社区产品、服务与空间创意与设计能力的专门人才；社区文化与社会创新的专门人才

续表

学科类别	大学名称	培养层次与授课语言	课程名称	课程创新点
食品科学	米兰圣心天主教大学	硕士/英语	食品加工:传统与创新(Food Processing: Tradition and Innovation)	多学科融合
工程	米兰理工大学/米兰圣心天主教大学	硕士/英语	农业工程(Agriculture Engineering)	汇聚精准农业前沿技术
法律	米兰大学	硕士/英语	法律与可持续发展(Law and Sustainable Development)	多学科融合
经济管理	米兰大学	硕士/意大利语	医疗卫生与医疗企业管理(Management delle aziende sanitarie e del settore salute)	多学科融合
经济管理	米兰大学	硕士/英语	环境变化与全球可持续发展(Environmental Change and Global Sustainability)	多学科融合
生物学	米兰大学	硕士/英语	生物医学组学(Biomedical Omics)	汇聚前沿技术
语言学	佩鲁贾外国人大学	本科/意大利语	意大利语数字化人文课程(Digital Humanities per l'Italino)	重点教授意大利语和文化,但特别关注新技术在人文科学方面的运用
计算机科学	博科尼大学	本科/英语	人工智能领域的数学与计算科学(Mathematical and Computing Sciences for Artificial Intelligence)	前沿科学技术、多学科融合
设计学	帕尔马大学/都灵理工大学	本科/意大利语	食品体系可持续设计(Design sostenibile per il sistema alimentare)	多学科人才培养模式、两校优势结合
理学	罗马智慧大学	硕士/英语	考古材料学(Archaeological Materials Science)	跨学科特征明显,涉及领域广泛,如:考古定年学、智能材料、希腊考古学、环境与考古学实验等

续表

学科类别	大学名称	培养层次与授课语言	课程名称	课程创新点
传播学	博洛尼亚大学	硕士/意大利语	信息、文化与媒体组织专业(Informazione, cultura e organizzazione di media)	多学科交叉特点明显
社会学	博洛尼亚大学	硕士/英语	数字化转型管理(Digital Transformation Management)	汇聚前沿技术
信息工程	布雷西亚大学	本科/意大利语	数字企业技术工程(Ingegneria delle technologie per l'impresa digitale)	为数字企业培养专门人才
企业管理	布雷西亚大学	本科/意大利语	数字企业经济管理(Economia e azienda digitale)	为中小企业数字化应用培养专门人才
信息科学	罗马智慧大学	本科/英语	应用计算机科学和人工智能(Applied Computer Science and Artificial Intelligence)	汇聚前沿技术
文学	罗马智慧大学	本科/英语	古典学(Classics)	QS(Quacquarelli Symonds)排名全球第一
医学	罗马智慧大学	本硕连读/意大利语	高科技临床医学(Medicina e chirurgia high technology)	高科技与医学相结合
法律	罗马智慧大学	硕士/意大利语	法律、辩护与犯罪心理学(Psicologia giuridica, forense e criminologica)	多学科融合
法律	罗马智慧大学	硕士/意大利语	人力资源、劳动科学与创新(Risorse umane, scienze del lavoro e innovazione)	多学科融合
城市规划	威尼斯建筑大学	硕士/英语	城市规划转型(Urban Planning for Transition)	多学科人才培养
旅游科学	威尼斯大学	本科/意大利语	酒店管理创新与旅游电子化(Hospitality Innovation and e-Tourism)	赋予旅游业高质量、注重当地文化内涵以及可持续发展的新模式,注重职业导向

续表

学科类别	大学名称	培养层次与授课语言	课程名称	课程创新点
信息科学	比萨大学	硕士/英语	网络安全(Cybersecurity)	意大利第一个网络安全硕士课程
医学	卡拉布里亚大学/卡坦扎罗大学	硕士/意大利语	医学与数字技术结合(Medicina e tecnologie digitali interate neo)	意大利第一个将医学与工程学结合的课程
计算机科学	帕维亚大学/米兰比克卡大学/米兰大学	本科/意大利语	人工智能(AI)	三校联合,汇聚前沿技术

资料来源：意大利教育中心根据各大学网站资料整理。

(五)设立职业导向型本科专业(le classi di laurea ad orientamento professionale)

2021 年，意大利参议院下属的公共教育与文化遗产专业委员会审批并通过了界定具有“职业导向型”的学位课程新类别的部颁法令，即第 183 号政府法令。该法令允许意大利公立大学设立突出职业技能培养的本科课程(专业代码 L-P)，主要包括三大类专业：建筑工程与国土规划，农业、食品和林业，产业与信息化技术。设立这类课程是意大利试图改变学生在大学本科阶段教育中基础理论课程比重过高、学生所学知识与实际就业能力脱节的一项重要举措，是学生快速进入专业化技术岗位的有效方式。与普通本科课程一样，这类本科课程的总学分为 180 个学分。在实践中，学生只需修满 60 个学分的基础课，其余学分可大量选择与将来就业技能相关的课程，同时还允许加大实习课程的比重。主要实习课程可由学校认可其资格的第三方提供，取得的学分学校予以承认。此项创新对意大利大量中小企业的人才培养及人才自主就业意义重大。例如，博洛尼亚大学开设的机电一体化本科专业就属于此类创新。在该专业的 180 个学分中，有 51 个学分用于实习，另有 48 个学分用于实验室活动。这种培养方式可使学生在毕业前获得更多实用技能。威尼斯大学的酒店管理创新与旅游电子化专业也属此类创新。

（六）设立意大利“跑车谷”大学

艾米利亚-罗马涅车辆工程大学（MUNER）[①] 是意大利借助艾米利亚大区汽车产业集群和意大利四所大学工程学院的优势，充分整合企业生产技术、设计、零部件制造技术资源和大学的教学与研发实力，以吸引全球优秀学生为目的创立的创新人才培养方式，旨在为意大利乃至全球的汽车设计与制造、智能化电子系统、动力总成、摩托车设计与制造、纯电动车辆技术、人工智能等领域培养优秀的国际化工程人才。该项目的创新之处在于在意大利政府投资的大学中汇聚该地区的顶级汽车和摩托车制造企业及零部件企业。学生的选拔、教学和学籍管理等事务分属博洛尼亚大学、费拉拉大学、帕尔马大学和摩德纳雷焦艾米利亚大学。“跑车谷”大学分为七个专业，分别为高级汽车电子工程、高级摩托车工程、高级动力总成、纯电动汽车工程、高级运动跑车制造、跑车设计、高性能乘用车设计。这些专业的学制均为两年，课程均为全英文授课的硕士课程，其突出特点是尽可能为学生与企业对接创造条件。

四　意大利高等艺术院校的课程体系创新

与很多其他国家不同的是，意大利拥有庞大的高等艺术教育体系，其高等艺术院校具有规模小、数量多、分布广、学科齐全等特点。近年来，意大利的高等艺术院校在课程体系的改革和创新方面同样取得了一些进展，开设了不少新课程。另外，一些美术学院还建立了与综合性大学的建筑、设计、时尚类专业互相开放课程和互认学分的机制，取得了较好效果。

---

① 该大学英文名称为 Motorvehicle University of Emilia - Romagna，详细信息参见 https://motorvehicleuniversity.com/，最后访问日期：2021 年 12 月 8 日。

（一）开设新课程

为适应文化创意产业发展以及艺术与文化遗产管理的数字化发展趋势，意大利多家美术学院自2021/2022学年开始推出新课程，其中大部分是硕士课程。主要包括：（1）都灵美术学院推出艺术与传播语言（Arte e Linguaggi della Comunicazione）硕士课程，是在艺术新技术（Nuove Tecnologie dell'Arte）硕士课程基础上的进一步延深和细化；（2）佩鲁贾美术学院新增加区域品牌设计（Brand Design Territorial）硕士课程，目的是培养艺术设计与地区品牌推广的专业设计人才；（3）热那亚利古里亚美术学院推出专业进一步细分的课程，均为硕士课程，主要有表演服装设计（Costume per lo Spettacolo）、网站设计（Web Design）、插画（Illustrazione）；（4）米兰布雷拉美术学院新增文化遗产创意传播（Comunicazione Creativa per i Beni Culturali）、视觉文化和策展实务（Visual Culture e Pratiche Curatoriali）等课程；（5）巴里美术学院新增三门本科课程，分别为时装设计（Fashion Design）、艺术教育（Dittadica dell'Arte）以及电影、摄影和音视频技术（Cinema，Fotografia e Audiovisivo）；（6）佛罗伦萨音乐学院自2020/2021学年起设立音乐史、音乐分析与评论（Discipline Storiche，Critiche e Analitiche della Musica）本科专业。篇幅所限，此处仅对佛罗伦萨音乐学院的音乐史、音乐分析与评论专业做一简单介绍。该专业面向有音乐基础而又希望对音乐史、音乐分析与评论加深理解的学生，目标是培养学生的研究能力，同时提高学生在文献检索和充分利用图书音像资源方面的能力。该专业的主干课程包括系统音乐学（Musicologia Sistematica）等。此外，在音乐分析方面，学生将有更多机会接触作曲家，学习如何感受和评价不同的音乐风格、类型等。

（二）与综合性大学互相开放课程和互认学分

长期以来，意大利的高等艺术院校与普通高校特别是以工程教育为主的大学在教学和研究上联系甚少。然而，情况正在发生变化。学科间的交叉、互动和互相促进愈发突出和明显。“艺术”与“科学”之间的界限不再那么清晰。在此背景下，都灵理工大学和都灵美术学院互相开放课程的举措代表着意大利大学与高等艺术院校之间合作的新趋势。这一新做法有助于合作院校形成教学资源的优势互补，最终使双方学生受益。

随着多媒体、互联网等新技术应用的不断拓展，理工院校和高等艺术院校的学生都需要掌握和不断更新跨学科知识。以设计专业为例，理工院校设计专业学生与美术学院设计专业学生在知识体系上往往差别较大。理工院校的学生在美学、人类学、艺术史等方面的知识较为薄弱，而美术学院学生的薄弱环节更多在技术方面。这两类学校互相开放课程对完善学生知识体系的作用显而易见。

五 对意大利高等院校课程体系改革创新的思考与评价

回顾近年来意大利高等院校课程体系改革与创新的实践，可总结出以下几个主要特征，其中不乏一些值得思考与借鉴的经验。第一，课程体系改革与创新既是意大利高等院校被迫应对诸多挑战的体现，也是其主动适应人才培养模式转变和社会经济发展的结果。第二，虽然意大利的大学有较强的自主性，但是面对一些重大挑战，为适应本国和欧盟的战略需求，国家层面的干预与协调不可或缺。意大利开设的“可持续发展和气候变化”和“人工智能”国家博士学位课程就充分体现了国家意志，并且被意大利政府视为落实国家复苏与韧性计划的重要保障。第三，意大利是中小企业的王国，其大学将科研优势与当地产业集群优势和供应链优势高度结合的高层次人才培养模式（如艾米利亚-罗马涅车辆工程大学项目）值得研究和借鉴。第四，众多新课程的涌现反映了人文社会学科与科学技术的渗透融合以及课程体系间的横向联系在加强，在这方面，意大利高等艺术院校与普通大学间互相开放课程和学分互认的举措值得思考和借鉴。第五，意大利职业导向型本科课程的设立和 Master 课程的创新折射出传统人才培养模式的局限性和弊端，也表明改革现有人才培养模式是高校课程体系创新的必由之路，未来意大利大学的培养模式将更趋多元化。

纵观意大利综合性大学和高等艺术院校课程体系的改革与创新，有些举措已经过几个学年的实践，如设立全英文授课课程、在综合性大学开设 Master 课程等，受到了学生、大学和产业界的认同。全英文授课提升了意大利高等教育体系的国际化水平，尤其是与欧盟高等教育区的交流。据统计，即便受到新冠疫情的影响，意大利大学申请参加伊拉莫斯（Erasmus）计划的学生数量还在持续增加，同时意大利大学与国外院校共同设立的双学位课程也在增加。得益于全英文授课课程的增加，中国与意大利高等院校签署的双学位项目、合作办学项目的数量也在增加。意大利大学在 2020/2021 学年和 2021/2022 学年出台的课程体系创新措施，特别是专业和课程设置向就业市场、产业需求倾斜等举措不仅受到国家法律层面的支持（通过第 183 号政府法令），而且与意大利国家复苏与韧性计划确定的目标高度契合。这些新举措尚待实践的检验，其效果如何值得进一步跟踪观察。

B.10

意大利文化遗产保护的行政制度与政策法规演进

文 铮　汪予暄*

摘　要： 作为文明古国和文化强国，意大利拥有大量历史文化遗产。意大利中央政府在文化遗产保护方面一直扮演着重要角色，宪法的修订和相关法律法规的出台是其不断完善文化遗产保护的有力保障和重要依据。文化遗产和活动部的设立标志着意大利文化遗产保护事业的重大变革，也为这项事业的发展提供了更多的可能性。各大区政府依据宪法获得了相应的行政权力和自主权，而意大利文化遗产的特殊地位也保证了中央权力的下放。作为大区以下的行政机构，省可以有效协调大区与市、镇之间的关系，然而由于历史原因，省一级行政机构至今尚未在文化遗产保护方面发挥应有的作用。市、镇是保护文化遗产的重要单位，近年来宪法和法律赋予它们的权限逐步扩大，使其职能愈发完备。

关键词： 意大利　文化遗产保护　行政制度　政策法规

2021年7月，意大利的三处文化遗产经联合国教科文组织审核，被列入《世界遗产名录》，分别是乔托的斯克洛维尼礼拜堂及帕多瓦14世纪壁画群、欧洲温泉疗养胜地（跨境遗产，包括7个欧洲国家的11个城镇）和

---

* 文铮，北京外国语大学意大利语言文学教授，意大利研究中心主任，主要研究领域为意大利语言文化与中意文化交流史；汪予暄，北京外国语大学意大利语硕士研究生。

博洛尼亚的拱廊。至此，意大利自1978年成为《保护世界文化和自然遗产公约》的缔约国以来，已有58项文化及自然遗产（包括文化遗产49项，文化景观遗产4项，自然遗产5项）被列入《世界遗产名录》，在遗产数量上位居世界第一。[①]

作为文明古国和文化强国，意大利在文化遗产的保有量上有着得天独厚的优势，同时在文化遗产的研究和保护方面也走在世界前列，这与意大利政府对文化遗产的高度重视密不可分。自20世纪70年代以来，意大利政府通过修改宪法、制定相应的法律法规、开展全民教育和普及性宣传、发挥各级地方政府和民间组织的能动性等方式，成功地将文化遗产保护和开发利用做成“一盘活棋”。意大利的成功经验引来世界各国的重视与效仿，在研究和借鉴其文化遗产理论和具体保护措施的同时，我们也应该从国家行政制度及为之保驾护航的政策法规入手，研究意大利在历史上，尤其是加入《保护世界文化和自然遗产公约》以来，中央与地方各级政府对于文化遗产的态度和方针政策。

一　中央政府与文化遗产保护

（一）中央政府在文化遗产保护方面的历史作用

意大利中央政府在文化遗产保护体系中一直扮演着至关重要的角色。至少在200年前，在意大利还没有形成统一的民族国家之前，[②] 甚至在“文化遗产”这个术语诞生之前，意大利半岛上的“各国”就开始为保护文化遗产而采取具体措施了。

文艺复兴时期，意大利境内城邦林立，而城邦的君主往往就是最大的文

① 统计数据来自意大利世界文化遗产协会（Associazione Beni Culturali Patrimonio Mondiale）网站，https：//www. patrimoniomondiale. it。

② 1861年意大利人民通过复兴运动建立了意大利王国，先后从外国统治下收复各地，最终于1870年完成了意大利民族国家的统一。

物收藏家和保护者，比如美第奇家族、贡扎加家族、斯福尔扎家族、埃斯特家族、波旁家族、萨沃伊家族等。君主们丰富的藏品和为其制定的保护规则，以及自 18 世纪至意大利统一期间的种种文化遗产保护措施，都对意大利国家博物馆体系的形成产生了重大影响。

18 世纪末至 19 世纪下半叶，政府曾三度干预并没收天主教会的财产（包括动产和不动产）并取缔了许多修会。[①] 然而，这些没收来的文化遗产并没有被变卖，而是被充作了博物馆的藏品。意大利统一后，大量充公的教会艺术品转入意大利国王的收藏品中，这也是如今意大利大型国家博物馆藏品的重要来源。修道院大部分不动产也变成了国有资产，用作学校、军营、医院和其他公共设施。

面对深厚的历史积淀，统一后的意大利政府从成立之初就明白，自己不仅是文化遗产保护体系的最高监管者，还是文化遗产的主要所有者，因此自然也就成为文化遗产的主要经营者。当然，私人藏家也一直致力于文化遗产的保护，他们争取自身权益、要求权力下放的声音不绝于耳，但意大利中央政府依然占有绝对的主导地位。意大利在文化遗产保护方面的这种特殊国情在整个欧洲都不多见。

1875 年，意大利设立了出土文物和历史古迹局，后更名为古迹和美术局，归属国家公共教育部。这个部门在法西斯统治时期一直延续，甚至在两大“保护法”[②] 出台之后仍然被保留。

1975 年，在时任文化与环境遗产部部长乔瓦尼·斯帕多利尼的强烈要求下，1975 年第 5 号法令获得通过，正式设立了意大利文化遗产和自然遗产部。这样，原来分属公共教育部和总理的职能得到统一，为文化遗产体系的集中管理创造了有利条件。

---

① 三次废除教会团体并没收其财产的事件分别发生在 18 世纪 80 年代、拿破仑执政时期和 19 世纪 60 年代。

② 两大“保护法”即 1939 年第 1089 号法令（保护具有艺术、历史价值的文物）和 1939 年第 1497 号法令（保护自然遗迹）。

（二）文化遗产和活动部

1977年第616号共和国总统令将与城市规划相关的文化遗产保护职能下放至大区一级的行政单位，1986年第349号法令设立了意大利环境部，但这些都只是在原有框架内进行微调。然而，根据1998年第368号法令设立的意大利文化遗产和活动部彻底打破了原有框架。这一变化不只是简单的名称变更和功能调整，更是一场指导方针的根本改变。这一指导方针依然秉持传统的“保护至上”原则，同时又敏锐地指明开发利用文化遗产的新方向。此外，以文化遗产和活动部的名义开展各类文化活动，意味着此前与文化遗产完全分开管理的各类文艺活动（如电影、戏剧、表演等）在统一的政策方针指导下，被纳入了同一个管理框架中。意大利文化遗产和活动部的行政职能充分体现了这次根本性变革的成果，其具体行政职能包括：保护、管理和利用文化遗产与自然遗产；促进各种形式的文化活动，特别是戏剧表演、音乐表演、电影拍摄及舞蹈、马戏表演；推广图书出版事业；促进城市规划和建筑文化发展；推动文化遗产领域的学习、研究和高等教育培训；在国外传播意大利艺术与文化。可以说，新框架依然维持保护文化遗产的传统职能，但又突破了以往的局限，更加注重文化与艺术的推广与传播，充分参与国家文化建设和城市建设，并开始重视文化遗产的研究与教育，还将民族艺术与文化的国际传播列入基本职能范围，这些都充分反映出意大利在文化领域，特别是在文化遗产保护领域已具备了相当高的水平，也体现了一个文明古国和文化强国以现代模式树立国家文化形象进而走向世界的诉求。

意大利文化遗产和活动部的成立为其国内开展各类文化活动提供了更多、更切实的可能性。在该部的运行管理下，公共行政部门可以与私人机构或个人签订协议。该部可以设立或参与相关的协会、基金会或公司。此外，该部还将一部分权力赋予政府行政职能部门以外的社会实体和机构，将文化遗产管理权交给它们，允许并鼓励它们在一定范围内修复、开发和利用文化遗产，以此加强社会的参与度和公众的体验感。例如，该部委托各类协会、基金会和公司经营管理国家文化遗产，这些单位可以保留或部分保留对文化遗产的使用权和经营权。这一举措改变了中央政府对文化遗产的垄断形象，减轻了文化遗产和活动部的行政压力和资源投入压力，同时也充分体现了“文化遗产在民间”的理念。政府部门放弃了“一手包办”，在管理的同时更多起到辅助、指导和协调的作用。

1999 年第 490 号法令通过的法律汇编进一步规范了文化遗产保护行业的实践活动，更为重要的是，根据这项法令，文化遗产和活动部调整了部内结构。2000 年第 441 号共和国总统令批准了该部的组织机构调整方案。2001 年 5 月 11 日该部颁布政令，明确规定了总秘书处和部内各局的核心结构。同年第 307 号共和国总统令颁布了该部由部长直接领导的各办公室的组织条例。文化遗产和活动部的新组织机构及分支机构以秘书长为核心，秘书长统一协调政务，共领导以下八个局：历史遗迹、艺术遗产、人种人类学遗产局，建筑遗产和自然景观局，建筑和当代艺术局，考古局，档案局，图书馆和文化机构局，电影局，现场表演（音乐、戏剧、舞蹈、马戏团）局。在组织结构变动之后，该部的内部联系更为紧密，分工更为明确，行政职能几乎覆盖了所有文化活动。这种模式在全欧洲都是独一无二的，具有很强的示范效果。

通过这次具有改革意味的调整，文化遗产和活动部还增设了一些新的组织，例如文化遗产和自然遗产理事会、技术和科学委员会等，以应对社会发展的实际需要，吸纳社会力量参与文化遗产的保护、管理与经营。此外，一些专业性中心和院所的成立也使意大利国家文化遗产保护体系羽翼丰满，例如，意大利图书馆目录汇编和书目信息研究所、中央档案研究所、中央修复研究所、硬石工厂——艺术品修复研究所、国家版画院等。

这次组织结构调整的另一个创新之处是在意大利各大区设立了与文化遗产和活动部有关部门相对应的大区分支机构，旨在协调地方文化遗产管理，以及地方档案馆和图书馆之间的活动，维系文化遗产和活动部各大区地方机构以及大区内其他机构之间的关系。

在此基础上，各大区文化遗产管理处又设立了自己的下属分支机构，主要以省级单位为主，例如，省级建筑遗产和自然景观管理办公室等。地方分支机构除了做好行政工作外，还负责在其权限范围内保护、保存、修复文化遗产，监督公共和私人“领养人”遵守法律规定，履行保护义务。此外，这些分支机构还能够与大学或科研、文化机构合作，开展文化普及、培训、研究等活动。

2003年底，文化遗产和活动部再度进行改革，设立了四个拥有核心职能的司，同时取消秘书长一职。改制后新设的四个司及其具体职能范围如下。（1）文化与景观遗产司，这是四个司中的统领司，同时分管历史遗迹、艺术遗产、人种人类学遗产局，考古局，建筑遗产和自然景观局，建筑和当代艺术局。（2）档案和图书典藏司，分管档案局、图书馆和文化机构局。（3）演出和体育活动司，分管现场表演局和电影局。（4）研究、创新和组织司，该司的设立是这次改革的最大亮点，其下设人力资源与培训处、技术创新与推广处。该司分管所有的文化类中央研究院所，旨在打造文化遗产的现代化形象，提高文化遗产保护的行政管理水平。该司内部将设立一个服务办公室，负责全方位的社会宣传，目的在于拉近文化遗产和活动部与公众的关系，提升博物馆、图书馆等与人民生活息息相关的文化机构的社会服务水平。

此次改革也对文化遗产和活动部下属分支机构进行了调整，确定了大区各管理办公室的职能和权限，为办公室负责人的合作管理提供政策与资源支持。通过这次改革，文化遗产和活动部的基层分支机构由原来的大区一级下沉到省级，在全国范围内逐步设立省级办事处，要求每个省至少设立一个文化遗产服务中心，并将部分监管权委托给由各地方文化遗产保护办公室组成的合议机构。这一举措凸显了中央和地方各级专业机构共同保护文物的多元保护与发展理念，只有这样才能更切实有效地向公民提供可靠的服务，为文化遗产保护事业提供更有力的保障。

二　大区与文化遗产保护

（一）大区的诞生和中央权力的下放

在1948年生效的《意大利共和国宪法》中，第117条规定了各大区的职权范围，大区有权在国家法定的基本原则内制定有关地方机构、博物馆、图书馆的各项规定。大区还应该开展各种与意大利文化、文化遗产相关的活动。例如，开设手工艺培训、职业教育课程，给予经济困难的学生学习补助，根据地方实际情况进行城市规划、发展文化旅游业等。在宪法规定的范围内，大区能够独立自主地开展各类主题活动，宣传和推动文化遗产保护事业。

然而，在很长一段时间内，宪法和法律赋予大区政府的权力往往止于文字层面，并未真正得到落实。即使在 1970 年各大区文化遗产保护委员会成立之后，依然没有具体措施，在这一领域中央行政权力还没有真正下放给大区政府。直到 1972 年第 3 号共和国总统令才真正将有关学校补助、地方图书馆、博物馆的管理权下放至大区政府。几乎同时，1972 年第 8 号共和国总统令又将有关城市规划、市政交通的权力转移给了大区政府。

（二）博物馆与地方文化遗产

意大利各大区政府依据宪法获得了相应的行政权力和自主权，而意大利文化遗产的特殊性也保证了中央权力下放的可行性。意大利作为文明古国，确实拥有大量的文化遗产，除了古代城邦留下的无数珍贵文化遗产外，18～19 世纪先后没收的大量教会财产也是国家文化遗产的重要组成部分。然而，由于错综复杂的历史与政治因素，各大区政府也保有大量的文化遗产（历史文物），其中绝大部分由其所在城市的市立博物馆收藏管理。在某种程度上，这些市立博物馆藏品的数量和质量并不比某些国家博物馆逊色。

尽管历史上大量教会财产充归国有，但目前教会所拥有的文化及艺术遗产仍然数量可观，无论是宗教建筑，还是教堂遗址，都是可贵的文化遗产。如今，一部分宗教建筑已不再用于举行宗教仪式，大区政府凭借中央赋予的行政权力，与地方教会开展合作，让原先的宗教建筑承担地方性博物馆的功能，收藏并展出宗教文化遗产，包括文物、艺术品和博物馆建筑本身。

然而，我们必须看到，中央将部分职权下放给大区政府并非易事，特别是当某大区拥有极为重要的文化遗产时，各项规定都需要大区政府进行缜密考量，协调好大区与中央、与下属省市、与地方教会、与兄弟大区，特别是与具体文物保护单位及个人之间的关系，以出台配套法律、法规和地方政策的方式完善文化遗产的管理，提高大区在文化遗产保护领域的专业性与合法性。

（三）大区文化遗产开发项目

以托斯卡纳大区为代表的一些大区，将应用于地方博物馆的法规推广至辖区内所有的文化遗产项目，瞄准了文化遗产开发利用这一新方向。1975年，托斯卡纳大区第2号大区法颁布，此后文化遗产的开发利用成为这个文艺复兴发源地的核心产业。到了20世纪80年代和90年代，这一发展趋势达到了高潮。与此同时，其他各大区也纷纷效法托斯卡纳，力推这一新兴产业，大区政府通过颁布法令、出台政策、融资投资、举办各类活动来促进文化遗产保护与开发的产业化发展。

由此看来，1975年是一个重要的转折点。这一年，各大区纷纷开始策划各类活动，宣传、开发利用文化遗产，比如举办展览、设计文化旅游线路、规划地区文化遗产开发项目等。大区希望通过一系列活动改变人们对文化遗产的刻板印象，让民众看到，文化遗产不再只是封闭在博物馆中藏品的集合，也不是只有专家才能进入的保护区域，更不是富人才能享受的“精英”旅游。通过这些活动，有关部门在很大程度上拓展了它们的职能范围。但由于资本的过度介入和巨大的利益链条，有一些地方性的项目和举措已逾越了宪法规定的严格界限，这曾经引起一些专家的批评，也曾引起媒体关注和社会讨论。但问题的关键在于，文化遗产和活动部乃至中央政府在放权的同时没有充分考虑到过度开发与遗产保护之间的现实矛盾。归根结底，是国家对于文化遗产开发利用的问题尚未给予足够重视。

然而，从传播和经济的角度来看，大区的这些举措无疑取得了前所未有的成绩。还是以托斯卡纳大区为例，甚至可以说，大区举办的一系列活动在世界文化遗产保护与开发领域具有里程碑式的意义。例如，1980年的托斯卡纳“美第奇家族展”不仅吸引了全体意大利人的目光，也引起了全欧洲乃至世界的关注。这次“美第奇家族展”由托斯卡纳大区策划，得到了欧共体委员会的支持。文化遗产和活动部为此成立了一个全国委员会，托斯卡纳大区及下属省市均有代表参与其中。展览大获成功后，托斯卡纳大区乘势而上，推出了“美第奇家族系列展”，在托斯卡纳大部分城市巡回展出，从而创造了属于自己的“恒星效应”。

这个著名的“美第奇家族展”并不是传统意义上的展厅陈列展。托斯卡纳大区政府围绕展览推出了各种活动，增强民众对托斯卡纳文化的认同感。例如，《木偶奇遇记》出版百年纪念活动，“伊特鲁里亚人研究”项目，纪念布鲁内莱斯基、皮耶罗·德拉·弗朗切斯卡、马萨乔等伟大的托斯卡纳艺术家、建筑家诞辰或逝世的周年活动，纪念洛伦佐·德·美第奇等伟人的诞辰或逝世的盛大典礼，深度开发文旅项目（如托斯卡纳“圣地之旅”），宗教历史建筑和文化遗产导览等。

这些项目在社会上的强烈反响促进了意大利相关法律法规的出台。为确保文化遗产保护领域资本运作及文化资助行为合理、合法、合规，托斯卡纳大区率先制定了地方性法规和政策措施，并在大区政府的主导下制定年度计划和中长期计划，从而规范这一领域的各种活动，避免由于过度开发和无序发展对文化遗产造成不可逆的损害。1995 年第 14 号托斯卡纳大区法令是各项相关法令中最为重要的一个，目前仍然适用。该法令规定了大区政府在文化遗产相关活动中的干预作用，并确定了权力范围。为配合该法令实施，大区政府还拟定了实施细则，规定了不同类型项目的政府拨款或融投资程序，针对大区内企业、各地方政府和公私社会团体或组织提出了不同的要求和限制。例如，对于地方政府和公私社会团体或组织推行的项目，在大区政府统一拨款后，各省政府有权将款项继续细分，做到精准、因需使用。但是，由于意大利经济的南北差异和各大区文化遗产性质和保有量的差别，并非所有大区都愿意将拨款下放至省政府。大部分情况下，大区政府依然采取一贯的原则，直接管控地方项目资金。

（四）图书馆和档案馆

自中世纪以来，意大利在历史文献保存整理和艺术品收藏领域做出了杰出贡献。在人类文明进入近代史之前，欧洲其他国家和地区在这一点上都无法与意大利比拟。意大利的多数大区保存着丰富的珍贵图书和档案资料。仍以托斯卡纳大区为例，由于历史原因，托斯卡纳在保护古籍遗产和图书馆方面经验丰富，并早已将保护范围扩展至档案馆。1976 年第 33 号大区法令通过了《关于公共图书馆、企业图书馆和地方档案馆的规定》。起初，托斯卡纳大区内只有最大的几座城市设立了图书馆，其资金主要来自教会或私人的捐赠和遗赠。大区法令出台之后，兴办图书馆成为大区内的流行趋势，每个市都兴建了至少一个市立图书馆。市政府还为图书馆目录编纂设定标准，统一培训图书馆馆员。

在托斯卡纳大区的影响下，意大利各大区出台了一系列有关图书馆的法规，而各市政府则在此基础上将图书馆逐步从简单的图书资料查询和阅读场所转变为多功能的文化和学术活动中心，托斯卡纳大区的市立图书馆就是成功转型的典型代表。不过，并不是所有的图书馆都赞同此举，一部分人认为图书馆应该专注于自身的基本功能和传统价值，而图书馆的馆员应该是信息技术方面的专家和管理者，而不应成为普通的文化馆服务人员。相同的情况也出现在某些大区的档案馆中。

（五）巴萨尼尼法案

20 世纪 80 年代和 90 年代，意大利各大区纷纷利用文化遗产开展各种活动，范围越来越广，形式越来越丰富，但重点依然在地方博物馆和图书馆上。大区古籍遗产网络逐步形成，图书管理员体系也初步形成。博物馆网在各省的活动中缓慢成形，各博物馆可以通过这一系统开展合作，完善功能，深化服务。90 年代末，意大利出现了明显的联邦主义倾向，一些大区政府提出希望拥有更多的地方事务管辖权。新的政治诉求促成了新的立法，新法的出台不仅承认了大区长期以来在文化遗产开发利用方面的权力，也重新定义了中央和大区之间在文化遗产保护问题上的关系。

1997 年，在时任公共职能部部长巴萨尼尼的推动下，意大利政府推行《国家政府赋予大区政府和地方机构职能和任务：改革公共行政、简化行政程序》法案，又称“巴萨尼尼法案”。在此基础上，1998 年颁布的政府第 112 号法令第五章第四节“面向民众和社区的服务”的重点就是文化遗产保护和文化活动。这项法令详细规定了文化遗产保护的原则，例如第 148 条阐释了文化遗产体系的基本原则，涉及文化遗产、文化保护、开发利用、经营管理、宣传推广等问题；第 149 条划定了中央政府的职能范围；第 150 条涉及国立博物馆经营权转移给大区、省、市政府的程序；第 152 条规定了中央、大区和地方机构在开发文化遗产方面的职能和界限；第 153 条规定了宣传推广文化遗产方面各方的界限，明确了中央、大区和地方政府之间的结构化合作机制，以大区委员会为纽带，在各级政府与社会组织机构之间开展与文化遗产、文化活动有关的合作；第 154、155 条要求每个大区设立文化遗产和文化活动委员会，制订多年发展计划和年度计划。

这项法令的重要特点之一就是详细规定了大区政府在文化遗产开发和宣传工作中的责任、职能和方针，具有工作条例的性质，可操作性强。例如，在文化遗产开发方面，法令倡导：（1）完善文化遗产的实体保护机制，综合考虑安全性、完整性和实物价值；（2）提高文化遗产的知名度，降低认知门槛；（3）提升冷门文化遗产的现场体验感；（4）与教育机构合作，组织教学、宣传活动；（5）组织关于文化遗产修复、收购等特定主题的活动；（6）与当地旅游局、旅行社合作，因地制宜设计文化旅游路线。再如，在文化遗产宣传方面，该法令倡导：（1）通过财政资助、总体策划、经营管理等方式支持开展文化活动；（2）大力提高文化活动的知名度，促进文化传播；（3）平衡不同地区文化活动发展程度；（4）倡导将文化活动融入学校教学活动；（5）催生文化艺术领域新词语的产生，比如生僻的文化艺术词语、新兴的工艺技术词语等。这项 20 多年前颁布的法令在今天看来仍具有现实意义和指导作用。虽然在此 20 多年间也出台了不少新的政策和法令，但目前意大利大区在文化遗产保护方面的许多措施乃至工作原则仍遵循着这项法令中的具体规定。

（六）宪法修订后大区的新权力

2001 年，意大利修订了宪法。新宪法第二部分第五章再一次调整了中央政府和大区在文化遗产问题上的关系，明确了各自的职权，翻开了意大利文化遗产保护历史新的一页。

新宪法的第 117 条完全推翻了 1948 年宪法的规定，不再明确规定大区享有的立法范围，大区在任何领域的权力不再被单独限定。新宪法规定了中央政府拥有唯一立法权的领域，以及中央、大区并行立法的领域，并明确指出“大区对任何不属于中央立法领域的事务拥有自主立法权”。根据新宪法，中央政府在保护环境、生态系统和文化遗产方面有专属立法权，而在文化遗产和自然遗产的开发、宣传以及组织文化活动方面，中央政府和大区拥有并行立法权。在并行立法事务中，大区政府可单独立法，但是决定基本方针的立法权仍属中央政府。此外，在专属立法事务中，监管权属于中央政府，除非中央明确授权给大区。除此以外，其他事务的监管权都归大区所有。

然而，若仅凭第 117 条，仍无法明确划定中央政府和大区之间的职权界限，因此第 118 条规定，在国家法律的基础上，中央政府和大区在保护文化遗产领域可以签署协议相互协调，以防止中央政府在该领域占据绝对垄断地位。与此密切相关的还有第 116 条，即大区在获得议会绝对多数投票通过的情况下可获得“特别自治权”。例如，托斯卡纳大区就争取到了大区内文化遗产保护的特别自治权，将文化遗产保护、留存、开发和管理四个职能统一起来。

三　省、市与文化遗产保护

（一）省的职能

1. 省级区划的合法化历程

1948 年宪法中的第 114、128、129 条涉及省一级政府机构与文化遗产的关系。但是，与大区和市、镇相比，尽管有宪法条款的支持，省在文化遗产方面的作用依然未受到足够重视。这种现象与意大利的历史不无关系。

市、镇一直是意大利社会生活的基本单位，起源于古罗马的市政厅，而大区的前身则是意大利北方原先的独立邦国，其历史甚至可以追溯到奥古斯都时代。然而，作为一个近代才设立的行政区划，省的存续时间并不长。省是随着意大利国家统一而诞生的，它参照了法国大革命时期的行政区划制度。如果说市、镇在行政机制上代表的是市民阶层的自由与自治，那么省实质上是中央集权管控地方的工具。省长由内政部直接委任，然而市长的职位自中世纪以来一直由市民直接选举。这就不难理解为什么法西斯政权倒台、君主制废除后，取消省级区划的声音不绝于耳。最后，意大利中央政府采取了一个折中的做法：保留省级行政区划，但将其职能变为服从于地区自治。1948年宪法第129条规定，省、市同是中央和大区分权下的地方行政机构。

这种自治权和中央集权之间的妥协，实际上是一种双轨管理，即省长保留对地方机构的管理权，同时经由民选设立省政府。不过这种双向妥协依然被不少政治团体诟病，左翼势力希望废除省长制，给予民众足够的自由。20世纪70年代，大区和市、镇试图自主设立二者之间的中介机构，但以失败告终。直至20世纪80年代，省终于重新获得了自己的定位和职能。

可见，省级区划的合法化经历了一段起起落落的艰难岁月。这对省在文化遗产领域的职能和权限都造成了一定影响。大区和市、镇之间确实需要中介机构，大区的文化遗产政策和规划活动都需要省、市的共同参与。各市、镇也需要通过省级机构表达诉求，以探寻大区整体规划和市、镇实际问题之间的调解模式。

2. 省在文化遗产保护方面的职能

就省在文化遗产保护方面的职能而言，1990年颁布的第142号法令无疑是一个关键的转折点。该法令的第19条承认了省在文化遗产开发领域的职能。这项法令的出台与某些大区的经验有着直接关系，在这些大区，省已经参与到文化遗产开发项目的规划中。例如，在托斯卡纳大区，各市、镇对项目资金的需求都会汇总成省级计划上报给大区，而大区则根据省级计划考量全区的总体情况，统一分配资源。值得一提的是，1995年第14号托斯卡纳大区法令涉及省在文化遗产活动中的职能，比如制定和指导规划、合理分配资金、监督项目实施等。此后，托斯卡纳大区的许多文化遗产开发活动都遵照此法，省的地位也自然得到提升。但是，托斯卡纳大区的这种情况并不具有普遍意义，有些大区并没有赋予省如此重要的职权。

除了法律规定以外，省作为地区行政机构，会为文化遗产的开发利用举办各类活动，特别是文化旅游活动，这往往能成功地淡化省与大区和市、镇之间的等级感与边界感，从而更加注重活动的实际效果和文化意义。例如，托斯卡纳大区下属的锡耶纳省就建立了锡耶纳博物馆网，实现了网内信息资源互联互通，促进了博物馆之间的交流与互动，特别是在展览内容、开放时间、票务等问题上。

（二）市、镇政府的职能

1. 市政府：宪法修订和巴萨尼尼法案

宪法第五次修订后，第 114 条中承认了市的地位，市、直辖市、省、大区和中央政府同为意大利共和国的行政组成部分。其实，1948 年宪法刚生效的时候，关于市政府在文化遗产方面的权力与责任描述得十分简单。随着几十年来的不断修订和补充，市政府的自治范围逐步扩大，这种扩大趋势最终在巴萨尼尼法案中得到了集中体现，中央政府赋予市、镇的关于文化遗产和文化活动的职能逐渐加强，责任也越来越大。

2. 市的文化遗产和市立博物馆

宪法并没有完全体现出市、镇在文化遗产和文化活动方面的特殊性。但市、镇自古以来就是保存文化遗产的最基层和最重要的单位之一。后来，通过接管部分教会财产、获取捐赠和购买新的文化遗产等方式，市、镇的文化遗产保有量日渐增加，逐步形成了由动产和不动产组成的文化遗产体系。不动产包括城中历史悠久的古建筑、纪念遗址（宫殿、教堂、桥、塑像、公园、花园等）。动产包括绘画、雕塑等艺术品。这些小型艺术品被统一收入市立博物馆中，彰显着城市昔日的辉煌。因此，市立博物馆藏品的质量和数量往往丝毫不逊色于国立博物馆。市政府也以同样的方式兴建了图书馆和档案馆。市、镇在拥有大量文化遗产的同时，其文化遗产保存与利用的问题也亟待纳入议事日程。

3. 市、镇的文化政策

1975 年，市、镇一级开始有了文化遗产政策。1975 年地方选举后，意大利出现了一个新的更年轻、更有活力的行政阶层。许多意大利城市第一次设立了文化委员会，由优秀的年轻人负责管理。文化委员会想要营造一种面向广大年轻人的文化氛围，尤其是在表演艺术、音乐、戏剧等方面。在这样的趋势下，文化遗产的受众逐渐从精英阶层转变为普罗大众。开发文化遗产的主要阵地从博物馆转向了各种展览。尤其是从 20 世纪 80 年代开始，展览的数量激增，形式多样，引得观众蜂拥而至，形成了一种具有时代特征的文化现象。出版商也看准了这一商机，编辑出版和制作了市级大型展览的图册和文化衍生品。

时至今日，无论是展览还是博物馆均无法满足大众对文化遗产的兴趣和消费需求，于是“艺术城市”的概念应运而生，市、镇被设计和包装为一个整体的露天博物馆。旅行社也如雨后春笋般涌现，游客根据设定好的文化旅游路线游览城市、寻访文化遗迹。特别是一些闻名遐迩的“艺术城市”，如佛罗伦萨和比萨，不但自己受益，还带动了周边地区的文化旅游产业发展，使附近的小镇、考古挖掘地、乡村文化游等项目逐渐进入了大众的视野。

四　结语

作为目前拥有世界文化遗产数量最多的国家，意大利政府尤为重视文化遗产保护工作，其行政管理制度和管理职能划分以及相应的法律、法规和政策，也与时俱进，不断调整和改革，充分体现出意大利中央和地方各级政府鲜明的态度和有效的监管机制。归根结底，意大利人已将文化遗产保护事业视为长期的基本国策。

在意大利文化遗产保护的法律和权责系统中，中央与各级地方政府的权责划分呈现出不断完善和细化的趋势。一方面，中央政府在文化遗产保护中承担绝对的责任；另一方面，在明确区分保护和利用工作的不同性质的基础上，通过改革和立法，赋予地方政府在文化遗产开发利用中越来越多、越来越明确的职能，从而保证文化遗产的活态利用，以满足社会多元的文化需求。

可以说，在文化遗产领域，如何真正做到在保护、传承、开发、利用之间保持动态平衡，在国际上也一直是个具有争议性的问题，始终是相关探讨的焦点。在这方面，意大利的经验值得重视和深入研究。

B.11

近年来意大利劳动法改革述评

许剑波*

摘　要： 意大利劳动法具有种类多、内容复杂、立法频繁等特点，本文从历史发展脉络出发梳理与剖析其产生与变革的过程。二战结束以来，意大利劳动法律制度逐渐扩充和成熟，社会性立法也扮演着越来越重要的角色。2011 年被卷入欧债危机后，意大利被迫开始进行多轮劳动改革，涉及劳动合同及合同双方的权利义务、劳动基准、社会保障和福利待遇等多个领域。随后，面对数字经济带来的机遇和挑战，意大利政府以积极开放的政策提高劳动力市场的灵活性，形成了以协作劳动为代表的非典型劳动类型及与其相关的劳动保护制度。新冠疫情暴发以来，意大利政府颁布一系列政策法令以恢复和稳定劳动力市场、缓解社会矛盾。2021 年出台的国家复苏与韧性计划又对未来几年劳动政策的发展方向做出了规划。

关键词： 意大利　劳动法　协作劳动　数字经济　国家复苏与韧性计划

近年来，随着数字技术与数字经济的快速兴起，劳动力市场和劳动履行方式正在发生深刻变革。作为规范劳动关系的法律，劳动法需要及时调整，以保护劳动者的合法权益，确立、维护和发展稳定和谐的劳动关系。目前中国正在积极开展《劳动基准法》的立法活动，旨在构建新就业形态劳动者权益保护框架，并探索尝试劳动法的法典化。在此背景下，选取内容丰富和

---

* 许剑波，劳动法博士，中国政法大学比较法学研究院讲师，主要研究方向为劳动法、比较劳动法、罗马法、意大利劳动法等。

立法先进的意大利劳动法作为域外研究资料，有助于充实我国劳动法理论和实践研究，助力劳动方面的立法。此外，为更好地促进中意经贸合作，了解意大利劳动法及相关法律也显得尤为重要。本文将梳理与剖析近年来，特别是欧债危机和新冠疫情背景下意大利劳动法的改革历程，并总结劳动法改革的特点，展望意大利劳动法未来变化趋势。

一　二战结束以来意大利劳动法的演变脉络及特点

（一）意大利共和国成立初期的劳动法

意大利宪法（1948 年）开篇第 1 条规定“意大利是建立在劳动基础上的民主共和国”，第 35 条至第 46 条又具体规定了保护一切形式的劳动及其运用，保证劳动者获得应有的经济报酬和休息休假待遇，妇女和未成年人享有同工同酬和获得特别保护的权利，劳动者获得社会扶助和救济的权利、组织工会的权利、罢工权、参与企业管理的权利等内容。可见，意大利宪法对劳动核心地位的确认并非一种宣誓性规定，或者缺乏实际意义的一般规定，而是直接又具体地表明宪法价值取向，强调劳动是支撑国家的基础。[①] 可以说，自意大利宪法（1948 年）开始，意大利的劳动法律制度走上了一条清晰的道路。

除了宪法性保护，《意大利民法典》（1942 年）也有关于劳动的法律规定。实际上，《意大利民法典》（1865 年）中就有以罗马法劳动租赁制度为原型的劳务法律制度。根据罗马法劳动租赁制度，无论是从属于雇主还是独立于委托人的劳动给付，古罗马人都将其统一认定为一种可以提供给他人使用以使自己获利的“物”，这种物化劳动给付、忽略劳动者弱势地位的立法安排被后世批评为具有“劳动商品化”和“合同平等表面化”

① Roberto Voza, “Il lavoro da problema a fondamento della repubblica”, in *Annali della Facoltà di Giurisprudenza di Taranto—Anno V*, a cura di Antonio Uricchio, Cacucci Editore, 2012, p. 734.

等问题。[①] 基于这一认识，《意大利民法典》（1942 年）没有将劳动制度放入“债与合同”编，而是单设第五编“劳动”编，一方面将劳动合同从租赁制度中剥离出来以做专门立法，同时增加其他社会性立法，另一方面将从属性劳动作为获得劳动保护的标准，与其他不具有从属特点的自治性劳动相区分。

不过，《意大利民法典》（1942 年）的“劳动”编仍遗留有法西斯时期劳动法律制度的痕迹。例如，法典第 2094 条规定，从属性劳动者是“在企业主的雇佣和指导下，通过智力劳动或体力劳动与企业协作，并以此获得报酬的人”。从这条规定来看，从属性劳动要求劳动者提供的劳动必须符合企业主的利益，以积极的、具体的劳动活动协作企业主。这种协作特点隐约地体现了法西斯时期盛行的“劳资合作”理念，强调个人与国家（或企业）的合作和利益共赢，而弱化彼此之间的利益冲突。

（二）“经济奇迹”阶段：社会性立法的加入

20 世纪 50 年代和 60 年代被称为意大利的“经济奇迹”时代。二战结束后意大利百废待兴，政府颁布了一系列政策措施以重启经济活动，同时美国和欧洲经济共同体也为意大利提供了强有力的外部经济支持。据统计，意大利国内生产总值（GDP）的年均增长率在 1951~1963 年为 5.8%，1964~1973 年为 5.0%。[②] 同期，意大利也成功地从农业国转型成为发达的工业国：1951 年，农业领域从业人员占劳动者总数的 42.2%，10 年后该比例缩水至 29%；截至 1971 年，农业领域的劳动者人数较 1951 年总共减少 60%之多，而工业领域的劳工数量却逐年递增。[③]

经济高速增长并未自然地带来劳动待遇的改善。这是因为，这一时期劳

① Alessandro Garilli, Domenico Garofalo e Edoardo Ghera, *Lineamenti di diritto del lavoro*, Giappichelli, 2020, p. 4.

② Ennio Di Nolfo, *Power in Europe? II: Great Britain, France, Germany and Italy and the Origins of the EEC 1952-1957*, De Gruyter, 1992, p. 198.

③ Andrea Villa, “Il miracolo economico italiano”, https://www.treccani.it/enciclopedia/il-miracolo-economico-italiano_%28Il-Contributo-italiano-alla-storia-del-Pensiero:-Tecnica%29/，最后访问日期：2021 年 11 月 5 日。

动力的供给明显大于用工需求，劳动者只能被迫接受低工资以获得工作机会，且雇主利用其掌握生产资料的优势尽可能地压缩用工成本、反对和阻止工会行动。不堪合法权益频遭侵害的劳动者最终在20世纪60年代末举行大规模集体罢工和社会抗议，社会各界也开始呼吁人权保护。在此背景下，意大利政府自70年代开始对社会保障制度进行"合理化"改革，包括调整养老金政策、扩大国家社会保障局（INPS）保护的劳动者的范围（如自雇劳动者、登记注册的专业技术人员、工业型公司的管理人员等）、调整企业缴纳社会保障费用的比例等一系列改革政策开始实施。

（三）后福特时代：劳动灵活性政策兴起

20世纪70年代的石油危机结束了意大利的"经济奇迹"时代，也终结了福特制经济及与之适应的社会体系。80年代初，"后福特时代"来临。在生产活动方面，原有的生产流水线方式和量产模式被逐渐淘汰，而信息技术被广泛应用于生产环节，与此同时，企业主开始向发展中国家外包部分生产工序，以减少生产成本、整合核心技术和产业链。经济危机和革新生产组织方式直接导致劳动力市场上出现大量失业劳工。①

为解决失业劳动力的再就业问题，意大利政府在80年代要求将劳动灵活性融入合同形式、工作时间、工作地点和薪酬计算方式等之中，以促进多样化就业。② 最先引入劳动灵活性的是培训与劳动合同（il contratto di formazione e lavoro），这类合同以技能培训结合劳动提供为内容，既能提升年轻劳动力的职业技能，又可让雇主通过提供培训折抵部分用工成本。③此外，为了提高用工时间的灵活性，立法者强调团结合同（il contratto di solidarietà）和固定期限合同（il contratto di lavoro a tempo determinato）的作

① Patrizio Bianchi, "Riorganizzazione produttiva e crescita esterna delle imprese italiane", in *Strategie in riaggiustamento industriale*, a cura di Mario Regini e Charles Sabel, Il Mulino, 1989, p. 234.

② 首个正式引入劳动灵活性的法律文件是1984年第863号法律"Misure urgenti a sostegno ed incremento dei livelli occupazionali"（《支持和提高就业水平的紧急措施》）。

③ Eloisa Betti, *Mutamenti nei rapporti di lavoro in Italia dalla crisi degli anni'70 alla flessibilità*, InEdition, 2005, p. 42.

用，前者能够通过减少劳动者工作时间和相应劳动报酬以保留工作岗位，后者允许双方根据需要确定合同期限，期限届满时合同终止，以避免不必要的解约成本。

劳动灵活性政策在 80 年代“试水”成功后，意大利政府在 90 年代对该政策采取更积极和开放的态度。此后，兼职合同（il contratto di lavoro a tempo parziale）和兼具自由灵活和隶属特点的类从属劳动（il lavoro parasubordinato）等非典型劳动合同在意大利劳动力市场中得到广泛运用。

二 欧债危机以来意大利劳动法改革及其成效

（一）养老金体系的福尔内罗改革

2011 年，意大利被卷入欧债危机的漩涡，新上任的蒙蒂政府颁布了名为“拯救意大利”的 2011 年第 201 号临时性法令，[①] 法令的重要内容之一就是深度改革养老金体系的福尔内罗改革。

福尔内罗改革主要包括以下内容。（1）废除工资制的养老金计算标准。传统方法以劳动者年平均工资为基数计算养老金数额，因此造成部分劳动者养老金过高。改革后的计算方法以每年实际缴纳保险费用为基础，同时考虑劳动者退休年龄，从而使养老金分配制度更为合理，同时削减领取高额养老金的人数。[②]（2）提高退休年龄。在满足最少缴纳 22 年养老金费用的前提下，自 2012 年 1 月 1 日起，男性退休年龄统一为 66 岁；公共部门女性的退休年龄提高至 66 岁，私人部门女性的退休年龄提高至 62 岁，女性自雇

① 临时性法令（decreto legge）指在必要和紧急的特殊情况下，政府基于自身责任采取的具有法律效力的临时措施。此类法令必须提交议会两院通过以转变为法律，如果在颁布 60 天之内未能转变为法律，则法令失去效力。

② Ministero del Lavoro e delle Politiche Sociali，“Il passaggio dal sistema retributivo a quello contributivo”，https：//www. lavoro. gov. it/temi－e－priorita/previdenza/focus－on/Previdenza－obbligatoria/Pagine/Il-passaggio-dal-sistema-retributivo-a-quello-contributivo. aspx，最后访问日期：2021 年 11 月 3 日。

劳动者则须满63岁零6个月才能退休。同时，法案规定，到2018年底将各类型劳动者退休年龄统一至66岁零7个月。（3）修改提前退休制度。废除“配额96”（年龄达61岁且缴纳养老金超过35年，或者年龄达60岁且缴纳养老金超过36年）认定标准，改为以缴纳养老金年限为认定标准。根据新标准，在2018年12月31日前将男性提前退休缴费年限提高至42年零10个月，女性则提高至41年零10个月。

在养老金改革实施后，意大利政府继续颁布2012年第92号法律，名为《以增长为目的的改革劳动力市场的有关规定》，其措施主要包括：（1）促进劳动者灵活“进入”劳动力市场。[①] 面对劳动力市场的动荡，意大利政府确定了以无固定期限合同为主、以其他劳动合同为辅的合同类型。前一种类型的合同可保证雇主在非法定和约定情况下无权解雇劳动者，从而避免产生大量失业人口；后一种类型的合同包括固定期限合同、以完成一定任务为目的的合同、学徒合同、兼职合同等，这种类型的合同有助于在经济危机时期保证一定的就业率。（2）帮助企业灵活“离开”劳动力市场。为疏通用工压力，政府简化了出于经济原因裁员的相关规定和程序，以满足确有必要进行裁员之企业的需要。（3）实行“社会减震器”制度。“社会减震器”是指国家为失业人口提供经济补助的举措。在福尔内罗改革中，意大利政府建立了针对从属性劳动者的就业社会保险制度（ASPL），并设立针对协作关系的一次性补助金、补助基金管理金短期计划（2013~2016年）和帮助企业返聘劳动者的资助金等。

（二）“就业法案”为劳动力市场带来活力

2014年上台的伦齐政府改变了对劳动立法的态度，更倾向于追求经济和生产层面的实用主义。为此，伦齐政府颁布“就业法案”，旨在促进劳动市场灵活化，刺激和鼓励企业用工以降低失业率。这项改革持续至2016年

---

① Alessio Fionda e Emmanuele Massagli, “Le politiche del lavoro in Italia durante la crisi”, in *Crisi economica e riforme del lavoro in Francia, Germania, Italia e Spagna*, Adapt labour studies e-books series, n. 34, 2014, p. 51.

底，其间意大利政府共颁布十余部劳动法律和法令。

“就业法案”分为2014年第34号临时性法令和2014年第183号法律两大部分，主要涉及劳动合同类型、劳动合同双方的权利义务和社会保障等方面。

在劳动合同类型方面，意大利将劳动力市场中“零碎”的合同类型进行整合，不仅废除了部分临时性合同，以避免劳动者频繁陷入不稳定的雇佣状态，而且在立法层面重申从属性劳动和自治性劳动这种二分劳动类型格局。同时，为了平衡劳务给付关系中双方的利益，立法者规定将从属性劳动的劳动保护适当延伸至类从属劳动。

在权利义务方面，面对实践中频繁出现的“空白辞职信”现象，立法明确规定，雇主不得要求劳动者在签订劳动合同时同时签署辞职信以免除雇主的经济赔偿责任和其他违约责任。“就业法案”还规定，从属性劳动者在被经济裁员时有权获得一定数额的经济补偿金；如果劳动者被无效解雇、歧视性解雇或非法解雇，有权恢复原工作岗位和待遇。为提高劳动力市场效率，意大利政府还简化了雇主和劳动者在劳动过程中必须履行的行政程序和义务。

在社会保障方面，2015年第22号立法法令颁布多项规定。① 其一，引入新就业社会保险制度（NASpl），重新规定失业保险的缴纳期限；其二，发放失业津贴（Asdi）给符合新就业社会保险制度的失业群体，津贴额度相当于失业保险的75%，发放时间为不超过6个月；其三，为“持续协商的合作”关系中的劳务提供方设立失业补偿金，考虑到这类主体在法律地位上类似于从属性劳动者，所以政府将失业补偿金的劳动保护延伸至此类劳动者；其四，实施“再就业合同”，失业人员可与负责的公共部门或被委派的私人机构签订该合同，由后者为其寻找就业岗位，同时获得由被委派私人机构资助的再就业补助金。

---

① 立法法令（decreto legislativo）指在限定的时间和确定的内容范围内，议会依据指导性原则和准则将立法权委托给政府，由后者颁布相关法令。

"就业法案"为劳动力市场带来显著改变。2015~2017年，意大利就业人口增加了80万[①]，使得伦齐政府时期的失业率明显降低。此外，"就业法案"颁布的经济救济措施也有效地发挥了稳定劳动力市场的作用。

（三）以积极开放的劳动政策应对数字经济下的平台用工

总体而言，自20世纪80年代"灵活用工"被引入劳动力市场起，劳动灵活性在意大利逐步得到发展，并形成以协作劳动、居家劳动、兼职劳动为代表的非典型劳动类型。近年来，随着数字经济蓬勃兴起，劳动履行方式得以进一步创新，形成了"在线众包"和"网约工作"这两种主要的数字平台新型劳动。[②] 由于互联网平台用工规模逐年扩大，并已成为一种重要的就业形态，近年来意大利开始加强对此类劳动的保护。以下分三个阶段对意大利的相关法律进展做一梳理。

1. 第一阶段：协作劳动被正式纳入劳动法范畴

协作劳动制度最早可追溯至1959年，1959年第741号法律的第二条规定，"各类劳动关系……以及其他以提供连续且协调的劳动为形式的合作关系应当获得具有强制性的最低限度经济待遇和制度保障"。[③] 之后，在1973年，1973年第533号法律又将《意大利民事诉讼法典》第409条第3项规定的专属于从属性劳动的劳动诉讼程序扩大至适用"持续协商的合作"类

---

① "Jobs act: quali effetti ha avuto sul mercato del lavoro? L'analisi", *QiuFinanza*, 20 dicembre 2018, https: //quifinanza. it/lavoro/jobs-act-quali-effetti-ha-avuto-sul-mercato-del-lavoro-lanalisi/246044/，最后访问日期：2021年11月3日。

② 在线众包（crowdwork）指在线平台向不特定的、大量的网络用户分配工作任务，通过小额报酬以交换所需服务和产品，典型的如亚马逊土耳其机器人在线平台（Amazon Mechanical Turk）。网约工作（work on-demand via apps）指为在数字平台发布的消费需求提供即时且灵活的服务或商品，常见情形包括网约车司机和外卖骑手等通过手机应用程序提供服务的劳务活动。

③ Art. 2 Legge n. 741/1959: "Le norme di cui all'art. 1 dovranno essere emanate per tutte le categorie per le quali risultino stipulati accordi economici e contratti collettivi riguardanti una o più categorie per la disciplina dei rapporti di lavoro …… dei rapporti di collaborazione che si concretino in prestazione d'opera continuativa e coordinata."

型。[1] 由此，以“持续协商的合作”为内容的协作劳动制度被纳入劳动法范畴。

由于“持续协商的合作”既存在持续提供劳务给付的从属性特点，又具备协商合作的独立性特点，因此被广泛应用于灵活性较高的劳务给付情形。然而，自从“持续协商的合作”被应用于劳动力市场，出现了许多雇主利用其逃避从属性劳动责任的情况。基于此，意大利政府于 2003 年以“项目劳动”（il lavoro a progetto）制度代替“持续协商的合作”，核心是在后者基础上增加了“项目”要件，即合同双方必须是为完成某具体项目（或其中某部分、某个阶段）而建立“持续协商的合作”关系，若缺少“项目”的建立基础，双方则不构成项目劳动，只能按照实际劳动履行情况确定法律关系及合同双方的权利义务。

2. 第二阶段：引入“受委托人组织的协作”制度

经历国际金融危机和欧债危机后，为重振劳动力市场，意大利政府颁布 2015 年第 81 号临时性法令，废除了 2003 年引入的“项目劳动”，恢复了“持续协商的合作”制度，重新允许劳动力市场主体利用该制度实现灵活就业，并且增加社会保障措施以适度保护协作劳动者的合法权益。

除此之外，2015 年第 81 号临时性法令引入了一项新的劳动制度，即能够完全适用从属性劳动保护的“受委托人组织的协作”（la collaborazione organizzata dal committente）。该制度调整的是“由劳务提供者绝对排他且持续地履行劳动活动，由委托人组织管理有关劳动时间和劳动地点等劳动履行方式”的劳务给付关系，其与“持续协商的合作”的区别在于“受人组织”以及“绝对排他的个人给付性”两方面特点。在立法者看来，在“受委托人组织的协作”的法律关系中，劳务提供者对委托人具有“受人组织”、“劳动给付高度人格性”和“给付持续性”等特点，与传统的从属性劳动者极为相似，因此应当将从属性劳动保护全部类推延伸过来，以保护在法律关

① 王全兴、粟瑜：《意大利准从属性劳动制度剖析及其启示》，《法学杂志》2016 年第 10 期。

系中处于相对弱势地位的劳务提供者。[1]

3. 第三阶段：结合数字平台的用工特点修改劳动法律制度

2016年，意大利爆发外卖骑手的罢工游行。外卖骑手认为平台利用智能技术变相控制和管理劳动者，却通过"持续协商的合作"制度逃避劳动保护责任，其中部分骑手向法院提起诉讼，主张重新确认双方的法律关系，否认与平台构成"持续协商的合作"。由此，平台用工问题引起社会讨论和政府关注。2019年，意大利颁布2019年第101号临时性法令和2019年第128号临时性法令，对与数字平台相关劳动的保护做出法律回应。这两项法令主要规定了以下内容。

第一，将"受委托人组织的协作"扩大适用至平台用工。2019年第101号临时性法令规定，"受委托人组织的协作"也适用于通过数字平台组织劳动履行方式的劳动，换言之，符合"受委托人组织的协作"构成要件的平台用工法律关系，同样能够获得从属性劳动保护。

第二，修改"受委托人组织的协作"的构成要件。立法者结合平台用工的劳动履行方式，继续扩大"受委托人组织的协作"对平台用工的解释力。一方面，2019年第128号临时性法令将原有"劳务提供者绝对排他（esclusivamente）且持续地履行劳动活动"的要求改为"主要（prevalentemente）由劳务提供者持续地履行劳动活动"，从而认可劳务提供者对数字平台的依赖；另一方面，临时性法令删除了"委托人组织管理有关劳动时间和劳动地点"的要求，更加适应平台用工中对劳动时间和劳动地点的灵活处理。[2]

第三，增加"平台用工保护"一章。2019年第101号临时性法令和2019年第128号临时性法令在2015年第81号临时性法令《劳动合同的组织规范和有关工作职责法律规定的修改》的第五章之后新增一章"对数字平台劳动的保护"（tutela del lavoro tramite piattaforme digitali），规定"为在城市范围内、利用自行车或者电动车从事货物交付活动的自治性劳动者提供

---

① Lorenzo Zoppoli, "Il riordino dei modelli di rapporto di lavoro tra articolazione tipologica e flessibilizzazione funzionale", *WP CSDLE "Massimo D'Antona" IT*, n. 213, 2014, p. 20.

② Orsola Razzolini, "I confini tra subordinazione, collaborazioni etero-organizzate e lavoro autonomo coordinato: una rilettura", *Diritto delle Relazioni Industriali*, n. 2, 2020.

最低限度的保护，通过数字平台履行此类劳动的同样适用”。根据该法令，骑手可以获得最低限度的劳动保护，包括知情权、报酬权、反歧视、个人信息保护、工伤及职业病保险等内容。

三 再遇危机：新冠疫情下的意大利劳动法及其改革方向

（一）疫情之下的劳动保护

新冠疫情暴发后，意大利政府颁布多项法令以保护劳动力市场和劳动主体，主要包括 2020 年第 18 号临时性法令、2020 年第 34 号临时性法令、2020 年第 137 号临时性法令、2020 年第 183 号临时性法令、2021 年第 41 号临时性法令以及 2021 年第 99 号临时性法令。其主要内容涉及劳动履行、福利补贴、安全管理和减免社会保障费用等四个方面。

1. 劳动履行

上述法令规定，疫情期间，企业不得出于经济原因解雇劳动者，以避免后者失去生活来源。根据疫情情况，企业和各类劳动者应尽可能地通过居家办公等灵活方式安排劳动活动。① 如无法实现灵活办公，而劳动者的未满 14 周岁子女被居家隔离或因防疫政策暂停受教育活动的，该劳动者可获得额外假期，但工资减半；如果其子女已满 14 周岁未满 16 周岁，劳动者有权暂停劳动活动，其间雇主对工资福利待遇的给付义务相应中止，但雇主不得将其开除或者更换工作岗位。

2. 福利补贴

为弥补疫情造成的经济损失，意大利政府颁布了一系列补贴措施。② 例

① Elena Gambirasio, “La responsabilità del datore di lavoro ai tempi del Covid-19”, *Altalex*, 8 maggio 2020, https://www.altalex.com/documents/news/2020/05/08/responsabilita-datore-lavoro-covid-19，最后访问日期：2021 年 11 月 21 日。

② Parlamento Italiano, “Gli interventi in materia di lavoro per fronteggiare l’emergenza da Covid-19”, Documentazione parlamentare, https://temi.camera.it/leg18/temi/gli-interventi-in-materia-di-lavoro-del-decreto-legge-cura-italia.html，最后访问日期：2021 年 11 月 20 日。

如，不能灵活办公且必须照看未满 14 周岁子女的劳动者，可领取不超过 1000 欧元的育儿看护补贴金。自雇劳动者、持续协商合作关系中的劳务提供者、职业技能人员、季节性劳动者以及从事农业、旅游业与文化娱乐行业的劳动者等，可获得一次性津贴。此外，政府通过紧急工资政策（reddito di emergenza），向因新冠疫情而经济困难的家庭提供工资补助。因疫情而生产活动减少或者暂停的企业，可向补助基金管理局申请工资补贴，以缓解开支压力。

3. 安全管理

疫情暴发后不久，意大利政府规定人员出行必须填写和携带自我证明官方文件，写明个人信息、出行往返时间和出行理由。之后的 2021 年第 127 号临时性法令颁布“绿色通行证”（Green Pass）规定，要求 2021 年 10 月 15 日~12 月 31 日，在公共部门和私人机构工作的全体劳动者，不限职位和工作类型，必须获取并出示绿色通行码才能进入工作场所。违反“绿色通行证”规定的雇主和劳动者将被处以 600~1500 欧元不等的行政处罚。因缺少“绿色通行证”而无法到场工作的劳动者将被视为无故缺席，如连续缺席超过 5 天，雇主可暂停劳动者的工作。

4. 减免社会保障费用

对于没有申请补助基金管理局工资补贴的雇主（除农业领域外），可免除部分社会保障费用，免除期限最长为 4 个月。2020 年 8 月 15 日~2020 年 12 月 31 日签订无固定期限劳动合同的雇主可享受最长 6 个月、最多 8060 欧元的社会保障费用减免。雇用返聘劳动者的雇主可获得最长 6 个月、最多 6000 欧元的社会保障费用减免。此外，针对旅游行业、商业、文化表演行业、农业等部门的劳动者，以及自雇人员和职业技术人员，也免除比例不等的社会保障费用。

（二）意大利国家复苏与韧性计划中的劳动改革

2021 年 5 月，意大利议会参众两院表决通过了总理德拉吉提交的国家复苏与韧性计划。2021 年 6 月，欧盟委员会批准了该计划。该计划共涉及六大使命，其中第五个使命第一部分是“劳动政策”，该政策的目的在于通过促进劳动流动和提高劳动者技能来提高就业率，缓解劳动者能力与工作岗位需求不匹配的情况，增加针对失业人群和年轻劳动力的培训教育项目的数量，提升质量。

整体而言，意大利国家复苏与韧性计划中的“劳动政策”包括“劳动积极政策和稳定就业”以及“全民服务机构”两部分，其中又可细分为两项改革措施和五项投资措施。①

1. 改革措施

（1）强化职业培训和技能培养。首先，意大利政府决定建立一个面向失业者和正在工作过渡期的人群的全国性项目——工人就业保障（Garanzia di occupabilità dei lavoratori，GOL），以统筹管理职业培训和技能培养。其次，启动“国家新技能计划”（Piano Nazionale Nuove Competenze），集中全国范围内教育、培训和就业服务机构的力量，为全国就业中心制定失业人员培训标准和内容。最后，政府与雇主和工会达成集体协议，促进针对受雇劳动者的培训活动。

（2）消除非正规劳动。除了已实施的政策，如《打击农业领域的劳动剥削和非法雇佣的三年计划（2020～2022）》，意大利政府还新增一系列措施，主要包括：完善非正规劳动数据的采集技术和共享方式；采取直接和间接办法将非正规工作转变为正规工作（例如，加强检查和处罚，以财政奖励促进市场使用正规劳动）；根据欧盟委员会新近出台的政策，组织针对雇主和工人的宣传活动，消除其对于正规劳动的误解。

2. 投资措施

（1）强化就业中心机构的职能。计划投入 2 亿欧元，以提高全国范围内就业中心机构的服务水平，包括优化工作机会清单内容，准确分析劳动力市场的职业技能需要，制订劳动者培训的个性化计划，提高接待、引导和对

① Governo Italiano，“Piano nazionale di ripresa e resilienza”，https：//www.governo.it/sites/governo.it/files/PNRR.pdf，最后访问日期：2021 年 11 月 15 日。

接的服务效率。

（2）提高女性的市场参与率。设立“女性企业基金”以支持相应的扶持政策，增加女性企业家的数量，支持女性创业活动，营造尊重女性创业的文化氛围。

（3）性别平等认证体系。为切实缩小性别差距（如晋升、薪酬、岗位、人事管理、生育保护等），国家复苏与韧性计划规定自 2022 年第二季度起，对所有意大利企业实施性别平等认证体系和奖励机制，试验期为 4 年。

（4）开展双重计划。意大利政府将投入 6 亿欧元，实施“教育和培训贴近市场需要”和“促进年轻劳动力就业和技能学习”的双重计划，由各大区向职业教育与培训课程的注册学生发放资金。

（5）开展“一般市民服务”计划。意大利在 2021～2023 年将投入总计达 6.5 亿欧元的预算，为 18～28 岁的年轻人提供在行政机构参与市民服务的非正式实习课程，帮助年轻劳动力获得有价值的实习经验。

除了最令人瞩目的国家复苏与韧性计划，德拉吉政府还对劳动和社会保障制度进行了多项改革。在 2019 年的“黄绿政府”时期，意大利政府颁布了 2019 年第 4 号临时性法令，引入全民基本收入计划（Reddito di Cittadinanza）以改善低于绝对贫困线人群的生活，同时帮助失业人群重新加入劳动力市场和恢复社会生活。2021 年，德拉吉政府将改革指向养老金制度，并先后与意大利劳工总联合会、意大利工会联合会以及意大利劳工联盟主席进行了多轮谈判，[①] 期望修改原先的“配额 100”养老金计划，将其改为退休年龄为 64 岁、缴纳费用满 38 年的“配额 102”计划。2021 年下半年，政府和工会双方做出妥协，规定仅在 2022 年一年试用“配额 102”养老金计划，从 2023 年开始逐步调整。此外，意大利政府与各主要工会代表

① Claudia Voltattorni，“Riforma pensioni，Draghi ai sindacati：‘Un tavolo per la revisione della Legge Fornero da dicembre’”，*Corriere della Sera*，16 novembre 2021，https://www.corriere.it/economia/pensioni/21_novembre_16/riforma-pensioni-draghi-sindacati-un-tavolo-la-revisione-legge-fornero-dicembre-d76b00a0-46f6-11ec-8bc9-3ede90e62115.shtml，最后访问日期：2021 年 11 月 5 日。

磋商谈判时，最低工资、劳动安全和数字经济劳动问题亦频频被提及，以期达成进一步的协议。①

四　结语

总体而言，意大利劳动法呈现出积极立法和灵活调整的特点。就其发展历程而言，意大利共和国成立初期劳动法并不完备，仅依赖意大利宪法（1948 年）和《意大利民法典》（1942 年），将其作为主要法律依据，直到经济逐渐复苏，劳动立法活动才得以重启。自“经济奇迹”时代起，意大利政府立法成果丰硕，并且创造性地将“灵活性”引入劳动力市场以刺激用工。虽然欧债危机严重冲击了意大利经济，但是自蒙蒂政府以来实施的有关劳动力市场、就业、劳动关系和福利制度的改革的确为稳定劳动力市场做出了重要贡献。为应对新冠疫情危机，2021 年上台的德拉吉政府出台了国家复苏与韧性计划，再次开启了新一轮的劳动法和社会保障制度改革。从政策方向上看，未来几年，灵活用工、劳动安全、数字劳动和社会福利政策将是意大利劳动法改革的关键领域与主要议题。

① Giorgio Pogliotti，“Il dialogo Draghi－sindacati parte da sicurezza del lavoro e Pnrr”，https：//www. ilsole24ore. com/art/il－dialogo－draghi－sindacati－parte－sicurezza－lavoro－e－pnrr－AEoY7ol，最后访问日期：2021 年 11 月 7 日。

中国与意大利

China and Italy

B.12

中国对意大利投资：发展、影响与前景

〔意〕塞尔焦·帕巴　钦齐亚·帕罗利尼*

摘　要： 本文关注近年来中国对意大利投资的发展状况及影响。基于公司被收购后业绩表现的最新详尽数据，本文发现，中国在意大利的收购对目标企业整体上产生了积极影响，多数企业营收增加，就业提升，相关业绩指标改善。本文还通过案例研究展示了令中国收购取得成功的影响因素。中国对意大利直接投资快速增长正在引发诸多关切。最大的担忧在于，意大利方面认为“掠夺性投资”会将技术和其他战略资产从意大利企业单向转移至中国。考虑到特定行业的外国直接投资，尤其是投资者为国有企业时，可能会给国家安全或公共秩序带来风险，欧盟和意大利出台了新法规，对外国直接投资进

* 塞尔焦·帕巴（Sergio Paba），意大利摩德纳雷焦艾米利亚大学经济系经济政策教授，意大利当代中国研究中心（CSCC）委员会成员，先后于2013年、2015年在上海科技大学和对外经济贸易大学担任客座教授；钦齐亚·帕罗利尼（Cinzia Parolini），摩德纳雷焦艾米利亚大学经济系战略专业教授，博科尼大学管理学院高级教授。

行更严格的筛选。意大利政府趋于谨慎的态度影响了中国对意投资。一方面，一些政党和利益相关者以不充分的安全风险为由，迫使政府扩大“黄金权力”的使用范围，以阻止外国对“战略性”行业或龙头企业的收购，这可能会在未来大大减少中国投资者的机会。另一方面，虽然绿地投资始终受欢迎，但是中国要显著增加在欧洲的此类投资可能需要较长时间，也需要技术升级。

关键词： 中国对外直接投资　意大利　企业绩效　外国直接投资规制

一　中国对意大利投资：规模与特点

过去的10年中，意大利接受中国投资的总额达160亿欧元，在欧洲国家中排名第三，仅次于英国和德国。[①] 但是，中国投资意大利的历史并不长，中国投资存量仅占意大利吸引外国投资总额的1.2%，略高于美国的1/10，与日本（2%）接近。在流量方面，2015~2019年，中国对意大利直接投资占意大利吸引外资总额的5%，排在欧盟整体（63.4%）和美国（12.8%）之后，位列第三。[②]

借助毕威迪AIDA数据库中的资产负债表数据和公司信息，同时辅以其他平台和数据库中的公司信息，能够总结出有中国投资者参股的意大利公司的特点和规模，以及一段时间内上述公司的业绩表现。[③] 截至2020年底，除去中国参股比例较低的公司，由中国公司或投资者控股的意大利公司共有608家，其中325家通过收购实现，283家属于绿地投

① 此处数据来自荣鼎咨询（Rhodium Group）数据库。

② 此处数据来自意大利央行（Banca d'Italia）数据库。

③ S. Paba & C. Parolini, “Should We Fear or Hope for Chinese Acquisitions? Evidence from Italy”, DEMB Working Papers Series, n. 182, December 2020.

资。其中营收超过 200 万欧元的公司共有 265 家，本文将重点关注这些企业。

自 2008 年以来，来自中国的收购不断增长，在 2016~2018 年达到峰值（见图 1），此后开始下降，这与中国在全球范围内的投资走势非常相似。与此同时，绿地投资并未出现太大变化。过去 10 年中，绿地投资占中国对意大利总投资的平均比例为 6.5%，占比较低，与中国在欧洲其他国家投资情况类似。①

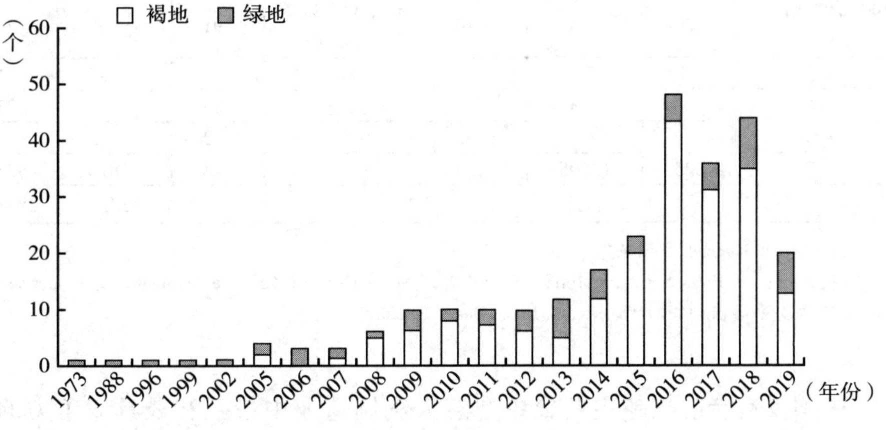

图 1 中国在意大利褐地投资（并购）与绿地投资数量（1973~2019 年）

资料来源：S. Paba & C. Parolini, "Should We Fear or Hope for Chinese Acquisitions? Evidence from Italy", DEMB Working Papers Series, n. 182, December 2020。

随着投资的增加，中资企业的总营收和员工数都大幅增加。2019 年，意大利约 600 家中资企业的总营收超过 150 亿欧元，雇用超 2.8 万人（见表 1）。在投资活动中，就交易数量而言，中国私营企业更为活跃，遥遥领先于国有企业，但是国有企业往往交易规模较大，所以就营收而言，私企和国企之间的差距并不大。

① 此处数据来自荣鼎咨询（Rhodium Group）数据库。

表1 中国控股意大利公司的投资类型、股东类型及规模（2019年）

褐地投资	公司数量（家）	营收（百万欧元）	员工数量（人）	绿地投资	公司数量（家）	营收（百万欧元）	员工数量（人）
200万欧元以上	198	12441	23646	200万欧元以上	67	2761	3625
国企	40	5978	7503	国企	8	1267	820
私企	146	6345	15514	私企	54	1469	2613
个体	12	118	629	个体	5	25	192
200万欧元以下	107	64	380	200万欧元以下	125	55	414
国企	8	7	64	国企	0	0	0
私企	58	36	245	私企	117	52	386
个体	41	21	71	个体	6	3	28
200万欧元以下（n. a.）	20	n. a.	10	200万欧元以下（n. a.）	91	n. a.	242
国企	8	n. a.	5	国企	6	n. a.	10
私企	10	n. a.	5	私企	85	n. a.	232
个体	2	n. a.	n. a.	个体	2	n. a.	
小计	325	12505	24036	小计	283	2816	4281
总计					608	15321	28317

注：图中n. a. 表示数据缺失。

资料来源：S. Paba & C. Parolini, "Should We Fear or Hope for Chinese Acquisitions? Evidence from Italy", DEMB Working Papers Series, n. 182, December 2020。

中国投资者的兴趣主要集中在意大利制造业中最强和最具竞争力的行业，这些行业的公司在国际市场上拥有比较优势，尤其是机械和设备、金属制品、电气设备、光学产品、医学产品和制剂（见表2），还有其他“意大利制造”的代表性行业，如纺织品、服装、皮革及相关产品和家具。

表2 中国在意大利褐地投资行业分布

制造业（欧共体经济活动统计分类2.0）	公司数量（家）	营收（2019年）（百万欧元）	平均营收（百万欧元）	服务业（欧共体经济活动统计分类2.0）	公司数量（家）	营收（2019年）（百万欧元）	平均营收（百万欧元）
机械和设备	38	1135	29.9	批发贸易（机动车和摩托车除外）	36	1892	52.6
金属制品	7	278	39.7	电影、录像和电视节目制作，音乐出版	11	159	14.5
电气设备	6	1145	190.8	总部活动；管理咨询	6	92	15.3

续表

制造业(欧共体经济活动统计分类 2.0)	公司数量(家)	营收(2019 年)(百万欧元)	平均营收(百万欧元)	服务业(欧共体经济活动统计分类 2.0)	公司数量(家)	营收(2019 年)(百万欧元)	平均营收(百万欧元)
计算机、电子和光学产品	6	396	66.1	计算机编程、咨询及相关活动	5	94	18.9
医药产品和制剂	6	158	26.3	建筑工程活动,技术测试和分析	4	57	14.4
其他运输设备	5	526	105.3	科学研究和开发	4	47	11.7
化学品和化工产品	5	332	66.5	机动车和摩托车批发和零售	3	660	220.0
橡胶和塑料制品	4	4082	1020.5	体育、娱乐及休闲	3	80	26.8
食品	3	251	83.8	废物收集、处理和处置	3	21	7.0
机动车、挂车及半挂车	3	198	66.0	住宿业	3	15	5.1
服装	3	62	20.6	零售业(机动车和摩托车除外)	2	85	42.3
家具	3	51	17.1	土建工程	2	48	24.1
其他	3	35	11.7	人类健康	2	11	5.4
纺织品	3	30	10.0	专业建筑	2	8	3.9
皮革及相关产品	3	21	6.9	仓储和运输支持	2	8	3.8
普通金属	1	25	25.1	编程和广播	1	171	170.9
其他非金属矿物制品	1	4	4.2	其他专业、科学和技术活动	1	145	144.9
机械和设备修理及安装	1	6	6.0	食品和饮料服务	1	71	70.7
				广告和市场地点	1	19	18.9
				金融服务	1	9	9.0
				出租和租赁服务	1	4	4.0
				创意、艺术及娱乐活动	1	4	3.6
				房地产	1	3	3.3
				电力、天然气、蒸汽及空调供应	1	3	2.6
小计	101	8735	86.5	小计	97	3706	38.2
总计					198	12441	62.8

资料来源：S. Paba & C. Parolini，“Should We Fear or Hope for Chinese Acquisitions? Evidence from Italy”，DEMB Working Papers Series，n. 182，December 2020。

从技术含量上看，多数收购可被归为高科技和中高科技的制造业公司（见表3），证实了中国公司主要是在寻找专业知识和技术资产。服务业也是如此，约45%的收购是知识密集型的。非知识密集型服务在绿地投资中占主导地位，主要与商业分销活动有关。

表3　按技术含量划分的中国在意大利投资（依照OECD产业分类标准）

褐地投资	公司数量(家)	营收(2019年)(百万欧元)
高科技和中高科技	67	3434
中低科技	16	4852
低科技	18	451
知识密集型服务	40	888
非知识密集型服务	49	2736
公共事业和建筑业	8	80
总计	198	12441
绿地投资	公司数量(家)	营收(2019年)(百万欧元)
高科技和中高科技	9	457
中低科技	6	115
知识密集型服务	5	159
非知识密集型服务	46	2027
公共事业和建筑业	1	3
总计	67	2761

资料来源：S. Paba & C. Parolini, "Should We Fear or Hope for Chinese Acquisitions? Evidence from Italy", DEMB Working Papers Series, n. 182, December 2020。

二　被中国投资收购的意大利公司：业绩表现积极

聚焦营收超过200万欧元的公司，可以从利润、员工数量、EBITDA（未计利息、税收、折旧和摊销前的利润）、总资产、固定资产和股权等方面，评估被中国投资者收购公司的表现。数据的时间跨度为收购年份到最近一年（2019年或2020年）。依据可用的数据，只能对198家样本公司中的126家进行评估（见图2）。

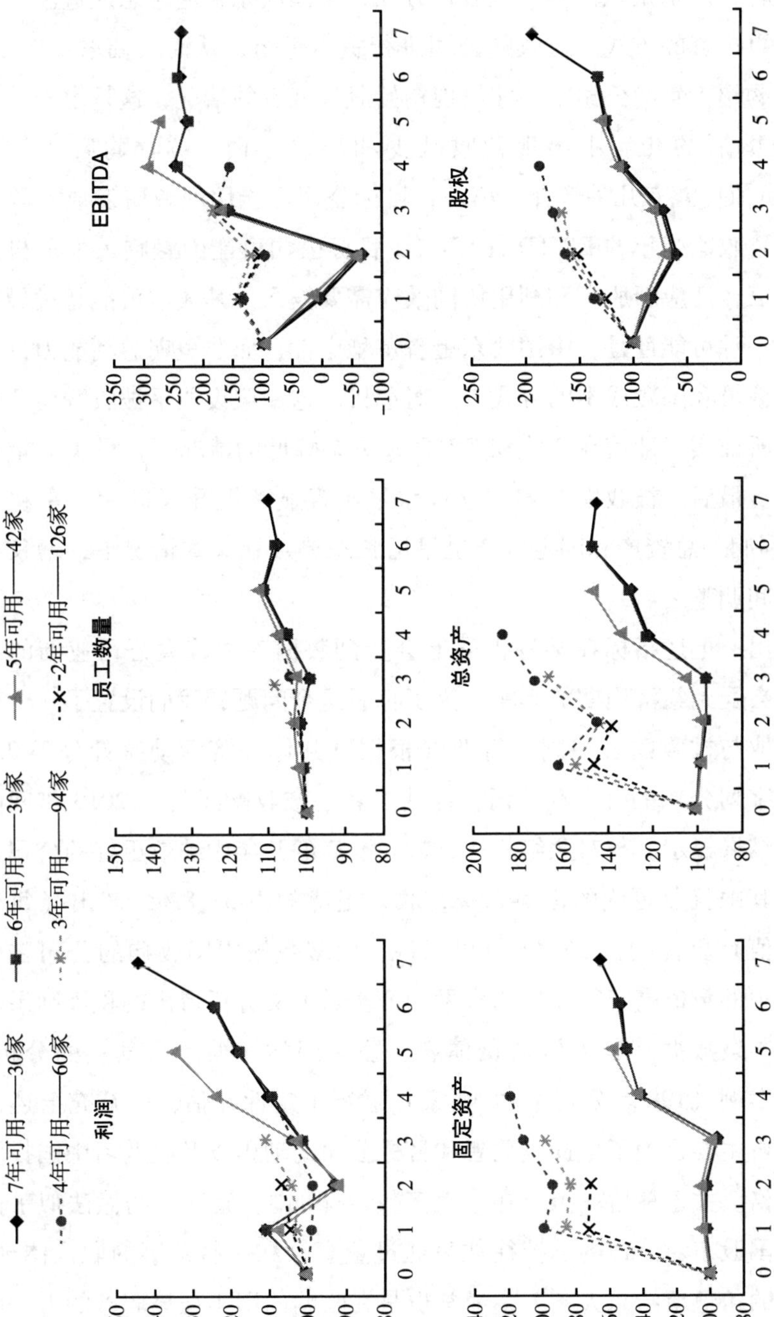

图2 被中国投资者收购的意大利公司业绩表现

注：横轴显示的是被收购年限，纵轴显示的是各绩效变量的走势（收购年份=100）。

资料来源：同图1。

总体来看，结果是积极的。在股权方面，中国股东普遍愿意通过注入新资本和利润再投资的方式，对收购公司进行资本重组，从而大幅增加股权。只有在被收购超5年的公司中，才出现初始股权减少的情况，这是由于一些公司在被收购后的几年中出现营收减少和严重亏损。被收购后几年的EBITDA为负值可能有几种解释：第一，目标公司可能用削减研发成本等短期措施夸大了收购当年的EBITDA；第二，目标公司可能因濒临重大危机而被出售；第三，适应新股东和利用协同效应需要投入，其成本可能超过最初收益。还有一种可能性是，中国股东更看重稳定性，而非短期盈利能力，不会立即通过裁员和削减成本的方式来应对危机。这一假设似乎被收购后几年的就业趋势所证实，即使在营收和EBITDA大幅降低的情况下，员工数量也未明显减少。最后，被收购公司的就业水平出现显著提升（即使不是在最初几年），利润、总资产和固定资产也呈增长态势（在某些情况下，增长出现在一段时间调整之后）。

需要指出，上述指标在某种程度上会受到数据库中较大公司业绩的影响，同时也会受到经济周期的影响。为了克服这个问题，我们设置了一个对照组，即选取与被收购公司同一行业（根据欧共体经济活动统计分类2.0的第三位数字划分）的意大利公司，评估二者在被收购年份至2019年间的平均业绩。结果显示，与对照组相比，被收购后的几年中绩效更好的公司占较大比例，其中就业更优的占54.2%，收入更优的占51.8%，产出（每个雇员的增加值）更优的占55.4%。可以说，大多数被中国收购的公司在所有三个变量中的数值高于行业平均水平，证实了上文分析得出的积极结果。

基于对二级数据（官方资产负债表、公司网站、媒体信息）的分析，我们对个别案例（198家公司中的40家）进行了定性评估，以补充上述定量分析。分析主要是为了把握收购者和目标公司的动机以及收购后中国投资者的管理风格。关于最后一点，在绝大多数情况下，“放手”的做法似乎占据主导。中国股东对公司的掌控往往只通过董事长和一些董事的职位体现，而将总经理的角色留给意大利人，通常也是在收购前即担任该职务的人。就目标公司的动机而言，在被选取的公司中，约有1/3将中国的收购视为摆脱危机的机会，而大多数公司接受收购的原因是为了获得财务上的优势，并促进其进入中国市场。从收购方来看，在全部分析的案例中，中国公司与被收购公司属于相同领域或相关领域，看重意大利公司的专业技术和品牌，以便能够进入西方市场。总之，目前收集到的数据似乎表明，对于相关公司而言，中国投资代表着更多的机会而非威胁。即使有些案例不尽如人意或不成功，但总体结果是积极的，被收购公司业绩表现往往高于行业平均水平。

三　案例分析：经验与教训

有哪些因素会影响被中国收购公司的业绩表现？本小节将通过一些案例分析，尝试展示中国在意大利投资失败或成功背后的可能原因，并得出一些一般性的结论。

首先看一个不成功的案例。万宝集团是中国一家制冷设备和压缩机生产商，2014 年收购了 ACC，后者是一家中型公司，也是意大利最大的密封式冰箱压缩机生产商，其已长时间深陷危机。按照中国公司的愿景，意大利工厂将成为一个“大型独立集团在欧洲压缩机领域最重要的生产基地”。中方承诺保障和增加就业，并计划把意大利工厂打造成世界级的“能力中心”。然而，现实却朝着相反方向发展。经历大幅裁员和产能缩减后，仅仅 5 年时间，万宝集团就宣布剥离其意大利业务，关闭了位于梅尔的工厂。此后，公司一直处于特别管理之下。在特别专员（一位该行业经验丰富的经理人）看来，公司失败的原因在于中国管理层的不足，“……他们一开始想把中国的压缩机‘意大利化’，然而结果恰恰相反，把意大利的压缩机生产‘中国化’了”。实际上，整个案例甚至被意大利人解读为“掠夺性投资”，即中国公司收购技术资产和专业知识，将生产转移至中国，使当地公司陷入困境，最后关闭。因此，特别专员制订的恢复计划的核心就是将转移至中国的产能重新迁回意大利。这个案例值得深究，因为这是有关各方、意大利政界和公众舆论最担心的结果，即公司最终落入外国投资者手中。如果类似案例再度出现，不仅会损害企业声誉，也会损害中国投资者的形象，对未来的投资产生负面影响。

第二个案例是海尔对 Candy 的收购，这个成功案例清楚地表明，深陷危机的意大利公司可以借助中国大型公司的全球计划扩大市场，使外迁的产能重回当地，并推动产品创新。Candy 是一家历史悠久的白色家电公司，属于该行业中少数意大利控股的企业之一，2019 年被海尔收购。海尔是中国白色家电和消费电子行业的巨头，全球行业领先企业。海尔旨在扩大欧洲市场，推动白色家电全领域增长，实现进入欧洲行业前三名的目标。

值得注意的是，海尔曾于 2014 年试图收购另一家大型意大利家用电器企业 Indesit 公司，后者旗下还拥有 Indesit、Ariston 和 Hotpoint 三个历史悠久的品牌。然而，尽管海尔的报价更高，更有吸引力，但该公司最终还是卖给了美国的惠而浦（Whirlpool），后者在意大利和欧洲市场已深耕多年。对中国的负面印象可能对这一决定产生了影响。与惠而浦相比，海尔可以确保在中国和亚洲的巨大市场，这是一个典型的“双赢”方案。其他跨国公司对 Indesit 有收购兴趣，可能更多出于防止韩国或中国企业拓展欧洲市场，而非以一种令人信服且持久的方式重振这家意大利公司。实际上，被收购后，意大利惠而浦并未出现预期的增长，而是多次陷入危机。最近的事件是都灵的“Embraco-Whirlpool”冰箱压缩机工厂和那不勒斯的惠而浦洗衣机工厂危机，媒体进行了广泛报道，直到最终关闭工厂并解雇工人。像家电这样的成熟行业，主要跨国公司长期以来倾向于将生产转移至东欧、土耳其或亚洲以降低成本，Candy 也走上了同样道路。但海尔收购 Candy 后，实施了“回流”战略，将先前股东转移至中国的 10 万台洗衣机产能带回了意大利。此外，海尔还希望借助创新产品提升在欧洲的市场份额。海尔在中国积累了大量应用于家电领域（智能家居、智能电器）的物联网技术发展经验，目前正在实施产品迭代计划，把在中国获得的经验带到意大利。

在管理方面，海尔对以前的管理团队采取了柔性策略，重视意大利已有的管理资源，先前股东仍然留在董事会。海尔的欧洲总部也从巴黎迁到了意大利的布鲁盖里奥（Brugherio），后者随即成为海尔在欧洲的商业中心，进一步加大了公司管理中的本地成分。虽然现在预测海尔能否实现目标以及

Candy 能否在意大利恢复增长还为时过早，但海尔的做法得到了工会和当地政府的赞赏。这似乎打破了中国海外投资的负面形象。

最后一个案例是 2015 年中国化工集团对倍耐力（Pirelli）的收购，这不仅是中国公司在意大利最重要的收购，也是一个非常值得研究的案例。与其他收购（如 ACC 和 Candy）不同，本案例中的被收购公司并非遭遇巨大危机，而是双方协商后共同达成了战略协议。2013 年，倍耐力集团的营收约为 60 亿欧元，相较于德国的普利司通（Bridgestone）、法国的米其林（Michelin）、美国的固特异（Goodyear）和德国的大陆集团（Continental）等竞争对手，在轮胎行业体量相对较小。因此，倍耐力集团的大股东和首席执行官普罗维拉（Marco Tronchetti Provera）长期以来一直在寻求达成一项重要协议。但与任何大型竞争对手的合并都不被看好，因为与西方企业合并会遭遇反垄断问题，而韩国或日本的竞争对手则会要求完全控制被收购公司。中国化工集团是一家大型中国国企，活跃在化学工业的各个领域。此外，中国化工集团还控制着工业轮胎生产商 Aeolus。在签订协议时，Aeolus 的规模与倍耐力的工业部门接近，但质量和技术水平要低很多。因此，倍耐力和中国化工集团在 2015 年达成的协议是基于一项明确的工业计划。对倍耐力而言，与中国化工集团的协议意味着获得了一个重要的合作伙伴，有助于进入重要的中国市场。尽管中国股权占多数，但倍耐力及其关联公司保留了意大利管理层，普罗维拉与中国股东达成一致，保证（至少在几年内）集团管理结构以意大利人为主。与此同时，得益于公司整合产生的协同效应，中国化工集团的新 Aeolus 工厂能够完全专注于工业部门，成为该领域的第一个“纯全球玩家”（pure global player）。借助倍耐力的技术，Aeolus 能够提高其产品质量，并覆盖所在行业所有细分市场，包括倍耐力所处的第一梯队。由于 Aeolus 在地理上与倍耐力互补，整合后的公司还能提升其全球化水平，巩固在全球范围内的坚实地位。

倍耐力与中国化工集团的协议得到了当时伦齐政府的批准，但受到了反对派的严厉批评，工会同样表达了不信任。根据联盟党书记萨尔维尼的说法，“他们正在出售最后的‘意大利制造’”。意大利最大的工会——意大利劳工总联合会（CGIL）时任秘书长卡姆索（Susanna Camusso）表示："意大利工业总联合会（Confindustria）和政府都喜欢通过打击工人权利和降低工资来进行成本竞争，而不是在技术、创新和良好的工作机会方面与世界其他国家一较高下。"一段时间后，收购的结果似乎推翻了所有批评，中国合作伙伴的介入产生了积极影响，在欧洲市场尤其如此，总体就业和营收都在增加。

总体而言，倍耐力与中国化工集团的联合是成功的，这由多方面因素促成。第一，两家公司制定了明确的发展战略，以利用两者的协同效应；第二，意大利管理层拥有很大的自主权，他们的职权得到确认并保留，这是明智之举；第三，中国化工集团同意限制自身管理特权，以换取提升子公司Aeolus竞争力的关键技术。合作取得了良好效果，加上中国化工集团遵守了关于管理层以意大利人为主的协议，很快平息了工会和反对派的负面反应。

从这些案例中能得出什么结论？总体而言，中国公司和投资者大多是欧洲市场的"新来者"，而许多欧洲或北美的跨国公司则是"在位者"，这些公司已经在市场上站稳了脚跟，并往往借助位于东欧或亚洲低成本国家的工厂管理国际生产网络，这种差异会对收购交易的动机和结果产生重要影响。对于"在位者"而言，收购竞争对手可以成为减少竞争和提高集中度的一种方式。"在位者"在一段时间后关闭被收购工厂，将生产转移至其所在的某个国家，使之变成简单的内部重组，或生产基地和生产范围的优化。这正是许多被外国跨国公司收购的意大利公司的命运。

对于中国投资者而言，他们的做法有所不同。通过在发达国家投资，中国公司寻找的是战略资源，例如，中国国内不具备的专业技术和管理生产的能力。另外，由于中国企业的品牌和名气在投资地处于劣势，它们也在寻找当地品牌或分销网络，以打入对它们来说其根基尚浅的远方市场。因此，至少在中期内，中国企业有兴趣重启生产，并给被收购公司"赋能"，作为开拓本地市场的基础。政府和工会非常赞赏的"回流"，就是朝着这个方向发展的。此外，与西方跨国公司不同，中国公司可以利用与集团内部其他公司的协同效应，为被收购的公司提供进入或扩大中国和亚洲市场的可能性。在技术和创新能力方面，中国投资者可以将专业技术转移到自己在中国的生产中，从而巩固其在国内市场的地位，并确保在国外收购的公司有进一步的发展机会。中国的商业和政治外交语言中常常强调“双赢”，证明了中国和西方国家的潜在互补性和协同作用。最后，收购后对意大利管理层的态度非常关键。在意大利这样一个担心公司的控制权转移到外国手中的国家，若外国投资者完全遵循全球化的简单逻辑，那么其投资可能受挫。中国投资者保持谨慎的态度，尽量不大幅改变管理结构，并小心翼翼地让意大利管理资源参与进来，可以克服不信任，促成良好的管理结果。

四　威胁还是机遇：意大利政界与社会对中国投资的评价

到目前为止，我们主要聚焦商界和公司业绩，但这还不够，因为投资活动在很大程度上受制于政府和政界的对华态度。除了紧密的商业利益，还有必要评估收购带来的系统效应（安全、供应网络、对生产链的影响）和地缘政治影响。

近年来，意大利政府和政界对中国的态度相当矛盾，且处于波动状态。2019 年 3 月，孔特一期政府与中国签署了“一带一路”建设谅解备忘录，标志着两国关系出现了出乎意料的转折。意大利是七国集团中唯一签署这类双边协议的国家，令欧洲和西方主要国家感到措手不及。孔特一期政府是两个“疑欧主义”政党联合的结果：一边是民粹主义政党五星运动，对华态度一直较为友好；另一边是中右阵营主权主义政党联盟党，通常不信任中国以及它认为与意大利产业开展不公平竞争的国家。实际上，该协议没有对两国之间的贸易做出任何具体或有约束力的规定，但强调了产业合作、促进投资和双边贸易，以及反对单边主义和保护主义。政府和大部分商界人士希望通过该协议使“意大利制造”获益，并为意大利公司在巨大的中国市场中创造新的机遇。2019 年 9 月，孔特二期政府成立，执政联盟发生变化，部分降低了该协议的热度和影响。联盟党退出政府后，取而代之的是左翼政党民主党，后者虽然一直关注中国，但也坚持立足欧盟，并强调跨大西洋联盟的重要性。随后暴发新冠疫情，之后发生经济贸易危机，中意关系在实质上逐步降温，“一带一路”建设谅解备忘录在公众辩论中处于次要地位，政府也没有为之出台任何重大举措。2021年初，享有很高国际声望的技术官僚、欧洲央行前行长德拉吉组建起新一届政府，获得几乎所有主流政党的支持。此后意大利政府对华政治氛围进一步改变。德拉吉一再强调与欧盟关系的核心地位，以及与美国的传统大西洋联盟。在2021年6月的七国集团峰会上，意大利总理强调了西方民主国家与中国的差异，暗示要重新审视“一带一路”建设谅解备忘录。这种态度转变并不会削弱中意两国经贸关系的重要性，德拉吉在2021年11月上海中国国际进口博览会开幕式上的讲话也重申了这一点，但是中国投资以及普遍意义上的对华关系，已成为意大利政府和政界的重点关注对象。

在此背景下，中国对意大利直接投资成为特别敏感的话题。过去10年中，意大利政府颁布了一系列监管措施，目的是当外国投资涉及战略行业和国家利益时，政府能够依法进行干预。2012年，意大利政府引入了“黄金权力”的概念，即在涉及对意大利具有战略意义的公司时，授予政府特殊监管权力（2012年第56号法令）。如果确定收购行为存在损害公共利益的风险，政府可终止收购，或否决公司通过的具体决议，或提出特定要求和条件。最初受该法令影响的是能源、运输和通信部门。2019年，新法令（2019年第41号法令）将“黄金权力”的适用范围扩大，如果意大利企业与欧盟以外的公司签订使用5G技术的电信宽带网络合同或协议，需要接受审查。2020年4月的法令（“流动性法令”）将“黄金权力”进一步扩展到其他生产部门，以便与2019年第452号欧盟法令保持一致，后者建立了欧盟外国直接投资监管框架。新法令涉及的行业十分广泛，包括关键基础设施（能源、交通、水、卫生、通信、媒体、数据处理或存储、航空航天和国防基础设施、信贷、银行和保险）、关键技术和军民两用产品（人工智能、机器人、半导体、网络安全、航空航天、国防、能源存储、量子技术、核技术，以及纳米技术和生物技术），以及关键生产要素的供应安全（能源、原材料、食品安全）。监管范围不仅包括收购，还包括非欧盟投资方参股超过 10%的情况。这项法令出台的背景是新冠疫情造成卫生和经济危机，目的是防止股市贬值或流动性危机造成的国际投机者在市场上以低价收购公司。因为危机时期公司的股价估值下降，容易出现掠夺性投资。欧盟法规还要求，需要特别关注欧盟以外由公共行政部门直接或间接控制的集团进行的收购。在这种情况下，人们担心的不仅是安全问题，还有潜在的扭曲竞争问题，因为投资者拥有大量的国有资金，可能以非市场价格进行竞标收购。

应当强调的是，上述法令符合欧盟的做法和规定，原则上并不歧视中国投资。资本自由流动是全球化进程的基本动力之一，投资监管不应对此进行太严厉的限制。监管措施只应在特殊情况下行使，正如欧盟法规所言，出于维护安全和公共秩序的目的，以及为保护国家战略利益。实际上，即便没有明说，监管对象也主要是既不属于大西洋联盟也不属于与欧美意识形态接近的亚太地区伙伴国家的资本。因此，鉴于中国经济的规模和增长愿景，及其政治和政府系统的特点，加上国有集团在国家中的重要地位，来自中国的投资受到欧盟的特别关注并不奇怪。欧盟委员会最近的对华政策文件《欧盟-中国：战略展望》（2019 年 3 月）极具启示意义，即其在承认中国在全球格局中不断变化的角色的同时，强调中国不仅应被视为合作伙伴，还应被视为“一个追求技术领导地位的经济竞争者”，以及更广泛意义上的“向外推行国家治理新模式的制度竞争对手”。

作为对中国特别关切的证明，德拉吉政府中颇具影响力的联盟党部长焦尔杰蒂（Giancarlo Giorgetti）于 2021 年下半年发表了一些声明，旨在将欧盟法规所划定的范围向保护主义方向延伸。已经有人开始谈论对意大利外国投资相关法律进行修订，将“黄金权力”的范围扩大到“目前被排除在外，但在国家经济秩序中十分重要的部门”，其中明确提到的是汽车和钢铁行业。这些行业被认为对意大利经济具有战略意义，且正面临来自中国的竞争。声明发出后不久，阿涅利家族控制的凯斯纽荷兰工业（CNH Industrial）与中国一汽集团关于出售依维柯（Iveco）的谈判就被叫停，这并非巧合。依维柯是意大利重要的汽车制造商，仅在意大利就有超过 8000 名员工。在政府干预之前，谈判已持续了一段时间。在该案例中，多方都援引了“黄金权力”，因为依维柯的一个子公司——依维柯国防车辆公司（Iveco Defense Veihcles）为意大利国防部门生产车辆。实际上这只是个借口，因为该部门已被排除在谈判之外。所有政党以及工会都对中国一汽集团退出收购的消息表示非常满意，尽管依维柯目前的前景尚不明朗。

动用“黄金权力”的另一个例子涉及5G技术。中国公司的5G技术处于世界领先地位，是许多发达国家政府关注的焦点。特朗普政府曾禁止中国的华为和中兴通讯，并警告其他国家使用中国的5G基础设施会带来安全风险。澳大利亚、英国和日本已先后禁止了中国的5G供应商。2019年，欧盟委员会和欧盟网络与信息安全局强调，使用欧盟以外制造商的5G设备存在安全风险，尤其是依赖单一供应商。包括德国和法国在内的几个欧盟国家，虽然没有对中国公司实施任何正式禁令，却大大提高了监管标准。2021年3月，德拉吉政府首次使用“黄金权力”，对Fastweb与中兴通讯、台湾亚旭科技三家的合作以及意大利Linkem与华为和中兴通讯的软硬件供应合同做出规定。孔特二期政府曾出台过两项类似措施，先是否决了Fastweb和华为的合同（该合同规定，由中国公司作为5G网络的唯一供应商），之后对Fastweb和中兴通讯的另一份供应合同做出规定。此外，意大利议会国家安全委员会（Copasir）呼吁在意大利禁止中国5G技术，转为由欧洲公司供应。

在焦尔杰蒂部长的建议下，德拉吉政府2021年使用“黄金权力”的另一个案例涉及中国深圳创疆投资——一家活跃在全球半导体行业的公司，由中国金融家魏翔控股。这家中国企业打算收购LPE公司70%的股份，后者是伦巴第大区一家专门开发用于生产半导体的外延反应器的小型公司，其60%的产能在中国。德拉吉表示，2021年3月政府决定否决这笔收购，原因是新冠疫情危机导致半导体短缺，许多汽车制造商被迫生产放缓。鉴于半导体对众多生产链的重要性，因此其被视作意大利经济的战略行业。而LPE的反应很耐人寻味，据主要的全国性报纸报道，其公司领导层致信总理，反对政府的决定，强调与中国深圳创疆投资的协议将更好地保护公司专利，并加强其在中国市场的地位。这反映出公司利益与政府决定间的冲突。

2021 年 10 月，意大利政府再次使用“黄金权力”，涉及先正达集团（Syngenta）对意大利种子生产商 Verisem（由美国 Paine Schwartz Partners 基金控股）的拟收购。先正达集团是一家瑞士公司，是全球领先的农业公司，专门从事种子和农药生产，2017 年被中国国有化工巨头中国化工集团收购，后者最近与另一家中国国有化工巨头中化集团合并。总理德拉吉和来自五星运动的农业部长帕图阿内利（Patuanelli）共同签署文件否决了该项收购，并提到食品供应链的安全问题。针对这一收购，意大利各界的反应都很强烈。意大利主要的种植商组织——全国种植商联合会（Coldiretti），竭力游说政府阻止收购，用该组织一位领导人的话说，“正是一代代农业工作者保存下来的种子，才有了现在的遗传生物多样性，而这样一笔国家财富，却有可能被贱卖给国外商家，在国际市场上变得微不足道且毫无特色”。

争议的背后，反映出两方面的担忧：首先是担心四家大型跨国公司主导全球种子行业，导致过度集中；其次是担心种子行业与国家农业生产的联系遭到破坏。此外，意大利还担忧，这项收购还“有可能把蔬菜种子生产的全球控制权转移到亚洲”。值得强调的是，Verisem 目前由美国私募股权基金 Paine Schwartz Partners 控股，在该基金接管公司时，没有人提出与国家安全或国家农业食品行业风险有关的反对意见。除了对种子行业的担忧，意大利各界对中国这个欧盟和美国的“系统性竞争者和对手”，表现出了明显的不信任。

抛开具体层面，到目前为止讨论的案例，促使我们进行两方面的思考，这两方面对中国投资均具有重要影响。首先，目前出现了一种明显的趋势，意大利政府正在扩大“战略”部门的范围，保护与“意大利制造”、历史品牌和龙头产业相关的行业和公司，而不管是否真正涉及安全问题或对公共利益造成威胁。然而，这样一来，政府的“黄金权力”和在外国投资法规方面的自由裁量权，就有可能不受控地扩大。而这些权力和法规应当是中立的，只应涉及明确且有限的案例。目前，这种新形式的保护主义正在欧美和其他发达国家蔓延。这种趋势的出现，部分是受新冠疫情危机的影响，其导致对外国直接投资采取更严格的监管措施，以保护国家产业。其次，在对待中国投资的各种立场的背后，有一种日益增长的反华情绪，源自地缘政治紧张（“系统性竞争者”）、中国在全球经济中重要性的提升以及与西方国家的技术竞争。在意大利也能发现许多迹象，尤其来自中右阵营政党（联盟党、意大利兄弟党和意大利力量党），其选民约占总数的五成；其余政党（尤其是民主党和五星运动）通常对中国更加开放，且更充分地意识到与这个伟大国家关系的重要性，但同样不乏谨慎和不信任，只是更加隐蔽，表现为期待基于欧盟共同对华政策与中国交往。

在这一切的背后，还有关于与中国“脱钩”是否可取的辩论，这是特朗普政府期间中美贸易摩擦的结果，但在其他发达国家也露出苗头。鉴于“脱钩”对贸易、外国直接投资和供应链的重大影响，这种选择将会产生灾难性的经济后果。在意大利，还没有人走到这一步，这与商界和大部分公众舆论的普遍取向是一致的，即仍然认可中意经贸关系的价值。2020 年，中欧亚洲研究所（CEIAS）和其他研究机构在欧洲开展了一项针对中国的民调，结果值得深思。就意大利而言，对中国的看法在过去 3 年中有所恶化，主要源于对环境、网络安全和知识产权方面的担忧。然而，在中意贸易、直接投资和“一带一路”相关合作潜力方面，大多数受访者给出了积极评价。这种评价的关键是对互惠互利的期许，即在意大利经济对中国开放的同时，希望中国同样能以类似的开放程度对待意大利对华出口和投资。

五　未来前景

意大利自身的一些特点对潜在的中国投资者具有吸引力。它是欧盟第三大经济体，世界第八大经济体，其有力地“嵌入”了约 5 亿人口的欧洲市场，并与北非和中东紧密相连。最重要的是，它是欧洲第二大制造业大国，在过去 5 年中，贸易顺差占国内生产总值的比例平均为 3%左右，并在一些行业中具有比较优势，如机械工程、汽车工业、时尚设计以及农食制造部门。然而，与其经济潜力相比，意大利吸引外国直接投资的能力并未充分释放，且低于其他欧洲经济体。根据 OECD 的数据，2020 年，意大利吸引的外国直接投资存量与其国内生产总值的比例为 25%，而德国为 29%，法国为 37%。

意大利政府很早就意识到外资流入对于促进经济和就业增长的重要性，也相应地设定了吸引外资流入的目标。2014 年，意大利政府成立了一个机构，用于协调招商引资工作，即“招商引资部际委员会”（CAIE），下设特别指导委员会，负责制定指导方针。2021 年 4 月，该委员会出台了最新政策文件，其中包含了一系列建议和指示。在 2020 年外资流入急剧下降的背景下，该文件提出加强吸引外资，推动意大利走出新冠疫情导致的经济危机。招商引资工作将在欧盟和意大利关于外国直接投资监管规定的框架内进行，“以保护国家战略利益”，防止掠夺性投资，并优先考虑来自“意识形态相近”国家的资本，这里暗指西方国家与中国和俄罗斯之间存在差异。即便如此，中国仍被列为优先吸引投资的 20 个国家之一。政府的目标是为具有高溢出效应、高增长潜力和高技术创新的部门吸引投资，以加强意大利的主要产业集群。

除了“招商引资部际委员会”为国际投资者提供服务外，能够提升意大利对外资吸引力并指导国际投资者选择的是“国家复苏与韧性计划”（以下简称“复苏计划”）带来的机遇。该计划由政府在 2021 年制定，用于指导使用“下一代欧盟”计划的资金。“复苏计划”可用的资源巨大，前所未有，总投入达 2221 亿欧元，旨在重启意大利经济，并进行某些长期以来被认为不可或缺的结构性改革。与欧盟委员会的指示一致，该计划确定了优先行动领域，即六大“使命”，其中对生产系统影响最大的包括：数字基础设施和工业 4.0；生态转型、可再生能源和可持续交通；大规模交通基础设施，尤其是铁路网和高速铁路网；医疗卫生体系，涉及药品、生物医药和医疗设备。

“复苏计划”对中国投资者可能产生怎样的影响？更广泛地说，希望到意大利和欧洲市场扩展业务的中国公司，前景如何？以下从三个方面加以展望。首先，到目前为止，来自中国的投资主要是褐地投资，即收购现有公司，且通常是出现经营困难的公司，看重的主要是技术和市场。如上所述，在这些案例中，政府通常表现出格外谨慎和小心的态度。担忧首先来自就业和产业风险，例如就业萎缩、投资和技术创新承诺的不足、生产活动关闭并外迁等。这种担忧当然不限于对中国投资，而是更普遍意义上的，担忧将意大利产业体系中的“传家宝”出售给外国跨国公司。在这些案例中，一般会寻求“意大利式解决方案”，即运用国家产业政策，保护重要的公司或具有“战略意义”的产业。这种解决方案并不容易施行，也并非总是可行，但不管怎样，它缩小了国际投资者的选择范围。此外，“复苏计划”预计将对相关部门的经济活动产生强烈的扩张效应，进而减少公司出现危机的风险，且很可能刺激国内公司和投资者进行更多的投资，从而减少褐地投资的可能性。其次，“复苏计划”涵盖的许多行业，被视作意大利经济的战略行业，例如数字化、技术基础设施、能源和生物医药。这会使得对潜在国际投资者的筛选更加严格，与政府和欧盟目前的指导方针一致，并可能对中国公司不利。最后，绿地投资能创造新的产能和就业，为国家产业体系带来新技术和新能力，进而产生外溢效应，给现有生产链带来积极影响。当然，如果这类投资增加，意大利各界对中国的积极评价会大大增加，将有助于传播中国的正面形象，相应的，也有助于减少中国企业收购意大利公司时引发的有关“掠夺性投资”的恐惧，使褐地投资更加容易。

而问题在于，与发达国家相比，中国许多行业的技术仍相对落后。这就解释了为什么到目前为止，中国在欧洲和意大利的绿地投资比重仍非常低。然而，形势正在发生变化，中国在信息技术、技术平台、可持续交通和电动汽车等关键领域正在不断取得快速进步。可以预见，未来在欧洲和世界其他地方，会出现更多的大型中国公司，它们拥有自己的工厂、研究中心和分销网络，并与意大利和其他欧洲国家企业建立起生产伙伴关系。

在这方面，中国一汽集团的例子很有启发意义。2021 年初，虽然意大利政府迅速干预了依维柯收购案，但对中国一汽集团在意大利的另一个重大投资项目的态度则完全不同。该项目是绿地投资，主要目标是在意大利汽车谷的中心地带，即艾米利亚-罗马涅大区，建造一个开发和生产顶级电动跑车的工厂。目前，10 亿欧元的投资刚刚启动，项目承诺雇用工人、专业技术人员和工程师，与法拉利、玛莎拉蒂和兰博基尼等其他全球主要企业同场竞技。意大利各方反应都很积极，包括政界、地方行政部门（相关大区和城市）、商业协会、研究和培训机构（大学和技术中心），甚至是劳动力市场。在这个案例中，对中国伙伴所有的不信任似乎消失了，这是对未来的一个重要启示。

总之，中国一直在寻求和吸引来自国外的绿地投资，并将促成中国企业与大型外国跨国公司签订伙伴关系协议作为获得其发展所需技术的重要途径。现在，中国的志向正在转变，在全球研发方面的分量也在发生变化。这表明中欧、中意之间会拥有不同的未来和更大的互惠性。除了地缘政治考量和可能的不信任外，如果中国公司信守承诺，为其投资目的国带来技术、发展和就业，那么“一带一路”倡议的推进并不会有任何障碍。

（石豆译，孙彦红校）

B.13
碳中和背景下的中国与意大利能源合作

孙　硕*

摘　要： 近年来，气候问题已成为世界各国共同面对的严峻挑战。在2021年11月落幕的《联合国气候变化框架公约》第二十六次缔约方大会（COP26）上，各国围绕加速去碳化发展、实现能源转型、明确碳中和路径等议题达成了多项合作倡议。在碳中和的背景下，各国依托自身优势致力于开展能源合作具有重要意义。在推动可再生能源利用、优化能源结构、促进可持续发展等领域，中国与意大利在目标与利益上高度契合，进一步深化能源合作具备较好的基础。未来，中意两国依托各自的能源转型战略规划以及各类机构和企业积累的优势开展能源合作的前景广阔。

关键词： 中国　意大利　能源转型　碳中和

一　中国与意大利能源合作概况

1978年，中国与意大利签署首份政府间科技合作协定，意大利成为最早与中国签署政府间科技合作协定的西方国家之一。1979年，中国科技部与意大利外交部联合设立中意科技合作混委会，旨在共同开展节能环保等科

---

* 孙硕，国网国际发展有限公司翻译中心高级经理，同济大学意大利研究中心专家，曾任中国铁路通信信号股份有限公司驻意大利代表处市场经理，主要研究领域为意大利能源转型、中意两国基础设施与第三方市场合作等。

技领域的合作项目。此后，中意两国能源合作逐步形成体系。

进入21世纪以来，在两国政府的支持与推动下，中国与意大利开展了众多卓有成效的能源与环境保护合作项目，合作领域与规模不断扩大。2000~2010年，中国国家环保总局（中国环境保护部）、科技部、水利部、国家发展和改革委员会等国家部委，中国社会科学院、清华大学等科研机构与高校，以及北京、上海、天津等地方政府相继与意方开展了多类型的能源环保合作项目，涉及可再生能源、能源效率、低碳交通、温室气体减排、二氧化碳捕集、氢能等领域（见表1）。其间，中意两国联合开展的能源与环保合作项目共计200余项，其中意方累计出资1.76亿欧元，累计带动中国投资12.4亿欧元。①

表1　2000~2010年中国与意大利能源合作重要进展及相关项目

启动年份	合作进展或项目	主要合作方	合作领域
2000	建立中意环保合作框架	中国国家环保总局、意大利环境与领土部	环境保护与可持续能源
2003	设立中意能源环境便捷基金	中国科技部、意大利环境与领土部	温室气体减排、二氧化碳捕集
2003	中意环境与能效建设项目	中国科技部、清华大学、米兰理工大学	能源生产与节能技术
2004	签署氢能四方合作谅解备忘录	中国科技部、上海市科委、意大利环境与领土部、意大利伦巴第大区政府	氢能、煤气化、燃料电池
2004	南水北调工程水资源可持续管理(SWIM)项目	中国水利部、中国社会科学院、意大利科学院地球物理与火山研究中心	环境与水资源
2005	签署清洁能源合作备忘录	上海市科委、意大利环境与领土部	清洁能源技术应用与发展
2005	什刹海水系环境改善与富营养化控制项目	北京市环保局、意大利环境与领土部	水资源净化

① 《中国环保展在罗马开幕》，景观中国网，2010年10月11日，http://www.landscape.cn/news/23314.html，最后访问日期：2022年1月20日。

续表

启动年份	合作进展或项目	主要合作方	合作领域
2008	城市公用车颗粒物捕集试点项目	北京市政府,意大利环境、领土与海洋部	智能交通、颗粒物捕集与减排
2008	奥运村太阳能示范项目	北京市政府,意大利环境、领土与海洋部	新能源利用
2010	上海城市交通规划管理研究	中国环境保护部,意大利、环境领土与海洋部	节能减排、可持续交通

资料来源：笔者根据互联网资料和数据整理。

2010~2020 年，中意两国政府共签署三份合作行动计划,[①] 并划定了两国政府支持开展的重点合作领域。环境保护与可持续能源始终是重点合作领域之一。在双方政府的大力支持下，中国与意大利企业逐步发展成为双边能源合作的主力军。以中国国家电网有限公司（以下简称“中国国家电网”）、中国石油天然气集团有限公司（以下简称“中国石油”）、中兴通讯公司、意大利国家电力公司（以下简称“意大利 Enel 公司”）、意大利国家天然气输气公司（以下简称“意大利 Snam 公司”）、意大利国家天然气配气公司（以下简称“意大利 Italgas 公司”）为代表的两国大型能源企业间合作不断得到深化，为两国实现各自的碳中和与气候目标做出了重要贡献（见表 2）。

表 2　2010~2020 年中国与意大利企业间能源合作项目（部分）

启动年份	合作进展或项目	主要合作方	合作领域
2012	意大利单相智能电表核心部件供货项目	深圳长城开发科技股份有限公司、中国机械设备进出口总公司、意大利 Enel 公司	智能电表技术与零部件供应

① 三份行动计划分别为 2010 年 10 月发布的《中意关于加强经济合作的三年行动计划》、2014 年 6 月发布的《中意关于加强经济合作的三年行动计划（2014 年至 2016 年）》、2017 年 5 月发布的《中国和意大利关于加强经贸、文化和科技合作的行动计划（2017 年—2020 年）》。

续表

启动年份	合作进展或项目	主要合作方	合作领域
2013	签署科技合作谅解备忘录	中国华能集团、意大利 Enel 公司	工程建设、项目管理、节能环保技术
2014	签署核能合作谅解备忘录	中国核工业集团、意大利 Enel 公司	核电建设，核电站运营和维护、燃料供应、废物管理
2014	签署新能源项目合作协议	中兴通讯公司、意大利 Enel 公司	电动汽车、智能电网、新能源发电
2014	意大利安萨尔多能源公司40%股权收购项目	上海电气公司、意大利安萨尔多能源公司	重型燃气轮机的技术、制造、销售和服务
2014	新能源储能系统供应项目	比亚迪公司、意大利国家输电网公司（以下简称“Terna 公司”）	储能系统供应
2016	光纤网络监控系统的供货及安装项目	华为公司、意大利 Open Fiber 公司	光纤网络技术
2016	CDP Reti 公司 35%股权收购项目	中国国家电网、意大利存贷款银行	输电、输气与配气
2018	签署双边战略框架谅解备忘录	中国国家电网、意大利 Snam 公司	天然气与新能源
2019	签署双边合作框架协议	中国国家电网、意大利 Italgas 公司	能源基础设施的技术创新、企业管理与国际业务
2019	签署双边战略合作协议	中国石油、意大利 Snam 公司	天然气基础设施与新能源
2019	Gamma 新能源电厂股权收购项目	中国广核集团、意大利 Enel 公司	新能源发电
2020	签署战略合作谅解备忘录	中国国家管网集团、意大利 Snam 公司	节能减排、可持续交通

资料来源：笔者根据互联网资料和数据整理。

二　中国与意大利的能源转型战略

（一）中国的“双碳”目标

2020 年 9 月，中国国家主席习近平在第七十五届联合国大会一般性辩论上发表重要讲话并提出，中国的二氧化碳排放力争于2030年前达到峰值，努力争取2060年前实现碳中和。“双碳”目标的提出，彰显了中国积极应对气候变化、坚持低碳与能源转型道路、促进世界可持续发展的坚定决心，更是中国为构建人类命运共同体做出的庄严承诺。该目标提出后，引起国际社会广泛而积极的评价。习近平主席在2021年3月召开的中央财经委员会第九次会议上提出，实现碳达峰、碳中和是一场广泛而深刻的经济社会系统性变革，要把碳达峰、碳中和纳入生态文明建设整体布局。

2021年10月，《中共中央、国务院关于完整准确全面贯彻新发展理念做好碳达峰碳中和工作的意见》（以下简称《意见》）发布。《意见》明确了如期实现“双碳”目标的工作原则，确定了到2025年、2030年与2060年要完成的主要目标（见表3），并为各行业未来发展与相关法规和机制的进一步完善指明了方向。

表3 《意见》确定的主要目标

目标年份	主要目标
2025年	·绿色低碳循环发展的经济体系初步形成，重点行业能源利用效率大幅提升 ·单位国内生产总值能耗比2020年下降13.5%，单位国内生产总值二氧化碳排放比2020年下降18% ·非化石能源消费比重达到20%左右 ·森林覆盖率达到24.1%，森林蓄积量达到180亿立方米，为实现碳达峰、碳中和奠定坚实基础
2030年	·经济社会发展全面绿色转型取得显著成效，重点耗能行业能源利用效率达到国际先进水平 ·单位国内生产总值二氧化碳排放比2005年下降65%以上 ·非化石能源消费比重达到25%左右，风电、太阳能发电总装机容量达到12亿千瓦以上 ·森林覆盖率达到25%左右，森林蓄积量达到190亿立方米，二氧化碳排放量达到峰值并实现稳中有降
到2060年	·绿色低碳循环发展的经济体系和清洁低碳安全高效的能源体系全面建立 ·能源利用效率达到国际先进水平，非化石能源消费比重达到80%以上，碳中和目标顺利实现

资料来源：《中共中央 国务院关于完整准确全面贯彻新发展理念做好碳达峰碳中和工作的意见》，http：//www.rmzxb.com.cn/c/2022-03-03/3062767.shtml。

（二）意大利的国家气候与能源综合规划

继2017年11月发布《2020~2030年国家能源战略》、2019年1月首次发布《2030年气候与能源国家综合计划》之后，2020年1月，意大利经济发展部联合环境、领土与海洋保护部以及基础设施与交通部出台了最新版《2030年气候与能源国家综合计划》文件（以下简称《计划》）。

《计划》明确了意大利到2030年须在能源效率、可再生能源、碳减排、能源安全、能源基础设施互联、可持续交通等领域实现的目标，并制定了去碳化、能源效率、能源安全、能源市场一体化发展、创新研发和竞争力五条行动路线（见表4），为该国能源政策变革与去碳化发展提供了要遵循的原则和目标，并提出要助力欧盟能源政策变革。

表4 《计划》制定的五个行动路线

路线名称	主要内容
去碳化	·加速从传统能源向可再生能源过渡，逐步淘汰煤炭发电，大力发展新能源与天然气发电 ·实施相应的政策与措施，从而实现与国际及欧洲层面相一致的温室气体减排目标 ·进一步推动可再生能源发展，同时保护和提升现有产能，可再生能源占比力争提高到超过30% ·到2030年，意大利大型工商业应实现碳减排56%，第三产业、民用与陆路交通应实现碳减排35%
能源效率	·使用财政、经济、监管与规划工具组合，针对干预领域与受益方类型精准施策 ·将能源效率目标纳入其他政策措施中，从而优化行动的投入产出比
能源安全	·发展可再生能源，提升能源效率，从而减少对能源进口的依赖 ·在满足2050年碳中和目标的基础上，促进能源供应的多样化发展
能源市场一体化发展	·加速与其他欧盟成员国的能源基础设施互联与行业协同，加速欧盟能源市场的一体化发展 ·依托地缘优势，发展与第三国的能源基础设施互联，促进能源高效传输与利用
创新研发和竞争力	能源领域的创新研发活动将依据以下三个基本准则开展： ·在可再生能源、能源效率、能源网技术与相应的支持措施等方面调配资源并开展活动，从而形成促进市场开放的流程、产品与知识； ·实现能源系统与能源技术的协同整合； ·将2030年作为实现意大利与欧盟2050年碳中和目标的重要时间节点

资料来源：Ministero dello Sviluppo Economico Italiano, *Piano Nazionale Integrato per l'Energia e il Clima 2030*, 21 Gennaio 2020。

（三）意大利国家复苏与韧性计划

2021 年 4 月，意大利政府向欧盟提交了旨在促使疫后经济复苏的国家复苏与韧性计划（以下简称 PNRR）。2021 年 6 月，欧盟批准了该计划。

依据 PNRR，意大利将投资聚焦创新与数字化、绿色革命与生态转型、实现可持续交通的基础设施、教育科研、社会包容性、医疗健康等六个领域，2021~2026 年的总预算规模为 2221 亿欧元，其中 1915 亿欧元来自“下一代欧盟”复苏基金。① 在该计划中，用于绿色革命与生态转型项目的投资额占总预算的 40%，位居六个主要投资领域之首。实际上，早在 PNRR 尚未最终出台的 2021 年 3 月，意大利生态转型部部长罗伯托·辛加拉尼（Roberto Cingolani）便已提出在 2021~2026 年利用 800 亿欧元欧盟资金助力国家能源转型的构想，足见意大利对 2050 年实现该国与欧盟碳中和目标的重视程度。

三　中国与意大利能源合作展望

中国与意大利提出的能源转型战略规划，充分体现了各自实现可持续发展与碳中和目标的坚定决心。充分利用既有合作的经验与各自的优势，进一步深化能源领域的互利合作，符合两国的核心利益与诉求。

（一）未来主要合作领域

近年来，中意两国能源合作逐步走深走实，合作领域广阔，合作成果多样。当下，在以氢能为代表的清洁能源领域、可持续交通领域以及能源基础设施领域，两国合作潜力较大，前景广阔。

1. 氢能产业

作为一种高效清洁的能源，氢能便于储存，来源广泛，应用领域广阔。

① 其中 689 亿欧元为赠款，1226 亿欧元为低息贷款。

在能源转型的背景下，大力发展氢能产业，推动氢能的普及应用，是众多国家实现碳减排、碳中和目标的重要手段。

2018 年，中国国家能源集团、中国国家电网等企业宣布建立中国氢能源及燃料电池产业创新战略联盟，旨在汇集产学研各方面的技术资源，在氢能利用技术、技术标准、产业研发等领域开展深度合作，加速推进中国氢能产业布局。2020 年，中国国务院新闻办公室发布的《新时代的中国能源发展》白皮书提出，面向重大共性关键技术，部署开展可再生能源与氢能技术等方面研究，加速发展"绿氢"制取、储运和应用等氢能产业链技术装备，促进氢能燃料电池技术链、氢燃料电池汽车产业链发展。① 中国政府与企业的联合行动表明，中国氢能产业做大做强已势在必行。

依据意大利 2020 年底制定的《国家氢能战略初步指南》，到 2030 年，意大利"绿氢"电解容量将达到 500 万千瓦，力争实现 2%的全国天然气需求将由"绿氢"替代，实现二氧化碳减排 800 万吨。到 2050 年，意大利将力争使氢能满足 20% 的国家最终能源需求。② 意大利 Enel 公司、意大利 Italgas 公司、意大利 Snam 公司、芬坎蒂尼公司（以下简称"Fincantieri 公司"）等企业已在管网掺氢、氢能炼钢等领域开展先期试验或试点项目。

早在 2004 年，中国科技部、上海市科委、意大利环境与领土部、意大利伦巴第大区政府已签署氢能四方合作谅解备忘录，开展了众多卓有成效的氢能合作项目。面向未来，在两国政府氢能战略规划的指引下，依托各自的技术与资源优势，两国氢能产业合作应会成为加强双边能源合作与促进实现各自碳中和目标的新的发力点。

2. 可持续交通

交通领域的碳减排对于推动全球去碳化和能源转型至关重要。大力发展

---

① 中华人民共和国国务院新闻办公室：《新时代的中国能源发展》（白皮书），2020 年 12 月 21 日，https：//baijiahao. baidu. com/s？ id = 1686671745154890054&wfr = spider&for = pc，最后访问日期：2021 年 11 月 12 日。

② Ministero dello Sviluppo Economico Italiano, *Strategia Nazionale Idrogeno Linee Guida Preliminari*, novembre 2020.

清洁、绿色、可持续的新能源交通产业是助力世界早日实现碳中和的关键一步。

中国可持续交通行业近年来发展迅速。以新能源汽车为例，2020 年中国的新能源汽车产量达到 136.6 万辆，销量达到 136.7 万辆，已成为全球新能源汽车的主要消费国之一。依据国务院 2020 年发布的《新能源汽车产业发展规划（2021—2035 年）》，到 2025 年，中国新能源汽车的新车销量将占据全部新车销量的 20%，到 2035 年，纯电动汽车将成为新售车辆的主流。发展高铁产业同样是中国可持续交通领域助力碳减排的重要手段。依据中国国家铁路局公布的数据，截至 2020 年末，中国高速铁路运营里程为 3.8 万公里，居世界第一。高铁的运营部分替代了碳排放量较大的航空、公路与传统铁路客货运，是促进碳减排的有效途径。

意大利同样重视发展可持续与新能源交通产业。依据 PNRR，2021～2026 年，意大利将在可持续交通领域投资 412 亿欧元，其中 297 亿欧元将用于促进各大区与城市的可持续交通发展，近 80 亿欧元用于对交通产业的电气化改造，近 35 亿欧元用于优化全国公路基础设施的安全性能。意大利的可持续交通技术开发与应用能力处于世界领先水平。2020 年，意大利 Snam 公司分别与意大利国家铁路集团（Ferrovie dello Stato Italiane，以下简称“FS 集团”）和法国阿尔斯通公司（Alstom）签署协议，旨在开展针对氢动力列车技术研发与商业运营模式的合作。意大利也因此成为全球最早启动氢能列车技术研发的国家之一。2021 年，意大利 Snam 公司与 Fincantieri 公司、MSC 集团共同启动了全球首艘氢能邮轮的联合技术研发工作。意大利 Enel 公司旗下专注于能源转型产业的 Enel X 公司也于 2021 年同大众集团签署合作协议，拟在意大利设立合资企业，运营电动汽车充电基础设施，计划到 2025 年在意大利全境运营超过 3000 家最大功率为 350 千瓦的电动汽车充电站。

近年来，中意两国企业与各类机构已开展众多卓有成效的合作项目。2017 年，中国铁路通信信号股份有限公司下属北京全路通信信号研究设计院集团有限公司（以下简称“通号院”）与 FS 集团下属意大利国家铁路工程公司（Italferr）签署轨道交通领域战略合作谅解备忘录。两家企业均在高铁列车控制系统与工程设计领域拥有出众实力，并开展了广泛的技术交流、人员互访与项目合作，促进了中意两国在智能化与可持续铁路领域的合作。2020 年，中国威马汽车公司与 Enel X 公司签署战略合作协议，并在智能电动汽车出口与售后服务、充电基础设施配套、充电体验提升，以及车桩双向充电技术应用等领域开展了广泛合作。2021 年，中国中铁股份有限公司生产的土压平衡盾构机“中铁 977 号”顺利通过在线验收，并将助力意大利那不勒斯—巴里高速铁路项目建设。

综上所述，中意两国在可持续交通领域的战略规划协同性高，既有合作成果丰硕。放眼未来，可持续交通将继续在实现碳中和目标的能源转型进程中扮演重要角色，两国企业与各类机构在项目开发与科研创新层面的合作潜力仍然巨大。

3. 能源基础设施

为促进全球可持续发展，优化升级能源基础设施同样至关重要。构建清洁化、电气化、网络化与智能化的全球能源互联网，优化天然气输配管网设施均是优化能源配置、实现能源高效利用、保障全球能源安全清洁可持续供应的重要手段。

2015 年，中国国家主席习近平在联合国发展峰会上首次提出构建全球能源互联网的“中国倡议”，呼吁推动以清洁和绿色方式满足全球电力需求。2016 年，全球能源互联网发展合作组织在京正式成立。中国华能集团、中国华电集团、中国国家电网、Terna 公司、NE Nomisma Energia 公司等中意能源企业均为该组织的会员单位，并以推动构建全球能源互联网、以清洁和绿色方式满足全球电力需求、服务人类社会可持续发展为目标，开展了广泛的人员互访与科研合作。

2019~2020 年，意大利 Snam 公司与中国石油、中国石油化工股份有限公司、中国国家管网集团、上海石油天然气交易中心等企业与机构签署合作协议，旨在利用双方各自的优势，推动两国天然气管网基础设施行业的发展，共同应对气候挑战，保障安全的能源供应。

综上所述，在促进可再生能源发展的同时，进一步保障能源安全、稳定、高效供应仍将是两国能源基础设施领域优化升级的重点方向，未来两国企业与机构间的合作将大有可为。

（二）未来主要合作方式

综上所述，不难发现，在中国与意大利政府的支持与推动下，两国在能源领域的合作模式正不断拓展。展望未来，两国能源合作的潜力将有望通过第三方市场合作、股权投资、合作研究与人才培养等方式进一步得到释放。

1. 第三方市场合作

近年来，中意两国第三方市场合作机制不断完善。2018 年，两国政府在北京签署了《关于开展第三方市场合作的谅解备忘录》，建立了两国企业开展第三方市场合作的机制。① 2019 年，两国首次举办“中意第三方市场合作论坛”，多家中意基础设施建设与能源类企业出席论坛，标志着两国第三方市场合作取得实质性进展。2020 年 12 月，两国政府就第三方市场合作第一轮重点项目达成一致，清单涵盖能源化工、基础设施和金融等领域，合作区域涉及非洲、东欧和南亚等地区。2021 年 11 月，两国进一步确定第三方市场合作第二轮重点项目清单，涉及石油、化工等领域。该清单指出，意大利企业在环保、工程建设等行业具有独特优势，中国企业在能源、基础设施建设、装备制造等领域积累了丰富经验，双方企业都有自己的优势且互补性较强，开展第三方市场合作潜力较大。②

就开展第三方合作而言，中意两国能源企业重点目标市场的重合度较高，且业务发展具有互补性。以中国国家电网与意大利 Enel 公司为例，2014~2020 年，中国国家电网先后收购了巴西 CPFL 公司、智利 Chilquinta

① 《中意就第三方市场合作第一轮重点项目达成一致》，中华人民共和国国家发展和改革委员会网站，2020 年 12 月 30 日，https：//www. ndrc. gov. cn/fzggw/jgsj/wzs/sjjdt/202012/t20201230_1260970. html？code=&state=123，最后访问日期：2021 年 11 月 12 日。

② 《中国-意大利达成第三方市场合作第二轮重点项目清单》，中华人民共和国国家发展和改革委员会网站，2020 年 10 月 29 日，https：//www. ndrc. gov. cn/fzggw/jgsj/zys/sjdt/202110/t2021 1029_ 1302275. html？code=&state=123，最后访问日期：2021 年 11 月 8 日。

公司的部分资产，并相继实施巴西美利山一期、二期等多个特高压直流输电项目，投资领域集中在南美洲输配电领域。意大利 Enel 公司于 2018 年收购巴西 Eletropaulo 公司的控股权，[①] 旗下巴西绿色能源公司（Enel Green Power Brasil）投资建设的巴西 71.6 万千瓦 Lagoa dos Ventos 风电场也于 2021 年 6 月投入运行。[②] 意大利 Enel 公司在南美洲的投资方向聚焦新能源领域。这些为两家企业在南美市场开展优势互补的能源转型合作提供了机遇。

2021 年 10 月，中国国务委员兼外交部长王毅在同意大利外交与国际合作部部长迪马约举行会谈时表示，中方愿同意方继续推进第三方合作，使中意继续走在高质量共建“一带一路”的前列。迪马约回应称，意方愿以共建“一带一路”为新起点，推进双方全方位合作。[③]

综上所述，两国政府的积极支持与企业间的优势互补为中意进一步开展第三方市场能源合作奠定了良好的基础。两国在第三方市场持续深化能源合作也将为落实“一带一路”倡议、构建人类命运共同体提供更多良好实践。

2. 股权投资

股权投资在中意两国既有的能源合作中占据重要地位。2014 年，中国人民银行以 20 亿欧元分别收购意大利埃尼公司（Eni）与意大利 Enel 公司 2.1%与 2.07%的股权。同年，中国国家电网以 21 亿欧元收购意大利存贷款银行旗下意大利存贷款能源网公司（CDP Reti）35%的股权。2019 年，中国广核集团以 6.6 亿欧元从意大利 Enel 公司收购总装机 54 万千瓦的三家巴西可再生能源电厂。

---

① Luca Pagni, “Enel conquista il Brasile e sale al 73, 4% di Eletropaulo”, *La Reppublica*, 5 giugno 2018, https: //www. repubblica. it/economia/finanza/2018/06/05/news/enel - 198195121/, 最后访问日期：2021 年 11 月 20 日。

② “Enel Green Power, parco eolico in Brasile a Lagoa dos Ventos: il più grande del Sudamerica”, *blitzquotidiano*, 11 Giugno 2021, https: //www. blitzquotidiano. it/energia//enel - green - power - parco-eolico-in-brasile-a-lagoa-dos-ventos-il-piu-grande-del-sudamerica-3360657，最后访问日期：2021 年 11 月 10 日。

③ 《王毅同意大利外交与国际合作部长迪马约举行会谈》，中国一带一路网，2021 年 11 月 1 日，https: //www. yidaiyilu. gov. cn/xwzx/bwdt/194847. htm，最后访问日期：2021 年 11 月 12 日。

在能源转型的时代背景下，越来越多的能源企业将依据自身业务发展规划，加大对新能源等新兴领域的投资，这为中意两国能源企业在未来进一步开展股权投资或联合收购提供了合作机遇。

3. 科研与人才培养

自 2000 年中国与意大利政府建立环保合作框架以来，两国科研院所与大学在可持续发展与能源领域的科研与人才培养合作取得了众多成果。以同济大学为例，2005 年，同济大学与意大利环境与领土部联合设立“意大利-同济技术转移中心”，双方在建筑、交通等领域的能源效率技术方面开展了多项科研合作。2012 年，意大利环境、领土与海洋部与同济大学签署协议，设立中意可持续发展中心。2014 年，意大利环境、领土与海洋部与中国科学技术部和同济大学三方联合启动同济大学运筹楼改建工作。2016 年，同济大学与意大利环境、领土与海洋部签署联合声明，旨在进一步促进两国大学、科研机构在可持续发展领域的教育、联合培养、科学研究的合作，并通过科技孵化、转移与产业化，推广意大利可持续发展的经验和成就。[①]

展望未来，在碳中和目标的驱动下，两国大学与科研机构依托各自的优势，在碳捕捉、利用与存储技术以及智能电网与储能等领域的联合科研与人才培养合作仍将大有可为，也将成为进一步加强两国能源合作、深化双边关系的重要纽带。

四　结语

在能源转型的时代背景下，中国与意大利开展能源合作意义重大。首先，中意两国间的能源合作符合各自的核心利益，将在推动两国实现碳中和目标的进程中持续发挥核心作用。其次，能源合作有助于促进两国前沿领域的人才与技术交流，推动能源行业转型升级，促进两国关系健康发展。最

① 余宙：《同济大学与意大利环境部合作环保楼揭幕——筹谋帷幄之中，共图全球可持续发展》，同济大学中意学院，2017 年 6 月 7 日，https：//fao. tongji. edu. cn/1e/4b/c9013a73291/page. htm，最后访问日期：2021 年 11 月 12 日。

后，双边能源合作还将惠及第三方市场，深化“一带一路”合作，并为应对气候变化提供中意联合解决方案，助力全球能源转型，推动构建人类命运共同体，为世界各国人民带来切实的利益。相信双方政府的大力支持与企业的积极探索将推动两国能源合作不断取得新成绩。

B.14

中国与意大利民航业碳减排路径与合作前景研究*

孙彦红　孙雅雯　〔意〕路易吉·农齐亚塔**

摘　要：　近年来，碳达峰与碳中和正在全球范围内获得越来越多的认知和共识。民航业是全球经贸活动的重要组成部分和关键支撑，同时其碳排放具有显著的跨国属性，实现减排目标离不开国家间密切协调合作。鉴于意大利民航业在节能减排方面成绩颇为突出，而应对气候变化和可持续发展又是中意两国合作重点方向，本文拟对中意两国民航业碳减排的路径进行对比研究，并尝试探讨两国民航业节能减排的合作前景。研究表明，尽管中意两国民航业处于不同发展阶段，节能减排面临的挑战有所不同，但是目前双方都在努力通过技术创新驱动绿色转型，并积极参与内部及国际碳交易市场，以技术创新和市场化机制两个主要路径实现碳减排目标。在这两个共同路径下，两国民航业绿色可持续发展的合作前景颇为广阔。

关键词：　中国　意大利　民航业　碳减排

---

* 本文根据中国社会科学院欧洲研究所与意大利政治经济与社会研究所（EURISPES）共同完成的中意智库合作项目报告《中国与意大利民航业碳减排路径与合作前景研究》改写。感谢中国东方航空集团有限公司和环球网对本研究的支持。

** 孙彦红，经济学博士，中国社会科学院欧洲研究所研究员，欧洲经济研究室主任，中国欧洲学会意大利研究分会秘书长，主要研究领域为欧洲经济、意大利研究、中欧/中意经贸关系；孙雅雯，经济学博士，中国社会科学院欧洲研究所助理研究员，主要研究领域为欧洲绿色经济、中欧经贸关系；〔意〕路易吉·农齐亚塔（Luigi Nunziata），意大利航空运输公司（ITA Airways）燃料管理部经理，曾任意大利航空公司（Alitalia）燃料管理部高级经理。

引　言

近年来，随着气候变化导致的全球生态系统危机加速显现，碳达峰与碳中和正在全球范围内获得越来越多的认知和共识。继《京都议定书》之后，《联合国气候变化框架公约》下的第二份有法律约束力的气候协议《巴黎协定》正式达成并于2016年11月正式生效。与此同时，碳减排实践也已在世界各地如火如荼地开展起来。进入2021年，全球极端气候事件频发令各国政府和民众进一步意识到气候变化产生的巨大破坏力，全球范围内的碳减排行动正加速推进。

民航业是重要的交通运输部门，也是全球经贸活动的重要组成部分和关键支撑，其碳减排状况受到国际社会广泛关注。2019年，民航业碳排放总量占全球交通运输业碳排放总量的10%，占全球碳排放总量的2%~3%。尽管份额并不算高，但是其增长速度惊人，是全球碳排放增长最快的行业之一。根据国际民航组织（International Civil Aviation Organization，以下简称ICAO）的数据和预测，2013~2019年，全球民航业碳排放总量增加了29%。如果不加控制，到2050年全球将有25%的碳排放量来自民航业。[①]可见，民航业碳减排既必要又迫切。近年来，世界各国民航业在节能减排方面做了不少努力，也取得了一些成效。然而，在全球民航业整体运营规模迅速扩大的背景下，要实现该行业碳中和的目标仍然极具挑战性。

值得关注的是，民航业碳排放具有显著的跨国属性，实现减排目标离不开国家间密切协调合作。基于此，近年来ICAO在推进该行业碳减排方面发挥着重要的引导和协调作用。2010年，ICAO第37届大会首次提出自2020年起实现民航业碳排放中性增长的目标。此后，ICAO提出了全球民航业碳减排一揽子措施的四个主要方向，分别是飞机技术创新、使用可持续替代燃料、提高机队运营和基建管理效率，以及通过市场化机制促进减排。2016

① ICAO, *CO_2 Emissions from Commercial Aviation 2018*, working paper, September 20, 2019.

年 ICAO 第 39 届大会推动通过了第一个全球性行业减排市场机制，即国际航空碳抵消和减排机制（CORSIA），明确了自 2020 年起实现行业碳排放中性增长的目标。[①] 然而，基于经济发展阶段和民航业发展状况的差异，世界各主要经济体对 CORSIA 的目标设置与具体实施方案持不同意见，该机制的落实仍存在较大争议。

鉴于民航业减排需要国家间协调合作，开展跨国比较研究具有重要意义。作为西方发达国家之一，同时也是欧盟第三大经济体，意大利向绿色经济转型方面取得的成绩在欧盟成员国中名列前茅。在能源转型方面，2014 年意大利可再生能源占最终能源消耗的比重升至 17.1%，提前 6 年完成了欧盟为其设定的 2020 年目标（17%）。在能效方面，受到严格的能效标准、白色证书机制与公共部门“热力账户”等制度以及大规模安装智能电表的积极推动，近年来意大利的能效表现不仅明显优于欧盟整体水平，也优于德国和法国，位于欧盟大国之首。欧盟统计局（Eurostat）的数据显示，2019 年，意大利生产 1000 欧元 GDP 的平均能耗为 97.37 千克油当量，远低于欧盟整体水平（114.21 千克油当量），也明显低于德国（103.07 千克油当量）、法国（112.8 千克油当量）。具体到民航业节能减排，意大利的表现也比较突出，不仅在技术创新上开展了不少尝试，在制度和机制设计上也积累了丰富经验。基于此，围绕中国与意大利民航业碳减排的实践开展对比研究，可为中国民航业立足于自身国情与行业发展状况更好地实现“双碳”目标提供启示。

此外，在《中国和意大利关于加强经贸、文化和科技合作的行动计划（2017 年—2020 年）》中，两国确定了七大优先合作领域，其中的环境与可持续能源、航空、基础设施和交通等领域均直接涵盖或间接涉及民航业。2021 年 9 月 7 日，中国国家主席习近平与意大利总理德拉吉通电话，双方均表达了加强两国在应对气候变化和可持续发展等领域合作的重要性。可

---

① CORSIA 创立时设定的计算基准线是 2019 年和 2020 年的平均排放量，考虑到新冠疫情对全球民航业的冲击，ICAO 理事会于 2020 年 7 月通过了将 2019 年排放量作为基准线的提案，并拟提交 ICAO 第 41 届大会审议。

见，开展中意民航业碳减排的对比研究并探讨合作路径，对于在新形势下加强两国务实合作，进而夯实两国全面战略伙伴关系也将有所助益。

一　中国民航业实现“双碳”目标的计划与路径

（一）中国民航业“双碳”目标提出背景及面临的挑战

“2030 年碳达峰”“2060 年碳中和”的提出不仅是中国响应《巴黎协定》的有力承诺，也彰显了中国作为负责任发展中大国的担当。就民航业而言，中国民航业规模位列世界第二且仍处于快速发展中，加之疫情后民航业发展有触底反弹趋势，中国民航业要实现“双碳”目标面临多重挑战。

第一，民航业自身的特殊性决定了其实现“双碳”目标难度较大。民航业对其他经济活动发挥着不可替代的赋能作用，其碳排放总量增势不易扭转；民航业跨境运营的独特性令其碳减排存在天然的复杂性和多边性；民航业碳排放涉及产业链上中下游多个环节和多元主体，协调推进的难度较大。

第二，严峻的国际减排环境令中国民航业承受较大压力。中国民航业正处于快速发展阶段，在“发展”与“减排”之间求平衡的难度较大。CORSIA 未能给予发展中经济体适当的发展和排放空间，且购置碳配额的抵消手段也加大了技术创新的资金约束，这给中国民航业碳减排带来较大压力。

第三，国内不断提升的碳减排要求也是民航业面临的巨大挑战。中国民航业“双碳”工作实施方案正酝酿出台，未来全国碳排放交易市场也将把民航业纳入其中，减排要求将不断提升。中国民航业要在不到十年内实现碳达峰，在不到四十年内实现碳中和，快速发展期叠加“双碳”推进关键期，任务十分艰巨。

（二）中国民航业碳减排政策及落实进展

虽然面临诸多困难，但是过去多年来，节能减排始终是中国民航业的优先日程之一，且取得了可圈可点的成绩。目前，中国民航业已初步形成了涵盖政策规划体系、指标评价体系、绿色标准体系和碳排放监测/报告/核查体系（以下简称 MRV 体系）等内容的绿色低碳发展综合性顶层框架。政策规划体系方面，设置了行业五年发展规划提出节能减排的总体目标，并颁布了具体技术和任务的专项实施方案；指标评价体系方面，建立了行业高质量发展指标框架体系，并将节能减排相关指标纳入其中；绿色标准体系方面，针对机场已形成从规划施工到能效评价的一系列标准和指南；MRV 体系方面，初步建成应对国内碳管控和 CORSIA 的 MRV 体系规范，并积累了一定的实践经验。近年来中国政府及民航局相关部门颁布的针对或涉及民航业碳减排的主要政策文件及节能减排目标见表 1 和表 2。

在“十一五”和“十二五”期间，中国民航业重点关注节能减排技术应用。2006 年，民航局发布《中国民用航空发展第十一个五年规划》，提出中国民航发展需“节约资源，保护环境，提高效益，降低成本”。2008 年，国家发改委和民航局发布《民航行业节能减排规划》，提出“以提高能源效率为核心”，“以航空节油、控制排放为重点”。2011 年，民航局发布《中国民用航空发展第十二个五年规划》，提出“建设资源节约型和环境友好型民航”。同年，民航局出台《关于加快推进行业节能减排工作的指导意见》，对 2011~2020 年工作进行部署。2012 年，《国务院关于促进民航业发展的若干意见》发布，其中提出“切实打造绿色低碳航空”的工作任务。同年，财政部和民航局发布《民航节能减排专项资金管理暂行办法》，设立民航业节能减排专项资金，此后还出台了多个资金项目指南。2013 年，国家发改委印发《中国民用航空企业温室气体排放核算方法与报告指南（试行）》，要求全国民航重点企业每年开展碳排放报送与核查工作。

表 1　中国民航业绿色低碳发展的主要政策文件

年份	政策文件
2006	《中国民用航空发展第十一个五年规划》
2008	《民航行业节能减排规划》
2011	《中国民用航空发展第十二个五年规划》

续表

年份	政策文件
2011	《关于加快推进行业节能减排工作的指导意见》
2012	《国务院关于促进民航业发展的若干意见》
2012	《民航节能减排专项资金管理暂行办法》
2013	《民航节能减排专项资金项目指南(2013—2014年度)》
2013	《中国民用航空企业温室气体排放核算方法与报告指南(试行)》
2014	《民航节能减排专项资金项目指南(2015年度)》
2015	《民航节能减排专项资金项目指南(2016—2018年度)》
2017	《中国民用航空发展第十三个五年规划》
2017	《民航节能减排"十三五"规划》
2017	《关于全面深入推进绿色交通发展的意见》
2018	《关于深入推进民航绿色发展的实施意见》
2018	《打赢蓝天保卫战三年行动计划》
2018	《民航贯彻落实〈打赢蓝天保卫战三年行动计划〉工作方案》
2018	《民用航空飞行活动二氧化碳排放监测、报告和核查管理暂行办法》
2019	《中国民航高质量发展指标框架体系(试行)》
2020	《关于规范民用航空飞行活动碳排放核查报告编制有关问题的通知》
2020	《中国民航四型机场建设行动纲要(2020—2035年)》
2021	《中华人民共和国国民经济和社会发展第十四个五年规划和2035年远景目标纲要》
2021	《关于"十四五"期间深化民航改革工作的意见》
2021	《"十四五"深化民航改革工作方案(2021—2025)》
2021	《中共中央 国务院关于完整准确全面贯彻新发展理念做好碳达峰碳中和工作的意见》
2021	《2030年前碳达峰行动方案》

资料来源：笔者搜集整理。

2015年党的十八届五中全会将绿色发展纳入新发展理念，民航业也加快了绿色发展步伐。“十三五”时期，民航业减排更加突出政策管理体系及配套产业协同的重要性。2017年，民航局出台《中国民用航空发展第十三个五年规划》和《民航节能减排“十三五”规划》，提出到2020年吨公里能耗和二氧化碳排放五年平均比“十二五”期间下降4%以上。2017年，交通运输部发布《关于全面深入推进绿色交通发展的意见》，提出民航业“单位运输周转量能耗比 2015 年降低 7%”的目标。2018 年，国务院发布《打赢蓝天保卫战三年行动计划》，提出民航业应加快推进机场场内“油改电”建设和大力推广飞机岸基供电即飞机辅助动力装置（APU）替代。按照这一部署，民航局发布《民航贯彻落实〈打赢蓝天保卫战三年行动计划〉工作方案》《关于深入推进民航绿色发展的实施意见》《民用航空飞行活动二氧化碳排放监测、报告和核查管理暂行办法》等政策文件。2019 年，民航局发布《中国民航高质量发展指标框架体系（试行）》，建立民航业高质量发展评价体系。2020 年，民航局印发《关于规范民用航空飞行活动碳排放核查报告编制有关问题的通知》，对航空公司展开碳排放核查。同年，民航局发布《中国民航四型机场建设行动纲要（2020—2035 年）》，拓展民航绿色发展内涵。

表 2　中国民航业节能减排的政策目标

政策文件	目标年	目标水平
《中国民用航空发展第十一个五年规划》(2006)	2010	吨公里能耗降低 10%左右,预计目标值为 0.302 千克
《民航行业节能减排规划》(2008)	2015	吨公里能耗和二氧化碳排放均比 2005 年下降 15%
《中国民用航空发展第十二个五年规划》(2011)	2015	吨公里能耗和二氧化碳排放五年平均比“十一五”期间下降 3%以上
《关于加快推进行业节能减排工作的指导意见》(2011)	2013	吨公里能耗和二氧化碳排放比 2005 年下降 11%
	2015	吨公里能耗和二氧化碳排放比 2005 年下降 15%
	2020	吨公里能耗和二氧化碳排放比 2005 年下降 22%
《中国民用航空发展第十三个五年规划》(2017)、《民航节能减排“十三五”规划》(2017)	2020	吨公里能耗和二氧化碳排放五年平均比“十二五”期间下降 4%以上,预计目标值分别为 0.281 千克和 0.889 千克
《关于全面深入推进绿色交通发展的意见》(2017)	2020	单位运输周转量能耗比 2015 年降低 7%

续表

政策文件	目标年	目标水平
《关于深入推进民航绿色发展的实施意见》(2018)	2020	初步建成绿色民航政策体系、标准体系、考评体系
	2035	民航绿色发展政策体系、标准体系、考核评价体系成熟完备
	21 世纪中叶	民航绿色发展方式和绿色出行方式全面形成,绿色管理水平实现国际领先
《2030 年前碳达峰行动方案》(2021)	2030 年	民用运输机场场内车辆装备等力争全面实现电动化

资料来源：笔者搜集整理。

2021 年 3 月，十三届全国人大四次会议通过的《中华人民共和国国民经济和社会发展第十四个五年规划和 2035 年远景目标纲要》中针对民航业等部门提出“深入推进工业、建筑、交通等领域低碳转型”的指导要求。在此基础上，民航局发布行业纲领性文件《关于“十四五”期间深化民航改革工作的意见》及《“十四五”深化民航改革工作方案（2021—2025）》，对各部门工作进行具体部署。2021 年 10 月，国务院先后发布《中共中央 国务院关于完整准确全面贯彻新发展理念做好碳达峰碳中和工作的意见》与《2030 年前碳达峰行动方案》，提出“加快推进低碳交通运输体系建设”，加快发展航空航天等战略性新兴产业，针对民航业提出要“提升机场运行电动化智能化水平，发展新能源航空器”“加快先进适用技术应用，提升民航运行管理效率，引导航空企业加强智慧运行，实现系统化节能降碳”“到 2030 年，民用运输机场场内车辆装备等力争全面实现电动化”等要求。目前，相关部门正加紧编制中国民航业“双碳”工作方案。

得益于上述一系列顶层设计与政策的推动，中国民航业碳减排不断取得实效，行业绿色发展水平也在稳步提升。

在能耗和碳排放方面，2019 年，中国民航业吨公里油耗为 0. 285 千克，较 2005 年下降 16. 2%；吨公里二氧化碳排放为 0. 898 千克，达到历史最优水平；机场平均每客能耗 0. 898 千克标煤，每客二氧化碳排放 0. 553 千克，分别较基线（2013~2015 年均值）下降 15. 8%和 28. 8%。

在绿色机场建设方面，2020 年机场桥载设备使用率达 100%，飞机辅助动力装置替代设备三年累计节油 40 余万吨，相当于碳减排近 130 万吨、各种大气污染物减排近 4900 吨；2019 年机场内电动车辆占比 16.3%（2018 年为 5%），机场汽、柴油消耗同比减少 1100 吨；成都双流机场、北京首都机场、广州白云机场等部分机场利用车联网、微储能、机场能源与设备智能监控系统等，优化机场电力供给和使用效率。中国东方航空公司（以下简称东航）针对地面燃油成本控制成立了专项工作组，推广桥载设备替代飞机辅助动力装置等行动、地面车辆“油改电”等项目，东航大兴基地实现了 100%电动车。在特种车辆技术方面，东航与国内制造企业合作，成功研发出全球首台 35 吨纯电动平台车和 50 吨纯电动有杆飞机牵引车。

在相关产业发展方面，2012~2018 年，民航业节能减排技术应用的专项支持项目共计 1379 个；民航业支撑蓝天保卫战的实施项目超过 100 个；国内装备制造厂商加大资源投入，不断提升产品性能，为民航业绿色发展提供产品支撑。例如，东航与中国石化、中国航油、中国民航局第二研究所等持续开展国内航空可持续燃料研发，助力中国自主产权航空可持续燃料的大规模商业化应用和推广。早在 2013 年，东航就成功实施中国首次自主产权生物航空燃油验证试飞。中国国际航空公司（以下简称国航）、北京首都机场及有关设备商联合技术攻关，有效解决了飞机辅助动力装置替代设备安全高效保障新型飞机（如 B787、A350 等）的技术难题，相关产业绿色发展的内生动力明显增强。此外，在电力替代设备的性能提升、大型新能源机场特种设备研发等方面也取得了一系列首创性成果。

在碳交易方面，东航于 2021 年 10 月执飞了中国首班全生命周期碳中和航班，并购买了林业碳汇、可再生能源等碳抵消产品，在 780 个航班上开展碳中和航班试点，同时吸引旅客互动参与，普及绿色减碳概念。

二　意大利民航业碳减排的计划与路径

意大利的温室气体减排政策既涉及该国政府在国际组织中所做的承诺，

也体现了意大利作为欧盟成员国所做的努力。换言之，要理解意大利政府为推动民航业碳减排、实现可持续航空运输而出台的举措，首先要关注该国所处的国际规则环境和要执行的欧盟层面的政策。在国际层面，根据《巴黎协定》，全球民航业确定了两个碳减排目标：第一，将二氧化碳净排放量稳定在 2020 年水平（即碳排放中性增长）；第二，2050 年的二氧化碳排放量减至 2005 年排放水平的 50%及以下，接下来逐步实现“净零”排放。对于意大利而言，要实现这两个目标面临巨大挑战。特别是，实现 2050 年排放量减半（甚至归零）只有基于以下支柱采取切实行动才有可能：（1）由飞机和发动机制造商进行技术开发；（2）通过航空运营商、机场基础设施和交通控制提高运营效率；（3）使用可持续替代燃料（Sustainable Alternative Fuels，以下简称 SAF）；（4）利用经济手段和市场化机制鼓励减少排放，其中自 2021 年起实施的 CORSIA 和自 2005 年起实施的欧盟碳排放交易体系（EU-ETS）最为重要。

以下将梳理欧盟层面发展可持续航空运输的政策框架，并在此基础上评析意大利 2021 年航空运输业新战略以及意大利航空运营商针对碳减排所做的一系列中短期和长期努力。

（一）欧盟可持续航空运输的主要措施

在欧盟层面，称得上发展可持续空中交通系统的战略和计划的文件主要包括四个，以下逐一做简要梳理。

第一，建立“欧洲单一天空”（Single European Sky）条例。[①] 自 2004 年以来，依据这一条例，欧盟获得了管理其境内空中交通的权限。欧盟的目标是改革相关管理体系，在确保安全性、遵循成本效率原则和保护环境的前提下，促进空中交通业务和相关服务的可持续增长。在之后的几年里，欧盟又对该条例做了更新和调整。

---

① European Union, *Regulation (EC) No. 549/2004 of the European Parliament and of the Council of 10 March 2004 laying down the framework for the creation of the single European sky (the framework Regulation)*, 2004.

第二，“欧洲单一天空”空中交通管理研究计划（以下简称 SESAR 计划）。SESAR 计划的目标是通过技术创新和优化运营解决方案提高空中交通管理能力，使各类空中交通管理系统更加现代化和协调有序，以便在技术上支持“欧洲单一天空”条例落实。该计划提出到 2030 年令欧盟拥有高性能的空中交通管制基础设施，同时促进航空运输的安全和环境友好型发展。自 2005 年至 2020 年，该计划包括三个相互延续、逐步递进的阶段：（1）定义内容和优先事项阶段，（2）开发新技术系统、组件和运营流程阶段；（3）打造有助于实现“欧洲单一天空”目标的下一代空中交通管理系统的实施阶段。

第三，“欧洲绿色协议”（European Green Deal）。2019 年底，欧盟委员会发布了“欧洲绿色协议”通报，将其作为欧盟面向 2030 年和 2050 年的可持续发展政策的新纲领。[①] 该通报重新设定了欧盟应对气候和环境挑战的承诺，提出到 2050 年实现温室气体净零排放的目标，同时令经济增长与资源利用脱钩。该通报提出了落实协议所需的关键政策和措施及其初步路线图，并强调，要实现相关目标，必须重新考虑经济、工业、生产与消费、大规模基础设施、交通、食品和农业、建筑、税收和社会公益等诸多领域的清洁能源供应政策。在专门涉及智能交通政策的章节中，该通报指出，“为了实现气候中和，到 2050 年，欧盟交通运输部门的排放量需减少 90%……在航空方面，需要重新启动‘欧洲单一天空’有关计划，因为这将有助于大幅减少航空排放……应通过解决飞机和机场运营的污染物排放问题来改善机场附近的空气质量”。

第四，“适应 55”（Fit-for-55）一揽子计划。2021 年 7 月 14 日，欧盟委员会公布“适应 55”一揽子立法和政策提案，提出了到 2030 年欧盟温室气体排放量较 1990 年减少 55%的目标。[②] 这一揽子计划包括指令、条例和其他措施等十二项举措。关于燃料和民用航空部门，这一计划指出，欧盟委

① European Commission, “The European Green Deal”, COM (2019) 640, 2019.

② European Commission, “Fit for 55: delivering the EU’s 2030 Climate Target on the way to climate neutrality”, COM (2021) 640, July 14, 2021.

员会正在提议促进航空和海运部门利用可持续燃料，作为其参与 EU-ETS 的补充。ReFuel EU 航空倡议计划将推动燃料供应商越来越多地将可持续航空燃料混合到欧盟机场现载的喷气式飞机燃料中，并鼓励使用合成燃料，即电力合成燃料（e-fuels）。欧盟还将成立“零排放航空联盟”，以确保市场为飞机能源的颠覆性变革做好准备。此外，EU-ETS 已实行 15 年，且在减少温室气体排放方面取得了不少成效，为适应新的减排目标，该体系的改革已提上欧盟工作日程。

（二）意大利2021年航空运输业新战略

2021 年初，根据意大利国家复苏与韧性计划（以下简称 PNRR），意大利基础设施与可持续交通部在可持续交通指南的框架内提出了发展航空运输业的政策。根据这一政策，航空运输必须完全融入一个连贯和协调的运输网络之中，必须减少相关基础设施对环境的影响，并促进以零排放为目标的脱碳方案。具体措施包括通过有害排放物和噪声更少的新一代飞机来更新机队，制定一项新战略来利用目前尚未向商业航空开放的小型机场，修订国家机场计划，等等。

2021 年 6 月 22 日，欧盟委员会批准了意大利的 PNRR。[①] 该计划被意大利政府定义为“划时代的举措”，其改革和投资项目可划分为 16 个部分，整合为六个使命，分别是：（1）数字化、创新、竞争力、文化与旅游；（2）绿色革命与生态转型；（3）实现可持续交通的基础设施；（4）教育与研究；（5）包容与凝聚力；（6）健康。PNRR 的许多措施旨在支持意大利国家体系的生态转型。该计划的第三个使命的目标是到 2026 年建立一个更加现代化、数字化和可持续的基础设施系统，该使命的第二部分明确了民航业的发展目标，即实现物流链的数字化、空中交通数字化和空中交通的生态可持续管理。为实现这些战略目标，必须“以生态可持续方式管理空中交通并确保机场的数字化和最优化管理”。

---

① Governo Italiano, *Piano Naizonale di Ripresa e Resilienza*, 2021.

PNRR 的“投资 3.2”章节规定，“应用于航空运输部门的数字创新可以改进飞机在航路空域和临近机场的排序，从而减少燃料消耗。这将涉及开发航空信息数字化的新工具，以及为无人驾驶飞机提供平台和服务”，并重申“信息的安全共享还将允许创建新一代通信主干网，能够连接飞行辅助系统的各个操作站点，以保证网络安全要求的覆盖范围，并将空中导航服务供应商（ANSP）与其他相关方连接起来。这些项目涉及无人驾驶交通管理系统（UTM）的开发和互联、航空信息的数字化、云基础设施的创建和基础设施运营的虚拟化、新维护模式的定义以及信息的安全共享”。

总之，虽然意大利 PNRR 仅用 1.1 亿欧元支持机场和交通控制基础设施的数字化，但是其致力于更高效地促进综合物流运输和多式联运，开放新的运输形式（先进的空中运输系统、无人驾驶飞行器），优化港口和机场，并更新飞机、火车、汽车和船只。所有这些都将不可避免地对意大利航空业及其商业模式产生重大影响。

（三）意大利民航业运营商的中短期举措及落实前景

意大利的航空公司主要包括多洛米蒂航空（Air Dolomiti）、航空意大利（Air Italy，原意大利子午线航空）、意大利航空（Alitalia）①、蓝景航空（Blue Panorama）、卢森堡货航意大利公司（Cargo Lux Italia）、勒奥斯航空（Neos Air）、邮政航空货运（Poste air Cargo）等。其中许多公司经历过并购转型，例如 Alitalia 重组后并入新的意大利航空运输公司（ITA）。其他航空公司则处于增长态势，要么在巩固与国际合作伙伴的关系，要么积极扩张货物运输服务。

在短期至中期内，航空运营商可在飞行和地面服务运营的效率，飞机和发动机的定向维修措施，机队的装备、照明及操作使用管理等方面有所作为，还可以在培训飞行员提高燃油效率和优化飞行程序方面采取进一步行

① 2021 年 10 月 15 日，新成立的意大利国有企业意大利航空运输公司（ITA）正式取代了颇有历史的意大利航空（Alitalia），后者在运营了近 75 年后正式停业。

动。以上举措都可以减少地面和飞行中的操作时间。在这方面，Alitalia 此前通过了一项“运营燃油效率政策”，通过引进航空运输协会（IATA）建议的所有最佳举措来有效管理 JETA1 航空燃油的油耗。Alitalia 在 2019 年取得超过 10 万吨二氧化碳的减排成果，这项政策功不可没。同时，其他航空运营商也以各自方式朝着这一目标努力。

在意大利，自 1997 年以来，民航部门的技术监管、认证和监督活动一直由国家民航局（以下简称 ENAC）负责。ENAC 设在基础设施与可持续交通部，是一个具备监管、组织、行政、会计和财务自主权的非营利公共机构。在被授权范围内，ENAC 作为一个单独的管理机构运作。在国际活动方面，ENAC 代表意大利参加 ICAO 等主要的国际民航组织并在其中发挥关键性作用。例如，ENAC 代表意大利参加 ICAO 组织的专门讨论民航业碳减排问题的论坛。

此外，参与空中交通控制和机场管理的主体也在针对运营效率采取行动，例如意大利国家飞行援助局和罗马国际机场公司。

意大利国家飞行援助局（以下简称 ENAV）是一家股份制公司，其在意大利管辖空域内独家提供民用航空导航服务。该公司由经济与财政部控制（持股比例为 53.37%），并接受 ENAC 以及基础设施与可持续交通部的监管。ENAV 基于 45 个机场控制塔和 4 个区域控制中心，每年全天候地保证大约 200 万次航班安全准时起降。该公司也为在意大利飞行的他国航空公司提供空中导航服务。ENAV 以其卓越的运营和创新表现被公认为欧洲五大卓越民用导航服务公司之一，也是国际“空中交通管理”体系的基本组成部分。ENAV 与国家和国际航空部门管制机构协调，参与研发活动，是创建 SESAR 计划的主要参与者之一。在环境可持续性方面，ENAV 一直是欧洲民航业的领导者与重要参与者，特别是在涉及 SESAR 计划的落实方面。此外，ENAV 是欧洲第一批在一定海拔高度以上提供导航服务的公司之一，打造了“意大利自由航线”，为航空公司缩短了航程，节省了运营时间和燃油。最后，ENAV 还承诺到 2022 年通过二氧化碳减排和抵消行动将其直接排放量归零。

自2011年首次实行“机场碳认证”（ACA）起，罗马国际机场公司（以下简称ADR）不断减少碳排放，实现了国际机场理事会欧洲分会（ACI Europe）[①] 根据“中性”定义的机场碳认证，其下辖的达·芬奇国际机场和钱皮诺国际机场分别于2013年和2018年达到“3+”级别。此后，在国际机场理事会欧洲分会在2020年底推出“4+”最高级别认证后，钱皮诺国际机场和达·芬奇国际机场于2021年4月达到这一级别，同时成为欧洲第一个、世界第三个达到此级别的机场。[②] ADR能够取得上述佳绩，主要可归功于该公司每年发布一份经总经理正式批准的“环境可持续性计划”文件，对公司实现环境绩效目标的干预和改善措施做出规定并切实实行。ADR对环境的关注使包括垃圾分类收集、能源生产、水的节约和再利用等在内的所有环保实践都得到了改善。此外，2020年11月，ADR发行了5亿欧元绿色债券，成为全球最先利用“可持续金融”的机场企业之一。

从中短期来看，航空运营商可利用的另一个杠杆是抵消，即通过购买其他商业活动和不同区域的特定项目所产生的同等碳减排信用额来中和其航班的排放量。这些业务可通过航空运营商采取直接投资的方式进行，也可以通过透明的方式让消费者参与。在消费者参与方面，多洛米蒂航空在与汉莎航空的合作框架内，建议乘客在中期内参与减排项目，或在短期内支持购买可持续替代燃料，以抵消航班排放。

在中短期可能减少环境影响的另一举措是使用SAF。当前的技术规范允许将SAF当作JETA1航油使用，只要SAF精确符合原料来源以及与JETA1航油混合比例的标准即可，不需要对飞机进行任何改装。然而，SAF的大规模商用仍面临巨大障碍，特别是价格仍然比化石燃料高3~5倍，而且机场也普遍缺乏将其输送入机的基础设施。在生产企业方面，除了埃尼公司（Eni）可服从国家意愿进行生产投资之外，意大利并无其他SAF生产商。

---

① 该理事会代表46个欧洲国家的500多个机场。

② ACA认证一共包括六个级别：1. MAPPING，2. REDUCTION，3. OPTIMISATION，3+. NEUTRALITY，4. TRANSFORMATION，4+. TRANSITION。

值得一提的是，2021 年 10 月 15 日，新组建的意大利航空运输公司（ITA）进行了首飞，并开启了一个具有象征意义的试点项目，即与埃尼公司和 ADR 合作，将喷气燃料和埃尼公司生产的 SAF 混合为当天的前 10 个航班加油。在物流方面，意大利仍未能从技术和商业角度管理 SAF 的机场。目前，只有少量的 SAF 通过海运或陆运抵达意大利港口，也增加了将其输送入机的成本。即便如此，将一定数量的 SAF 投放市场（占到 2%~5%）以加速其扩散符合国际趋势。国际航空运输协会的目标是促进 SAF 的消耗，使其从 2020 年的需求近乎为零提升到 2050 年占整体燃料需求的 80%以上。

此外，ENAC 设立了“意大利可持续航空燃料观测站”（ITSAFO），旨在通过持续性讨论和各方（包括主管部门、工业生产商、运输商、管理者、研究机构和高等院校）对话，促进生物燃料在意大利的普及。就航空公司而言，多洛米蒂航空是这方面的先行者。事实上，它使用的是主要在德国法兰克福机场装载的 SAF，并已将其纳入乘客自愿抵消框架。Alitalia 在停业前也在为一些客户企业研究这方面的试点项目。其他航空运营商尚无相关举措。鉴于此，意大利要在 SAF 领域建立起真正的国家体系还有很长的路要走。

（四）意大利民航业运营商的长期举措及落实前景

长期来看，航空运营商可采取的措施需要更大规模的投资，同时也要求企业具备必要的稳定性。例如，通过更新机队可将排放水平最多降低 30%。同时航空公司正在设想改建短途运输网络，也在考虑通过引入混合动力或电力推进技术来更多地使用小型飞机，这些技术将在未来五年内准备就绪。在这方面，意大利 TECNAM 公司与其他领先的国际运营商合作开发的 P-Volt 技术值得关注。该技术旨在开发一种可再生能源驱动的、适合中距离飞行客机的全电动发动机。

鉴于开发出推进系统零排放的颠覆性技术仍有很长的路要走，在相当长时间内，投资于针对长途飞行的各类 SAF 是可能的。欧盟委员会的“适应 55”一揽子计划提出大力支持源自可再生能源的燃料和低碳燃料的供应，这有望缩短 SAF 生产实现规模经济的时间。长期来看，氢能推进和合成燃料等尚未成熟的技术无疑将彻底改变航空业的未来，但是这些极有可能在2050年后才会真正投入使用。

目前意大利主要航空公司飞机机队的情况如下：意大利第一家航空公司Alitalia在停业前拥有约100架飞机，平均使用年限约为14年，其中15架支线飞机，平均使用年限为9年。多洛米蒂航空拥有一支平均使用年限为9.5年的支线喷气机队。勒奥斯航空租赁了大约13架飞机，包括6架新一代B787梦幻客机。新组建的ITA计划到2024年其机队中80%为新一代飞机。

最后，还有一个超出二氧化碳排放范畴的同样重要的问题，那就是需要减少塑料的使用和适当管理机上的废弃物。根据已生效的欧盟第2019/904号指令，自2021年7月3日起，禁止将某些一次性塑料（如棉签、餐具、盘子、吸管、搅拌棒）投入市场。为此，机上服务的转型将是决定性的一步，具有环保意识的乘客和机组人员的作用至关重要。

三　中意两国民航业碳减排路径对比与合作前景

综合前文的梳理与分析可知，目前中意两国民航业正努力通过技术创新和市场化机制这两个主要路径实现碳减排目标。基于此，中意两国民航业在节能减排方面拥有较大合作潜力。

（一）技术创新路径

第一，中意两国航空制造业都将加大创新投入力度、推动现有技术升级和前沿技术创新作为碳减排的核心驱动力。意大利在航空发动机整机研制方面具备较强实力，中国航空工业研发起步较晚但近年来取得了一系列突破性成果。一方面，目前航空制造业在发动机性能提升、机型优化、燃油效率提升等方面已探索研发了多项节能减排新技术，并均已被中意两国民航业加以应用。另一方面，中意两国航空制造业在前沿技术创新方面均加大了研发力度并取得了显著进展，但双方各有所长。意大利航空制造业具备较强的发动机整机研制能力，并在 3D 打印技术制造零部件方面具有较强竞争力（如 AVIO Aero 公司），但是缺乏针对民用中大型航空发动机的研发创新，主要为国际头部企业（如英国罗罗公司、美国普惠公司）提供大型部件及核心机。中国航空制造业起步较晚，早期在发动机、材料等方面存在较大短板，近年来不断加大创新研发力度，凭借相对完备的产业链成功自主设计、研发、制造和试飞 C919 等重点机型。C919 的超临界机翼设计、铝锂合金和先进复合材料应用、高涵道比发动机研发等重大技术突破，能大大减轻飞机重量和空气阻力，提高飞机燃油效率，为民航业节能减排提供重要支持。

第二，中意两国民航业都以促进 SAF 综合利用、氢能技术研发作为推进能源结构转型的关键抓手。在 SAF 生产方面，意大利已启动，中国还需提速。在氢能研发方面，中国具有更为完备的产业链支撑，但是两国民航业都面临推动氢能技术突破和广泛应用的艰巨任务。

短期来看，SAF 存在成本过高、产能不足等问题，长期来看，氢能稳定性和安全性较差，大规模商业化应用尚不成熟，这都是中意两国民航业能源转型面临的共同挑战。目前，中意两国都在积极探索 SAF 和氢能技术在民航业的推广应用。在 SAF 方面，意大利已着手推进研发生产；而中国还处在试飞阶段，还需在投资生产方面加大力度。意大利通过设立国家 SAF 观测站促进 SAF 的普及推广，埃尼公司正大力投资 SAF 生产；中国 SAF 生产布局明显不足，仅通过国航、东航等航空公司展开试飞项目，未来还需加大对 SAF 生产和应用的扶持力度。在氢能研发方面，中意两国均通过制定国家战略促进氢能产业发展，中国已率先形成涵盖制氢、储运、加注、应用等环节的较为完整的氢能产业链，意大利国家电力公司（ENEL）于 2021 年正式启动绿色氢能业务。总体上看，无论在中国还是在意大利，氢能技术在民航领域的大规模商业化应用都仍不成熟，未来还有很长的路要走。

第三，中意两国民航业都以提升航空公司运营效率、促进绿色机场建设作为碳减排的重要举措。总体而言，意大利航空公司的消费者参与机制更完善，绿色机场建设成果更突出；而中国航空公司的规模更大、机队更新速度更快。

在航空公司运营效率提升方面，目前中意两国各有所长。在消费者参与方面，意大利航空公司率先推出旅客自愿补偿计划，建议乘客通过支持购买SAF、自愿取消餐食、资助其他环保项目等抵消个人碳足迹。比较而言，中国航空公司在旅客节能减排补偿方面尚未形成完备体系。在机队更新方面，中国航空公司的机队规模和市场体量更大，能以较高频率更换环保机型，保持较年轻机龄。例如，2019 年底，国航共有客机 699 架，平均机龄 6.96 年；东航共有客机 734 架，平均机龄 6.4 年，同时还积极引进了 A350 等环保机型。而意大利航空公司的机队规模偏小，机龄较长，更新机队的速度较慢。在绿色机场建设方面，意大利的成绩更为突出，中国尚有较大可提升空间。中国仅有五家机场通过 ACA 认证，最高级别为 3 级，而意大利罗马钱皮诺国际机场和达·芬奇国际机场均已获得 4+级别认证。

（二）市场化机制路径

第一，中意两国都以推动完善内部碳交易市场作为民航业碳减排的关键工具，欧盟碳交易市场起步较早并已积累了丰富经验，中国的全国碳交易市场刚刚起步，需加速推动民航业参与。欧盟于 2005 年启动内部碳交易市场，意大利作为成员国参与其中。自 2012 年起，航空业被正式纳入欧盟碳交易机制，并逐步收缩免费配额，倒逼航空公司低碳转型。中国自 2021 年起建立全国范围的碳交易市场，目前仅涵盖电力行业，未来将逐步覆盖民航业等重点行业。由于发展阶段存在差异，与趋于成熟的欧盟碳交易市场相比，中国的碳交易市场在法律法规、监督管理、交易规模和定价机制等方面存在一定差距，仍具有较大的发展和完善空间，因此还需加快完善国内碳交易市场建设的法律基础，健全碳交易市场监测、报告和核查（MRV）机制，未来还需加强研究并制定将民航业纳入全国碳交易市场的接入和配额分配方案，以有效、可靠的国内碳交易机制促进行业碳减排。

第二，中意两国均在国际碳市场框架下支持和积极应对 CORSIA，但是CORSIA 相关争议仍未解决，未来两国可积极推动国际多边磋商，以公平有效的国际碳交易市场机制实现民航业“碳中和”目标。中国民航业市场规模庞大且正处于快速扩张阶段，用不到十年实现“碳达峰”、近四十年实现“碳中和”的压力巨大，因此中国尚未加入 CORSIA 试点阶段和第一阶段。[①]比较而言，由于发展起步较早，意大利作为欧盟成员国已进入试点阶段，欧盟正考虑出台相关政策促进在“欧洲绿色协议”框架下协调 EU-ETS 和 CORSIA 的实施。目前，在疫情影响下全球民航业全面复苏尚待时日，国际民航业碳交易市场建设仍有待完善，这是中意两国民航业面临的共同外部环境。未来，中意两国可在多边框架下就加强全球民航业碳交易市场机制进行协调、磋商，推动 ICAO 各成员国就 CORSIA 的具体实施方案达成一致，为引导建立公平、有效的国际碳交易市场贡献力量。

（三）中意两国民航业绿色可持续发展合作展望

尽管中意两国民航业处于不同发展阶段，节能减排面临的挑战有所不同，但是在技术创新和市场化机制这两个共同路径下，两国民航业绿色可持续发展的合作前景颇为广阔。

首先，在技术创新方面，中意两国民航业可通过研发创新合作进一步推动现有技术改造升级和前沿技术突破，特别是积极推动两国企业在飞机技术升级、民航业数字化升级、可持续替代燃料开发与生产、氢能开发与生产等方面开展务实合作。两国可进一步加强顶层设计，推动航空业国际研发创新合作；积极创建产业园区、联合实验室等各类载体平台；加大政策保障与财政支持力度，促进多元主体开展创新合作；夯实协同创新的人才基础，扩大两国民航业节能减排的人才培养、交流与互动。

其次，在市场化机制方面，中意两国可以用适当方式推动中国与欧盟碳交易市场对接，为两国民航业减排合作夯实规则基础。意大利所在的欧盟碳

① CORSIA 包括三个实施阶段：试点阶段（2021~2023 年）、第一阶段（2024~2026 年）和第二阶段（2027~2035 年）。在试点阶段和第一阶段，抵消要求只适用于自愿参加的国家之间的航班；第二阶段则要求国际航空运输量占全球国际航空运输量份额高于 0.5%以上的国家或国际航空活动累计份额占其总活动 90%以上的国家参与。

交易市场发展较为成熟，中国全国碳交易市场的发展仍处于初级阶段，要实现中国与欧盟的碳市场对接，需在减排要求、定价机制、国际抵消项目认可、惩罚机制等方面保持一定的兼容性和一致性，未来中意两国可在这些方面开展合作。待中国民航业被纳入全国碳市场后，两国民航业可以用适当形式定期就本行业参与内部与国际碳市场的经验进行深入交流。

统计资料篇

Information and Statistics

B.15

2021年大事记*

王怡雯**

1月

8日 意大利政府更新国家复苏与韧性计划草案，将提交内阁部长会议审议。

12日 意大利活力党领导人、前总理伦齐声称将考虑退出所在执政联盟，并威胁要推翻孔特政府。

· 意大利政府内阁部长会议通过最新的复苏计划草案。伦齐对该方案不使用欧洲稳定机制（EMS）资金表示不满。

---

* 本部分内容主要参考自以下网站：中华人民共和国驻意大利共和国大使馆经济商务处，http：//it.mofcom.gov.cn/；新华网，http：//www.xinhuanet.com/；欧洲时报，http：//www.oushinet.com/；中国新闻网，http：//www.chinanews.com/；央广网，http：//www.cnr.cn/；人民日报海外版，http：//paper.people.com.cn/。

** 王怡雯，北京语言大学意大利语系讲师，意大利研究中心秘书，主要研究方向为意大利语言、文化及中意关系。

13 日　意大利活力党领导人、前总理伦齐以孔特总理在制定复苏计划资金使用方案过程中以“破坏游戏规则和民主制度”为由，宣布率领意大利活力党退出联合政府，引发政府危机。

·意大利卫生部长斯佩兰扎表示，经内阁会议批准，国家卫生紧急状态将从 1 月 31 日延至 4 月 30 日。

·意大利开始审理针对黑手党组织“光荣会”（Ndrangheta）的相关案件，涉及 355 名被告，预计将有 900 余人出庭作证，为意大利数十年来最大规模的审判。

14 日　中国海关总署网站发布数据，2020 年全年中意进出口总额 551.85 亿美元，较上年增长 0.4%，再创历史新高；中国对意大利出口 329.38 亿美元，较 2019 年下降 1.7%；中国自意大利进口 222.48 亿美元，较 2019 年增长 3.8%。

15 日　意大利总理孔特正式签署颁布新防疫法令，新防疫法令自 1 月 16 日开始实施，有效期至 3 月 5 日。新法令生效之日至 2 月 15 日，除工作、健康和特殊情况等必要原因，禁止全国民众跨大区、自治省出行。

18 日　意大利众议院以 321 票赞成、259 票反对、27 票弃权通过了对孔特政府的信任案，部分原五星运动党员和意大利力量党党员投赞成票，令赞成票数超出绝对多数（316 票）。

19 日　意大利参议院以 156 票赞成、140 票反对、16 票弃权通过孔特政府信任案，但是赞成票未达到绝对多数（158 票）。

20 日　意大利议会两院批准金额为 320 亿欧元的刺激计划。该资金将用于国家卫生服务，为企业提供补助，推迟企业纳税期限。

·意大利内政部和国家统计局发布数据，2020 年约有 3.4 万名移民经海路抵达意大利，输入移民数量为 2019 年的 3 倍。而近十年，意大利输出移民上涨幅度仅为 4%左右。

26 日　因在参议院无法获得多数支持，孔特在内阁部长会议上宣布辞职决定，之后向总统马塔雷拉递交辞呈。

·根据意大利《蚂蚁新闻》报道，近日华为公司与意大利三大出版集团之一的 Mondadori 达成协议，华为数字平台“华为图书”正式进入意大利市场。

27 日 意大利开启政治磋商，总统马塔雷拉会见参议院议长卡塞拉蒂和众议院议长菲科。

2月

2 日 欧盟委员会经济事务专员真蒂洛尼在推特上称，欧盟向意大利拨付 45 亿欧元用于支持新的就业保障金，这是欧盟减轻失业风险援助计划（SURE）支持成员国保就业的举措。

3 日 欧洲中央银行前行长德拉吉接受总统马塔雷拉授权组建新政府。德拉吉在与总统会见后表示，“控制疫情、接种疫苗、关注民生并重振国家是我们面临的挑战”。左、右翼政党领导人均对德拉吉表示支持。

· 罗马市政府与经济发展部、国家造币局、意大利邮政局等共同推出纪念邮票，纪念 1871 年 2 月 3 日罗马被正式确定为意大利首都 150 周年。

4 日 前总理孔特公开表示支持德拉吉组阁，同时强调新政府应更具政治性。

12 日 德拉吉会见总统马塔雷拉，正式接受组阁任命。

13 日 德拉吉政府宣誓就职。新政府中 8 位部长为无党派的技术官僚，另有 4 人来自五星运动，3 人来自民主党，3 人来自意大利力量党，3 人来自联盟党，活力党和自由平等党各 1 人。

· 中国国务院总理李克强致电德拉吉，祝贺他就任意大利共和国总理，提出愿同德拉吉一道提升中意全面战略伙伴关系，强调中国将支持意大利担任 G20 主席国，共同为推进国际抗疫合作和全球经济复苏做出积极贡献。

17 日 新总理德拉吉在参议院发表就职演讲，阐述新政府工作重点，包括抗击疫情、经济复苏、技术创新、体制改革等，并涉及欧元、环境、税收、移民及文化教育等相关政策要点。

· 意大利参议院以 262 票赞成、40 票反对、2 票弃权高票通过了对德拉吉政府的信任投票。

18 日 意大利众议院以 535 票赞成、56 票反对、5 票弃权高票通过对德拉吉政府的信任投票。

22 日 德拉吉政府的首个防疫法令获得通过。法令规定延长大区间的通行禁令至 3 月 27 日，并叫停“红区”居民的探亲访友活动。此外，根据欧盟新规，意大利对居留证的有效期限和内部设计也进行了调整。

24 日 意大利总理德拉吉任命 39 名副部级官员。

25 日 意大利外交与国际合作部部长迪马约在接受采访时表示，德拉吉政府代表了五星运动变革的节点，五星运动将保持其价值，成为一支温和而自由的政治力量，认同欧元，拥护北约以及欧盟的大西洋主义路线，专注于企业、权利和生态转型。迪马约表示，这些变革可通过孔特的加入来完成。

·意大利于“但丁日”举行一系列活动，以纪念著名诗人但丁逝世 700 周年。

28 日 前总理孔特接受邀请正式加入五星运动，并与党内重要人士共商该党重建计划。迪马约表示，孔特将在五星运动重建过程中发挥决定性作用。

3月

2 日 意大利总理德拉吉签署最新防疫法令，新法令将于 3 月 6 日至 4 月 6 日生效，内容包括建议民众除工作、必要和紧急情况外不在家中接待非同住人员，以及不同疫情防控区关闭、开放具体细则等内容。

4 日 受新冠疫情影响，意大利决定推迟 2021 年春天的地方选举，延期至 9 月 15 日~10 月 15 日举行。本次延期涉及卡拉布里亚大区主席选举，以及约 1200 个城市的市长选举，包括罗马、米兰、那不勒斯、都灵和博洛尼亚。锡耶纳众议院也将进行补选。

·拉齐奥大区主席津加莱蒂宣布将辞去民主党总书记职务。

10 日 意大利总理德拉吉与三大工会组织 CGIL、CISL 和 UIL 领导人签署《公务员制度创新和社会凝聚力协议》。德拉吉称该协议标志着公务员制度改革的开端，旨在削减相关繁文缛节，并承诺加快意大利的民事司法制度改革，以获得欧盟复苏基金并吸引外资。

11 日 意大利众议院以 220 票赞成、25 票反对、132 票弃权通过了政府的新冠法令。法令规定了新的支出以抵消疫情造成的影响。意大利兄弟党投反对票，联盟党弃权。

14 日 恩里科·莱塔以 860 票赞成、2 票反对、4 票弃权高票当选为民主党总书记。

20 日 中欧班列（武汉）首次开行至意大利米兰。编组 50 辆的 X8015 次列车满载湖北生产的电子产品、机械设备、汽车零部件、通信产品、防疫物资从武汉吴家山站开出，预计 21~22 天后抵达米兰。

·首届冬季世界军人运动会在意大利奥斯塔开幕。

31 日 意大利总理府举行内阁部长会议，正式批准从 4 月 2 日开始实施的防疫法令。新法令涉及延长限制措施至 4 月 30 日、医护人员疫苗接种义务、复活节假期亲友探望、校园以及公共区域开放规则等内容。

·意大利宪兵特种行动队（ROS）发布声明称，意大利宪兵以从事“间谍活动”罪名拘留了一名在俄罗斯驻意大利大使馆工作的俄罗斯军官和一名涉嫌将机密军事文件出售的意大利海军上尉。意大利外长迪马约称将驱逐两名涉嫌情报交易的俄罗斯驻意外交人员，意大利外交部召见俄罗斯驻意大利大使谢尔盖·拉佐夫并向其转达抗议。

4月

2 日 俄罗斯驻意大利大使拉佐夫称，此前被意大利政府驱逐的两名俄外交官已启程返回俄罗斯。拉佐夫表示，俄方希望此次事件不会对俄意两国关系产生负面影响。

8 日 意大利总理德拉吉谈及土耳其总统埃尔多安 6 日会见欧盟两位领导人时，未给欧盟委员会主席冯德莱恩准备同类座椅一事，指责埃尔多安是在“羞辱”冯德莱恩，还称土耳其一些人为“独裁者”。该言论引发土方不满，土耳其外交部召见意大利大使，土外长恰武什奥卢公开发声谴责。

12日　据当日意大利媒体报道，在意大利和土耳其之间的外交争议事件发生后，土耳其暂停了从意大利莱昂纳多公司购买价值7000万欧元直升机的交易。

15日　意大利证券交易委员会（Consob）批准泛欧交易所（Euronext）收购意大利证交所（Borsa Italiana），称该交易不会损害意大利市场的稳健和谨慎管理原则。

21日　意大利政府批准新防疫法令，自4月26日至7月底生效。法令将中度风险的“黄区”重新纳入分级限制体系，取消大区间旅行禁令。人们将能够在“黄区”之间自由移动，并持“绿通”进入“橙区”和“红区”。

26日　新防疫法令生效。联盟党要求取消宵禁或将其推迟，民主党领导人莱塔则公开批评这一立场。

27日　意大利议会众议院以442票赞成、19票反对和51票弃权，批准了德拉吉政府提交的国家复苏与韧性计划（PNRR）。意大利兄弟党议员投弃权票。

29日　意大利政府批准国家复苏和韧性计划（PNRR），并提交欧盟委员会。该计划总计2221亿欧元，包括1915亿欧元欧盟复苏基金资金和306亿补充基金资金。另外，还将在2032年之前追加260亿资金用于专项投资。

·泛欧交易所宣布已完成对意大利证交所的收购，并启动了价值约18亿欧元的增资计划。

5月

4日　意大利总理德拉吉在G20旅游部长会议后表示，意大利已准备好迎接世界各地游客。从5月下半月起，将签发赴意旅游通行证。从6月下半月起，游客可使用欧洲“绿色通行证”。政府推出的国内旅行“绿通”将于5月下半月生效。

5 日 意大利议会参议院以 202 票赞成、28 票反对、5 票弃权通过政府新冠法令。

7 日 Supermedia 民调数据显示，联盟党民意支持率仍居首位，但是三年来首次跌至 22%以下（21.8%）；民主党位居第二，支持率为 19.4%；意大利兄弟党支持率首次升至 18%以上（18.4%）；五星运动支持率下降至 16.4%；伦齐领导的意大利活力党支持率下降至 2.4%。

10 日 意大利政府调整了疫情风险等级划分。除瓦莱达奥斯塔、西西里岛和撒丁岛为“橙区”外，其他地区均为“黄区”。

·24 小时内超过 2000 名非法移民经海路涌入意大利，引发意各界恐慌。

11 日 意大利斯卡拉歌剧院因新冠疫情关闭近 7 个月后对部分观众开放。斯卡拉艺术总监多米尼克·梅耶表示，这是整个意大利重启的象征。

12 日 意大利议会众议院以 370 票赞成、16 票反对、29 票弃权通过了一项禁止邮轮停泊威尼斯市中心的法令。

13 日 欧盟反垄断机构宣布，已批准意大利政府向意大利航空（Alitalia）提供 1280 万欧元的援助，以补偿意大利航空因新冠疫情在 2021 年 1 月遭受的直接损失。此前，欧盟在 2020 年曾三次做出类似决定，批准的支持意大利航空的援助总额已超过 3.1 亿欧元。

·意大利政府宣布将投入超过 1 亿欧元支持学校数字化，在资金分配上将关注辍学率最高的地区以及教育更薄弱的地区。

·意大利反垄断局（AGCM）以违反《欧盟运行条约》第 102 条为由，对 Alphabet 公司、谷歌公司和谷歌意大利公司处以超过 1 亿欧元的罚款。谷歌发言人表示不同意意大利反垄断局的决定，将检查文档并评估后续步骤。

17 日 中国国务院总理李克强同意大利总理德拉吉通电话。双方就两国携手共同推进国际抗疫合作、促进全球经济复苏、应对气候变化等挑战进行深入交流。

·意大利总统马塔雷拉签署法令，规定人们在接种第一剂新冠疫苗后将有资格获得“绿通”，从而能够出国旅行。“绿通”有效期为完成疫苗接种后 9 个月。

18 日 意大利内阁部长会议通过 5 月 18 日~7 月 1 日重新开放时间表，主要内容包括逐步推迟乃至取消宵禁时间，室内外公共区域开放具体细则等内容。

·裕信银行与欧洲投资银行签署合作协议，将为意大利中小企业提供 25 亿欧元贷款。

19 日 意大利总统马塔雷拉表示希望在 8 个月后总统任期结束时退休。马塔雷拉于 2015 年就任意大利第 12 任总统。

20 日 德拉吉内阁审议新救助法令，旨在再次为受疫情影响的家庭和企业提供援助。

21 日 意大利总理德拉吉与欧盟委员会主席冯德莱恩共同主持 G20 全球健康峰会，会议拟发布抗击疫情的“罗马宣言”。

·意大利政府批准新救助法令，金额约为 400 亿欧元，主要包括七大方面：商业支持和降低企业成本、获取商业贷款和促进流动性、健康保护、就业和社保政策、支持地方政府、青年人与科教、行业救助措施。

24 日 意大利劳工部长奥尔兰多主张，对于申请国家复苏基金的公司而言，裁员禁令将持续至 8 月 28 日，引发意大利工业家联合会的不满。

26 日 中国驻意大利使馆发言人就意大利议会众议院外委会通过涉疆决议发表谈话。谈话表示，意众议院外委会不顾中方严正立场，通过所谓涉疆决议，借所谓人权问题污蔑、抹黑中国，干涉中国内政，中方对此表示强烈不满和坚决反对。

·意大利与欧盟就基于意大利航空（Alitalia）组建意大利航空运输公司（ITA）达成首份协议。

·意大利国防集团莱昂纳多和美国科技巨头微软宣布，将合作推动意大利公共行政管理和关键国家基础设施的数字化转型。

·意大利三大工会之一的意大利劳动者协会（UIL）领导人邦巴迪里（Pierpaolo Bombardieri）表示，裁员禁令于 7 月 1 日终止后将有 50 万~200 万个工作岗位面临风险。他呼吁延长裁员禁令，并指责总理德拉吉只听取工业家联合会的意见。

28日 意大利总理德拉吉在2021年“全球解决方案峰会”致辞中称，全球性问题只能通过寻求全球解决方案来解决，世界需重回多边主义。作为G20轮值主席国，意大利决心率先垂范引领转变，推动多边主义回归。

·Supermedia YouTrend民调结果显示，联盟党仍以21.5%的支持率保持第一；意大利兄弟党支持率升至19%，位列第二；民主党支持率下跌0.5个百分点，两年来首次失去第二的位置。

6月

2日 欧盟委员会建议德拉吉政府优先考虑经济增长、数字和绿色转型、结构和税收改革的可持续投资，这将有助于加强财政可持续性并完善卫生系统。

·美国贸易代表办公室（USTR）宣布，将对来自意大利等六个国家的价值超过20亿美元的进口产品设置25%的数字服务税，但暂停征收，以便有时间继续进行国际税收谈判。

4日 意大利前国防部长伊丽莎白·特雷塔在脸书（Facebook）发文，宣布退出五星运动。特雷塔称离开五星运动是因为该政党已经偏离了立党初衷，党内民主和透明已被破坏。

5日 G7财长会议在伦敦举行，原则上达成对跨国公司所得征收至少15%的全球最低企业税率，被称为“历史性协议”。意大利经济财政部长佛朗科对该协议表示赞赏，并表示将于7月在威尼斯举行的G20财长会议上讨论并扩大该协议。

6日 五星运动解决了与为该党长期提供互联网支持的“卢梭”平台的法律纠纷，为前总理孔特接任该党领导人并重振该党铺平了道路。

9日 意大利议会参议院全票通过了修订宪法第9条的法案，要求国家致力于保护环境、生物多样性和生态系统，并提交至众议院。

·意大利政府启动“国家战略极”（存储公共部门应用程序和公民数据

的“云”）的招标，预计7月开始创建，2022年之前完成相关数据向“国家云”的转移。复苏计划为其运营提供了9亿欧元资金。包括意大利电信、芬坎蒂尼、莱昂纳多等在内的意大利企业参与竞标。

10日 意大利内阁部长会议批准设立国家机构网络安全局的法令。该机构包括六个部门，最初配备300人，到2027年增至约800人。

14日 欧盟委员会批准延长意大利促进银行不良贷款证券化的国家担保计划（GACS）有效期至2022年6月14日。该计划于2016年2月获批，上次延期发生在2019年5月。

16日 意大利三大工会组织（CGIL、CISL和UIL）宣布，将于6月26日在都灵、佛罗伦萨和巴里举行示威活动，要求政府将原定于7月1日到期的裁员禁令至少延长至10月31日。

·意大利国家统计局发布的数据显示，2020年逾200万个意大利家庭处于绝对贫困状态，占比7.7%，2019年为6.4%；绝对贫困人口数量增至560万，为2005年开始统计以来的最高水平。

17日 意大利总理德拉吉签署法令，引入新冠绿色通行证，即“绿通”，自7月1日起在整个欧盟范围内生效。该通行证将确保允许已完全接种疫苗的人员在欧盟流动，并向所有卫生系统开放。

·针对意大利力量党关于组建中右翼统一政党的提议，意大利兄弟党领导人梅洛尼和联盟党领导人萨尔维尼均明确表示不赞成。

21日 欧盟委员会对意大利国家复苏与韧性计划（PNRR）给予好评，除“成本”项获得B级评分外，其他所有项目都获得A级评分。

22日 意大利卫生部长斯佩兰扎宣布，从6月28日起在低风险的“白区”取消户外佩戴口罩要求。但对于封闭空间（办公室、商店和公共交通工具等）以及存在人群聚集风险的户外区域（如邮局外排队）仍保留此义务。

23日 意大利国家复苏与韧性计划正式获欧盟批准，将获得第一笔预付资金。

28日 意大利电信与Noovle合作创建了首个5G云网络。该项目将利用意大利电信的云基础设施、谷歌的云解决方案和爱立信 5G 核心网络和自动化技术，通过工业流程的自动化和使用边缘计算的实时服务开发加速 5G 数字应用的创建。

· 瓦莱达奥斯塔转为疫情“白区”，自实行疫情分区制以来，意大利首次全境进入“白区”。户外强制戴口罩令也被解除。

29 日　G20 外交部长会议在意大利马泰拉（Matera）举行。随后举行了各国外交部长和发展部长联席会议，议题包括重启多边主义以应对全球挑战、为非洲提供充足的空间、粮食安全及可持续发展融资。G20 部长、联合国粮农组织及其他联合国机构和伙伴发表了《关于粮食安全、营养和粮食体系的马泰拉宣言：新冠疫情及后疫情时代行动呼吁》。

· 五星运动创始人格里洛在社交媒体公开贬低该党潜在领导人、前总理孔特，称其缺乏政治远见和管理能力，无法解决五星运动当前面临的问题。该党新党纲持续讨论长达 4 个月仍未敲定。

7月

8 日　根据欧盟委员会的年度司法评分结果，意大利仍然是欧盟司法系统效率最低的国家之一。该国民事、商事和行政案件一审结案平均耗时 400 天，三审终裁耗时超过 1300 天，在欧盟国家中排名倒数第一。

9 日　G20 财长和央行行长在威尼斯举行新冠疫情以来的首次面对面会谈，企业税改革成为首要议程。

11 日　意大利前总理孔特和五星运动创始人格里洛达成协议，克服了对该党未来发展道路的分歧。

13 日　意大利文化部长弗朗切斯基尼表示，政府已批准一项禁止邮轮驶入威尼斯的法令。从 8 月开始，邮轮将被转移到 Marghera 工业港口的泊位。该法令还将保护受此影响的工人，向其支付失业基金。

15 日　意大利经济发展部表示，与欧盟委员会的谈判取得积极成果，重组后的意大利航空运输公司（ITA）将于 10 月 15 日全面投入运营。

17 日 意大利外长迪马约接受采访称，中国是意大利现阶段重要的贸易伙伴。中国对进口产品的大量需求决定了意大利必须与中国合作。

21 日 意大利外交部发表声明，向部分国际组织、非洲和亚洲的双边或多边合作倡议以及部分关键对外援助行动拨款 1450 万欧元。其中，600 万欧元捐赠给意大利红十字会，170 万欧元捐赠给国际移民组织。

22 日 意大利政府通过新防疫法令，内容包括紧急状态延长至 2021 年 12 月 31 日，全面启用“绿通”，调整防疫区域划分规则等内容。

·由意大利生态转型部组织的 G20 环保会议于 7 月 22~23 日在那不勒斯举行。会议三大主题为保护生物多样性和生态系统、有效利用资源和循环经济、绿色金融。

26 日 欧盟委员会批准意大利 8 亿欧元的国家援助计划，以直接赠款的形式补偿机场和地勤运营商 2020 年 3 月 1 日~7 月 14 日因新冠疫情遭受的损失。

8月

3 日 意大利议会众议院分别以 462 票赞成、55 票反对、1 票弃权和 458 票赞成、46 票反对、1 票弃权通过关于刑事审判改革的两项信任投票。

·意大利进入总统任期最后 6 个月的“白色窗口期”。根据意大利宪法第 88 条的规定，马塔雷拉总统将不能再解散议会并宣布举行新大选。大选窗口将在 2022 年 2 月新总统产生后重新打开。

6 日 经过为期两天的在线投票，意大利前总理孔特被正式选举为五星运动领导人。

·意大利“绿通”生效，获取“绿通”必须满足以下三种情况之一：至少接种一剂疫苗；持有 48 小时内核酸检测阴性证明；是 6 个月内已康复的新冠感染者。

7 日 意大利政府与欧盟已签署支付复苏基金所需的所有协议，首笔正式款项即将拨付。

12日 意大利自耕农协会研究中心发布的数据显示，自1800年有记录以来，2021年夏季是近两个世纪最热夏天，高温和干旱导致农作物减产，预计农业年损失将达到10亿欧元。

13日 欧盟委员会向意大利拨付249亿欧元，作为复苏基金的第一笔资金，包括89.57亿欧元的赠款和159.37亿欧元的贷款。

20日 中国国务委员兼外长王毅同意大利外长迪马约通电话。双方重点就阿富汗局势交换了意见。

24日 富士康及其子公司富智康（FIH Mobile）和斯特兰蒂斯汽车集团签署合资协议，成立Mobile Drive公司，富士康和斯特兰蒂斯汽车集团各持股50%。

25日 意大利“绿通”有效期限将从9个月延长至12个月。从9月1日起，除当地交通工具外，乘坐火车、飞机和轮船旅行将强制需要“绿通”。

26日 据意大利联合酒展数据，2021年上半年意大利葡萄酒在其最大的12个出口国的销售额刷新历史纪录，同比增长7.1%，抵消了2020年受疫情影响造成的损失。其中，2020年中国进口意大利葡萄酒上涨36.8%。

31日 第20届国际食品展览会（Cibus）8月31日~9月3日在帕尔马举行。

9月

1日 威尼斯电影节于9月1~10日举行，5部意大利导演作品参展。

·意大利经济发展部长乔尔杰蒂签署法令，为舞厅、健身房、体育设施、主题公园、戏剧活动、电影院、博览会等提供总计1.4亿欧元的补贴。

7日 中国国家主席习近平同意大利总理德拉吉通电话。习近平指出，中方愿同意方一道，把握好新时期中意全面战略伙伴关系正确发展方向。双方应以共建“一带一路”合作为引领，推动各领域合作走深走实。习近平强调，中方赞赏意大利作为G20轮值主席国积极推动全球公共卫生合作和经济合作的努力。德拉吉表示，意方高度重视意中全面战略伙伴关系，希望同中方加强双边各领域合作，共同办好意中文化和旅游年活动。意方感谢中方为意大利开展G20主席国工作提供的支持。

8日　意大利技术创新与数字转型部部长科拉奥宣布，政府将建立国家云系统用于提升市政、医疗和学校等服务，计划将19亿欧元的复苏基金投入到云端建设。

9日　意大利内阁会议通过关于扩大强制使用“绿通”的法令草案并提交参议院。草案规定，2021年12月31日紧急状态结束之前，学校、教育和培训机构、大学及养老院的工作人员，包括外部员工，均需持有“绿通”，否则将处以400~1000欧元处罚。

13日　意大利9个大区的400万名学生返校开学，之后至9月20日其余大区的学生也将陆续重返课堂。“绿通”验证平台已在学校运行。

14日　意大利外长迪马约表示，外交部实施的“出口协定”计划极大促进了外贸发展。2021年上半年，意大利出口同比增长24%，达2500亿欧元，突破了此前于2019年上半年创造的2400亿欧元的历史纪录。

17日　意大利政府通过了扩大强制“绿通”覆盖范围的法令，有效期至12月31日，与国家紧急状态时长一致。法令规定从10月15日起，所有公职人员和私企员工都必须持有“绿通”。没有“绿通”的员工将面临处罚、罚款和停职，但不会被辞退。

·欧盟委员会通过凝聚与区域复苏援助计划（React-EU）向意大利拨款47亿欧元。

23日　意大利议会参议院以177票赞成、24票反对批准政府刑事司法系统改革提案正式成为国家法律，该项由司法部长卡尔塔比娅起草的改革方案对首次上诉和最高法院案件的裁决时间设定了限制。

·百胜中国和意大利咖啡制造商Lavazza表示，到2025年将在中国合资开设1000家Lavazza咖啡馆。两家集团将向合资企业注资2亿美元为其提供资金，百胜中国和Lavazza分别持股65%和35%。

29日 中国商务部部长王文涛和意大利外交与国际合作部部长迪马约以视频形式共同主持召开中意经济合作混委会第十四次会议。

10月

7日 意大利公共管理部发布公共机构健康指南，从10月15日起，除持有适当的医疗证明免于接种疫苗的人群外，公共部门员工和任何进入公共部门的人员都必须持有“绿通”。

·意大利总理德拉吉宣布，到2022年，将通过复苏基金投资170亿欧元完成六项校园改革，其中30亿欧元将被用于托儿所。

8日 意大利电信（TIM）及其子公司Noovle与商业软件制造商甲骨文在联合声明中表示，三家公司已签署合作协议，在意大利提供云服务，并实施所谓“多云战略”，以便在发生中断时切换到替代供应商。

12日 意大利外长迪马约在索伦托召开的G20贸易部长会上强调以世贸组织为中心加强多边主义的重要性。

·欧洲区域委员会发布的报告显示，新冠疫情已导致意大利地方财政出现228亿欧元的缺口。

13日 意大利经济财政部长佛朗科在主持G20财长会议后表示，意大利将根据经合组织达成的协议，到2024年取消本国数字税，随即征收15%的全球最低企业税。

·英国贸易部表示，英国和意大利已同意寻求建立新的贸易伙伴关系。

14日 意大利航空公司（Alitalia）运行最后一个航班，从卡利亚里飞往罗马。

15日 意大利政府要求在工作场所强制使用“绿通”的法令生效，引发的里雅斯特、都灵等地大罢工。

17日 意大利开启为期两天的地方选举，将选出包括首都罗马在内的65个大城市和小城镇的地方政府领导人，投票将于18日下午结束。罗马现任市长、五星运动党人拉吉未能进入决选。

19 日　意大利总理办公室表示，德拉吉和俄罗斯总统普京进行通话，会谈重点是阿富汗危机的最新发展、即将举行的 G20 峰会的筹备工作以及双边关系。

20 日　意大利议会参议院要求政府解散新法西斯政党“新力量”党（Forza Nuova），该党当月参加了反对工作场所强制适用“绿通”的暴力抗议活动。“新力量”党成立于 1997 年。

21 日　罗马新任市长、民主党人士瓜尔蒂耶里举行就职典礼。

24 日　意大利政府结束与裕信银行关于出售锡耶纳牧山银行（MPS）的谈判，双方估计差值较大，本轮谈判未能完成对锡耶纳牧山银行的重组。

25 日　意大利政府发布纸币使用新规，将现金支付限额从 1999.99 欧元下调为 999.99 欧元，新规将于 2022 年 1 月 1 日生效。

26 日　中国国家发改委外资司与意大利外交部全球事务司以视频会议形式召开中意第三方市场合作工作组第六次会议，会上双方就第二轮中意第三方市场合作重点项目清单达成一致，包括石油、化工、金融等领域 14 个项目。

27 日　意大利政府与意大利劳工总联合会（CGIL）未能就养老金体系改革达成协议。

·意大利政府批准新法令，以简化和加速实施国家复苏与韧性计划。

28 日　意大利国家社会保障局的数据显示，2020 年意大利有超过 1600 万人领取养老金，比 2019 年增加 3.8%；其中女性占 52%，但女性平均养老金却比男性低 28%。

29 日　意大利内阁部长会议通过 2022 年预算案，将提交议会批准，这也是德拉吉政府制定的首个预算案。根据该预算案，意大利 2022 年的公共财政赤字与 GDP 的比例将从 2021 年的 9.4%降至 5.6%，减税金额将达到 120 亿欧元。

30～31 日　G20 第十六次领导人峰会以线上线下结合方式举行，线下举办地在罗马。意大利总理德拉吉在 G20 领导人峰会上的讲话中表示，意大利将在未来 5 年内将气候财政贡献增加 2 倍至每年 14 亿美元。中国国务委员兼外交部长王毅作为中国首脑特使在现场参加会议。

31日 意大利部分行业裁员禁令终止。自11月1日起，第三产业、小企业、工艺品、纺织品、服装和皮革制品等行业的工人将有可能被解雇。

11月

1日 意大利总理德拉吉抵达格拉斯哥参加第26届联合国气候变化大会。

5日 意大利高等卫生研究院发布的数据，意大利全境为中等感染风险地区，普利亚和坎帕尼亚两个大区可能成为高风险地区。

6日 意大利司法部门判处意大利最大的黑手党组织光荣会（Ndrangheta）成员及与该组织有联系的人士共70人的罪行。此案是20世纪80年代末以来意大利针对黑手党的最大审判。

7日 德国人道主义救援船“海眼4号”（Sea Eye 4）满载847名难民在马耳他被拒绝靠港后，获准抵达意大利西西里特拉帕尼港（Trapani）停泊。

8日 五星运动主席孔特表示，为实现经济复苏必须保证政府稳定，德拉吉的地位不可替代，支持其留任意大利总理。

·意大利反垄断机构对谷歌提起诉讼。后者涉嫌在云端硬盘添加限制性服务条款。

9日 意大利海外公民统计报告显示，意大利现有海外公民近600万，意裔人口超1.8亿。

·意大利总统马塔雷拉表示，最近几周“反绿通”游行示威活动，尤其是未被批准的示威，扰乱社会秩序，违反防疫规定，导致新增感染病例增多。政府需要做好准备，预防和应对新增感染病例增多的威胁。

10日 意大利内政部长拉莫杰塞表示，“反疫苗”和“反绿通”示威对公共秩序和安全以及其他权利的自由行使造成严重威胁，有必要叫停在城市敏感地区的示威活动。

11日 欧洲疾病预防和控制中心（ECDC）更新疫情地图，意大利弗留利·威尼斯·朱利亚、马尔凯、卡拉布里亚和博尔扎诺自治省变成“红区”。

·意大利加入由丹麦和哥斯达黎加在第26届联合国气候变化大会上发

起的超越石油和天然气联盟（BOGA）。

15 日 国际上首部聚焦中意两国民航业碳减排主题的专项研究报告《中国与意大利民航业碳减排路径与合作前景研究》以中、意、英三个版本同期发布。该报告由中国社会科学院欧洲研究所联合意大利政治、经济与社会研究所（Eurispes）共同组织中意两国专家学者合作完成。中国驻意大利大使李军华和意大利驻中国大使方澜意出席线上发布会并致辞。

17 日 据意卫生部数据，当日单日新增病例为 10172 例，这是自 5 月 8 日以来首次新增病例过万。

22 日 意大利总理德拉吉与俄罗斯总统普京通电话，谈话核心为波兰与白俄罗斯边境的移民危机、能源价格走势和乌克兰局势等。

24 日 意大利总理府召开内阁会议通过新防疫法令，多地已开始进一步自行收紧管控。自 12 月 6 日起至 2022 年 1 月 15 日在全国启用“超级绿通”，到期后将继续在“黄区”“橙区”使用“超级绿通”。“超级绿通”仅发放给疫苗接种者或感染治愈群体。

· 意大利海岸警卫队在距离兰佩杜萨 14 英里处营救 296 名难民。

25 日 意大利总统马塔雷拉会见来访的法国总统马克龙。马塔雷拉表示，意法签署加强双边合作条约是一项重要成果，具有深远意义。

· 意大利各党派在财政部会议上就个人所得税（IRPEF）改革达成一致，为中等收入群体降税，每年将减税约 70 亿欧元。

26 日 意大利总统马塔雷拉授予传奇设计师乔治 · 阿玛尼共和国勋章，以表彰他对意大利时尚的卓越贡献。

12月

6 日 意大利“超级绿通”政策正式生效。“绿通”可通过核酸检测获得，“超级绿通”仅发放给疫苗接种者或已治愈者。

8 日 意大利国家统计局发布数据显示，2021 年前 9 个月与 2019 年同期相比，意大利酒店业营业额减少 35%以上，2020 ~ 2021 年共损失 240 亿欧元。

9日 意大利国家统计局发布数据显示，截至2020年12月31日，意大利人口为59236213人，同比下降0.7%。当年意大利出生人口比死亡人口少33.5万人。

·意大利反垄断机构对亚马逊公司处以罚款11.28亿欧元，因亚马逊在电商物流方面滥用其市场支配地位，打压第三方竞争。

·中国驻意大利大使李军华到访2026年冬奥会主办城市之一的科尔蒂纳丹佩佐，出席由该市政府举办的冬奥座谈会。该市市长姜皮埃德罗·盖蒂纳表示，期待加强与中方全方位对接办好下届冬奥会。

·意大利大区事务与自治部部长杰尔米尼表示，2022年意大利将再拨出近20亿欧元资金，帮助家庭克服能源价格上涨造成的困难。

13日 意大利卫生部长斯佩兰扎表示，意大利是欧洲乃至世界接种疫苗人数最多的国家之一，超85%的人群已完成疫苗接种。

14日 意大利外长迪马约宣布，意大利政府决定提名罗马为2030年世博会主办地。

15日 意大利内阁部长批准一项新法令，将新冠疫情紧急状态和"白区"的"超级绿通"期限均延长至3月31日。

17日 意大利、法国、西班牙三国的能源巨头Snam、GRTgaz和Enagas在巴黎签署合作协议，各方均出资33亿欧元，设立清洁氢气基建基金（Clean H2 infra Fund），共同发展氢能。

20日 意大利总理德拉吉会见来访的新任德国总理朔尔茨。德拉吉表示，此次会晤有助于加深两国之关系，以共同应对防控新冠疫情、促进经济复苏、应对气候变化等诸多挑战。

·意总统马塔雷拉在第十四届驻外使节会议上表示，国际政治重心正从大西洋转移到太平洋，欧洲和非洲需要思考自身的未来，不能屈服于被边缘化。

21日 意大利外长迪马约在第十四届驻外使节会议上表示，当前议会正就预算法案进行讨论，预计2026年前每年将增加1亿欧元用于国际发展合作。

22 日　意大利总理德拉吉表示，他愿意在 2022 年初总统职位空出时担任国家元首，并称他的联合政府已完成了大部分议程。

· 意大利莱昂纳多集团宣布，美国国防部已确认要额外购买 36 架直升机，总价值 1.594 亿美元。该集团同时宣布获得欧洲航天局（ESA）新合同，负责设计、开发、建造、验证和运营欧洲网络安全运营中心。

23 日　意大利总理德拉吉和法国总统马克龙在《金融时报》专栏联合发文，呼吁全面改革欧盟财政政策。文章指出，财政政策不应阻碍进行必要的投资，不能通过提高税收或削减社会支出来降低债务水平，应支持对后代福祉和长期增长有利的投资。

· 意大利总统马塔雷拉为即将出征北京冬奥会的冬奥代表团授旗。

· 俄罗斯总统普京表示，在与德拉吉的多次通话中，双方就加强俄意经济联系进行了友好而富有建设性的接触，意大利可在俄罗斯与欧盟关系正常化以及在俄罗斯与北约的谈判中发挥作用。

24 日　意大利内阁部长扩大会议通过新防疫法令。法令包括室内外、公共交通场所口罩佩戴细则，缩短“超级绿通”有效时间，禁止举办大型户外活动和派对等内容。

· 意大利议会参议院以 215 票赞成、16 票反对批准了政府修正后的预算法案。

30 日　意大利经济发展部长乔尔杰蒂宣布，将投入 6.09 亿欧元用于支持企业数字化转型，这是复苏计划的优先事项之一，预计将有 85 万~140 万家企业受益。

· 意大利总理府批准有关隔离和使用“超级绿通”的新法令以控制疫情。

· 根据意大利环境联合会（Legambiente）与 Enel 基金会数据，2021 年意大利发生 187 次极端气候事件，造成 9 人死亡。

B.16
统计数据*

吕成达**

表 1　意大利国内生产总值（2015~2021 年数据）

项目	单位	2015	2016	2017	2018	2019
国内生产总值(现值)	百万欧元	1642444	1680523	1724954	1771566	1794935
实际增长率	%	0.7	0.9	1.6	0.8	0.3

项目	单位	2020				2021			
		1 季度	2 季度	3 季度	4 季度	1 季度	2 季度	3 季度	4 季度
国内生产总值（未调整原始值）	百万欧元	401966	372504	424114	453011	409787	436576	443331	479536
国内生产总值（季节调整值）	百万欧元	422643	373454	429490	424686	426264	439609	451429	451993
增长率（基于前期）	%	-5.5	-13.0	16.0	-2.0	0.3	2.7	2.6	0.6
增长率（基于前四期）	%	-5.6	-18.1	-5.1	-6.6	-0.3	17.3	4.0	6.4

表 2　意大利公共债务、财政赤字与 GDP 的比例（1992~2021 年年度数据）

年份	债务比例	赤字比例	时间	债务比例	赤字比例
1992	109.0	10.8	1994	124	9.0
1993	116.0	10.2	1995	122	7.8

* 表 1~表 10 中，除表 4“意大利进出口贸易额”和表 5“中意双边贸易额”的数据来源于中华人民共和国商务部（https：//countryreport. mofcom. gov. cn/）外，其余数据均来源于意大利国家统计局（https：//www. istat. it/en/）。

** 吕成达，经济学硕士，盘古智库助理研究员。

续表

年份	债务比例	赤字比例	时间	债务比例	赤字比例
1996	122.0	7.1	2009	115.8	5.3
1997	120.0	2.8	2010	119	4.6
1998	117.0	3.0	2011	120	3.5
1999	116.0	1.9	2012	125	3.0
2000	110.0	0.8	2013	129	2.8
2001	108.0	3.1	2014	131.8	3.0
2002	105.7	2.9	2015	131.6	2.6
2003	104.4	3.5	2016	131.4	2.5
2004	103.8	3.5	2017	131.2	2.4
2005	105.8	4.2	2018	132.2	2.2
2006	106.5	3.1	2019	134.6	1.6
2007	103.5	1.5	2020	155.6	9.5
2008	106.1	2.7	2021	150.4	7.2

表 3　意大利消费者价格指数（2018~2021 年月度数据）

时间		消费者价格指数（2015=100）	时间		消费者价格指数（2015=100）
2018 年	1 月	101.5	2019 年	1 月	102.4
	2 月	101.5		2 月	102.5
	3 月	101.8		3 月	102.8
	4 月	101.9		4 月	103.0
	5 月	102.2		5 月	103.0
	6 月	102.4		6 月	103.1
	7 月	102.7		7 月	103.1
	8 月	103.1		8 月	103.5
	9 月	102.6		9 月	102.9
	10 月	102.6		10 月	102.8
	11 月	102.4		11 月	102.6
	12 月	102.3		12 月	102.8

续表

时间		消费者价格指数（2015=100）	时间		消费者价格指数（2015=100）
2020年	1月	102.9	2021年	1月	103.3
	2月	102.8		2月	103.4
	3月	102.9		3月	103.7
	4月	103		4月	104.1
	5月	102.8		5月	104.1
	6月	102.9		6月	104.2
	7月	102.7		7月	104.7
	8月	103		8月	105.1
	9月	102.3		9月	104.9
	10月	102.5		10月	105.6
	11月	102.4		11月	106.2
	12月	102.6		12月	106.6

表4　意大利进出口贸易额（2014~2021年年度数据）

年份	贸易总额	出口额	进口额	贸易平衡
	（亿美元）			
2014	10042.61	5298.33	4744.29	554.04
2015	8682.69	4571.8	4110.89	460.90
2016	8686.01	4617.77	4068.24	549.54
2017	9608.72	5075.91	4532.81	543.10
2018	10474.18	5466.32	5007.86	458.46
2019	10061.90	5326.71	4735.20	591.51
2020	9173.53	4947.82	4225.71	714.58
2021	11654.38	6084.10	5570.28	513.82

表5　中意双边贸易额（2007~2021年年度数据）

年份	中国对意大利出口额	中国自意大利进口额	进出口总额
	（亿美元）		
2007	297.88	86.34	384.22
2008	345.79	94.51	440.30

续表

年份	中国对意大利出口额	中国自意大利进口额	进出口总额
	（亿美元）		
2009	267.78	92.49	360.27
2010	378.27	113.84	492.11
2011	408.34	138.85	547.19
2012	316.04	115.35	431.39
2013	306.96	130.35	437.31
2014	332.15	138.93	471.08
2015	312.61	115.20	427.81
2016	301.57	122.19	423.76
2017	320.93	152.98	473.91
2018	363.27	155.40	518.67
2019	354.59	145.45	500.04
2020	329.38	222.48	551.85
2021	436.30	303.23	739.53

表6　意大利单位劳动成本（经过季节调整的2015~2021年季度数据，2015=100）

时间		工业和服务业	工业	除建筑业外的工业	服务业
2015年	1季度	100.5	100.3	100.2	100.6
	2季度	99.9	99.8	99.8	100.0
	3季度	99.7	99.6	99.6	99.9
	4季度	99.5	99.7	99.8	99.5
2016年	1季度	99.2	99.0	99.1	99.3
	2季度	99.5	99.1	99.3	99.7
	3季度	99.4	99.0	99.2	99.8
	4季度	100.0	100.2	100.2	99.9
2017年	1季度	100.1	100.1	100.2	100.2
	2季度	99.6	99.9	99.8	99.3
	3季度	100.2	100.7	100.7	100.1
	4季度	100.5	101.0	101.0	100.2
2018年	1季度	100.1	100.3	100.3	100.3
	2季度	101.3	101.6	101.6	101.4
	3季度	102.0	102.5	102.3	101.9
	4季度	102.2	102.5	102.2	102.0

续表

时间		工业和服务业	工业	除建筑业外的工业	服务业
2019 年	1 季度	103. 7	104. 0	103. 8	103. 8
	2 季度	103. 7	104. 0	103. 9	103. 6
	3 季度	103. 7	103. 9	103. 7	103. 6
	4 季度	103. 5	103. 9	103. 8	103. 3
2020 年	1 季度	104. 1	103. 9	103. 8	104. 5
	2 季度	109. 6	106. 7	106. 0	111. 9
	3 季度	104. 0	103. 8	103. 5	104. 4
	4 季度	103. 4	102. 5	102. 9	104. 0
2021 年	1 季度	104. 5	103. 8	104. 0	105. 1
	2 季度	104. 7	104. 2	104. 5	105. 3
	3 季度	104. 7	104. 8	105. 4	104. 9
	4 季度	104. 1	104. 3	105. 4	104. 0

表 7　意大利单位劳动力收入（经过季节调整的 2015~2021 年季度数据，2015=100）

时间		工业和服务业	工业	除建筑业外的工业	服务业
2015 年	1 季度	100. 0	99. 8	99. 8	100. 1
	2 季度	99. 8	99. 7	99. 7	99. 9
	3 季度	99. 8	99. 7	99. 7	100. 0
	4 季度	100. 0	100. 1	100. 2	99. 9
2016 年	1 季度	100. 1	99. 8	99. 8	100. 2
	2 季度	100. 3	99. 9	100. 0	100. 5
	3 季度	100. 2	99. 8	99. 9	100. 5
	4 季度	100. 6	100. 8	100. 8	100. 5
2017 年	1 季度	100. 7	100. 7	100. 7	100. 8
	2 季度	100. 2	100. 6	100. 5	99. 9
	3 季度	100. 8	101. 4	101. 4	100. 6
	4 季度	100. 9	101. 5	101. 5	100. 6
2018 年	1 季度	100. 4	100. 8	100. 8	100. 3
	2 季度	101. 4	101. 9	101. 9	101. 2
	3 季度	101. 8	102. 5	102. 4	101. 5
	4 季度	101. 8	102. 3	102. 1	101. 5

续表

时间		工业和服务业	工业	除建筑业外的工业	服务业
2019年	1季度	103.0	103.6	103.5	102.8
	2季度	103.0	103.5	103.5	102.7
	3季度	103.1	103.4	103.4	102.8
	4季度	102.9	103.5	103.5	102.6
2020年	1季度	103.3	103.4	103.4	103.4
	2季度	109.1	106.7	106.0	111.1
	3季度	103.3	103.3	103.2	103.4
	4季度	103.8	103.2	103.5	104.2
2021年	1季度	104.5	104.1	104.5	104.8
	2季度	104.8	104.5	105.0	105.1
	3季度	104.8	105.1	105.9	104.8
	4季度	104.4	104.7	105.9	104.1

表8 意大利及其各区域失业人口（2015~2021年年度数据）①

年份	单位：千人					
	意大利全国	北部	西北地区	东北地区	中部	南部
2015	3033	1023	636	387	578	1432
2016	3012	969	603	365	568	1476
2017	2907	892	551	340	547	1469
2018	2755	847	519	328	517	1391
2019	2582	790	487	303	473	1319
2020	2310	740	435	305	427	1143
年份		意大利全国		北部	中部	南部
2021	1季度	2489		804	478	1207
	2季度	2426		768	454	1204
	3季度	2269		712	436	1121
	4季度	2277		718	429	1130

① 为提高意大利与欧盟层面统计数据的一致性，自2021年起，意大利劳动力调查（Labour Force Survey）将统计口径根据欧盟新条例［Regulation（EU）2019/1700 of the European Parliament and of the Council］做出调整，这些变化涉及表8、表9和表10中有关意大利2021年失业人口和失业率的数据。

表 9　意大利及其各区域失业率（2015~2021 年年度数据）

年份	单位：%					
	意大利全国	北部	西北地区	东北地区	中部	南部
2015	11.9	8.1	8.6	7.3	10.6	19.4
2016	11.7	7.6	8.1	6.8	10.4	19.6
2017	11.2	6.9	7.4	6.3	10.0	19.4
2018	10.6	6.6	7.0	6.0	9.4	18.4
2019	10.0	6.1	6.5	5.5	8.7	17.6
2020	9.2	5.8	6.0	5.6	8.0	15.9
时间		意大利全国		北部	中部	南部
2021 年	1 季度	10.1		6.5	9.3	17.1
	2 季度	9.8		6.1	8.7	16.8
	3 季度	9.1		5.7	8.3	15.7
	4 季度	9.1		5.7	8.1	15.9

表 10　意大利各年龄段失业率（经过季节调整的 2015~2021 年季度数据）

时间		年龄 单位：%				
		15~24 岁	25~34 岁	35~49 岁	50~64 岁	15 岁以上
2015 年	1 季度	42.0	18.6	9.7	6.5	12.4
	2 季度	41.6	18.6	9.5	6.5	12.2
	3 季度	38.8	16.9	9.3	6.3	11.5
	4 季度	38.5	17.0	9.2	6.2	11.5
2016 年	1 季度	38.5	17.4	9.3	6.3	11.6
	2 季度	37.1	17.2	9.6	6.4	11.6
	3 季度	36.9	18.2	9.5	6.2	11.7
	4 季度	38.2	17.9	9.6	6.4	11.8
2017 年	1 季度	36.2	17.3	9.4	6.7	11.5
	2 季度	35.6	17.0	9.2	6.4	11.2
	3 季度	34.7	17.1	9.3	6.7	11.3
	4 季度	33.1	16.8	9.2	6.4	11.0
2018 年	1 季度	32.8	16.3	9.2	6.5	10.9
	2 季度	32.6	15.8	9.0	6.7	10.8
	3 季度	31.9	15.6	8.5	6.2	10.3
	4 季度	32.3	15.9	8.7	6.4	10.5

续表

时间		年龄 单位：%				
		15~24岁	25~34岁	35~49岁	50~64岁	15岁以上
2019年	1季度	31.2	15.3	8.7	6.3	10.3
	2季度	29.1	15.1	8.5	5.9	9.9
	3季度	28.3	14.5	8.7	5.8	9.8
	4季度	28.4	14.3	8.5	6.0	9.7
2020年	1季度	28.4	13.4	7.9	5.7	9.2
	2季度	28.0	12.8	7.4	4.9	8.4
	3季度	30.7	15.5	8.2	5.8	9.8
	4季度	29.9	14.4	7.6	5.5	9.2
2021年	1季度	32.5	15.6	8.4	6.2	10.1
	2季度	30.4	14.5	8.0	6.2	9.8
	3季度	28.0	13.2	7.6	6.0	9.1
	4季度	27.3	13.2	7.7	5.8	9.1

表11　意大利人口（2015~2021年年度数据）

时间	性别		总人口(人)
	男(人)	女(人)	
2015年1月1日	29501590	31294022	60795612
2016年1月1日	29456321	31209230	60665551
2017年1月1日	29445741	31143704	60589445
2018年1月1日	29427607	31056366	60483973
2019年1月1日	29384766	30974780	60359546
2020年1月1日	29050096	30591392	59641488
2021年1月1日	28866226	30369987	59236213

B.17
后　记

2021年，新冠疫情继续在全球蔓延，欧洲仍是重灾区。与2020年有所不同的是，曾是欧洲乃至全球疫情最严重国家之一的意大利，在2021年迎来重要转机。新上任的德拉吉“技术-大联合政府”可谓“励精图治”，强力推进新冠疫苗接种，防疫措施取得较好成效，国家复苏与韧性计划如期启动实施，经济实现较强劲复苏，社会形势整体趋于改善。如果说2020年全年意大利都在新冠疫情及其引发的经济社会危机中被动“挣扎”，那么2021年则是该国主动在“危”中寻“机”并且取得显著成绩的一年。

本年度意大利蓝皮书即《意大利发展报告（2021~2022）》的主题为“疫情下‘危’中寻‘机’的意大利”，其中总报告以《“危”中寻“机”：疫情下艰难复苏的意大利》为题，勾勒出了2021年度意大利的发展概貌，对意大利国内各领域及中意关系发展做出了梳理、总结与展望。在分报告和专题篇，本年度蓝皮书对2021年意大利政治形势、经济形势、社会形势和外交关系的进展进行了分析，还特别关注了意大利港口体系的特点与当前挑战、疫情冲击下的意大利时尚产业、意大利养老金体系及近年来改革历程、近年来意大利高等教育课程体系的改革与创新、意大利文化遗产保护的制度与政策法规演进、近年来意大利劳动法改革等重要问题。

本书在“中国与意大利”篇从多个角度对中意关系与中意合作做了梳理与剖析。总体而言，务实合作仍是中意关系的主流，双边贸易额逆势大增成为两国合作的一大亮点，而德拉吉政府对华合作态度趋于保守也值得关注。

意大利蓝皮书得以立项，如今第三本年度报告即《意大利发展报告（2021~2022）》即将付梓，要特别感谢中国社会科学院前院长、党组书记谢伏瞻研究员的关心以及欧洲研究所和国际合作局的大力支持。在此，一并向中国社会科学院、欧洲研究所与国际合作局领导以及给予本书支持的同事们致谢。值得一提的是，本年度报告成功入选中国社会科学院 2022 年度皮书后期资助项目的资助名单，对此我们深感荣幸，也备受鼓舞。

我们还要感谢意大利蓝皮书顾问罗红波研究员和沈雁南研究员长期以来给予的指导与帮助。意大利蓝皮书的工作启动后受到国内意大利研究界和意大利学术界的高度重视。《意大利发展报告（2021～2022）》延续了中意合作的方式，除中国作者外，还邀请了多位意大利知名专家撰稿。我们希望意大利蓝皮书这一成果展示平台能够为培养中国的意大利研究人才队伍做出积极贡献，也希望借此探索中意两国社会科学交流与合作的新模式，未来我们会朝着这两个方向继续努力。

最后，还要感谢社会科学文献出版社当代世界出版分社祝得彬分社长的大力支持，特别要感谢责任编辑王晓卿女士的出色工作。

孙彦红

2022 年 6 月于北京

Abstract

Compared to year 2020 throughout which Italy has been passively struggling in the COVID-19 pandemic and the economic and social crisis caused by it, 2021 is the year when the country actively seeks "opportunities" in the "crisis" and achieves remarkable results. In 2021, the "technical-grand coalition government" led by Mario Draghi, the former president of the European Central Bank, came into power, which not only relieved the international concerns about the country's early elections, but also objectively provides an important "window period" for Italian domestic political parties to solve their own internal problems. In 2021, Draghi government focused on promoting productive investment and structural reforms while preventing and controlling the pandemic, aiming to solve a series of deep-seated problems in the national system. Although achieving full recovery from the epidemic is still difficult, Italy is moving in the direction of promoting comprehensive and sustainable economic and social development: the COVID-19 vaccination has been rapidly advancing, the epidemic prevention measures have achieved relatively outstanding results, the National Recovery and Resilience Plan has been carried out as scheduled, the economy has achieved relatively strong recovery, and the overall social situation tends to improve. In terms of diplomacy, Draghi government has fully returned to the mainstream of Europe, making efforts on consolidating Italy's relations with France and Germany, and at the same time taking advantage of the G20 rotating presidency to actively promote multilateralism and enhance its international influence. The General Report in the *Annual Development Report of Italy (2021–2022)* takes the "Seeking 'Opportunities' in 'Crisis': Italy Struggling to Recover from the Pandemic" as its subject, aiming at outlining the development of Italy in 2021 from the perspectives of politics, economy, society, diplomacy, China-Italy relations, and so on.

Regarding the situation of Italy in 2021, the *Annual Development Report of Italy* (*2021 - 2022*) makes a comprehensive review and analysis from four aspects: politics, economy, society and foreign relations. Domestically, Draghi government has made great efforts to promote the COVID-19 vaccination and the implementation of the National Recovery and Resilience Plan, all of which have achieved outstanding results, and the performance of economic and social recovery is quite eye-catching. In terms of diplomacy, Draghi government's series of efforts aimed at enhancing Italy's voice in the EU and its international influence have also achieved positive results.

The Special Reports focus on the characteristics and current main challenges of Italian port system, the Italian fashion industry under the shock of the pandemic, Italy's pension system and the process of its reforms in recent years, the reforms and innovation of Italian higher education curriculum system in recent years, the evolution of administrative system and regulations of cultural heritage protection in Italy, and Italy's labor law reform in recent years. These issues are either related to the major changes currently taking place in Italy, or closely related to the prospects of Italy and China-Italy relations in the post pandemic era. The relevant combing and analysis can help us better understand the current situation of various fields in Italy.

In 2021, due to the ongoing spread of the epidemic, normal personnel exchanges between China and Italy have not yet resumed. Despite this, the two countries have overcome difficulties and made efforts to promote cooperation at all levels and in various fields. The significant increase in bilateral trade volume against the trend has become a highlight of the cooperation between the two countries.

In general, pragmatic cooperation, mutual benefit and win-win results are still the mainstream of China-Italy relations. The Draghi government's relatively conservative attitude towards the cooperation with China also deserves attention, which to certain extent increases the uncertainty of the prospects of China-Italy relations. In the "*China and Italy*" Section in the *Annual Development Report of Italy* (*2021-2022*), three reports are presented. These reports focus on Chinese FDI in Italy, China-Italy energy cooperation in the context of carbon neutrality, and carbon emissions reduction paths and cooperation prospects in civil aviation sector between China and Italy, aiming to deepen the understanding of the current situation of China-Italy relations.

On the whole, the *Annual Development Report of Italy* (*2021 – 2022*) reflects Italy's overall situation, major events and progress in important areas in 2021 and tries to make an in-depth analysis of the new development of China-Italy relations and cooperation.

Finally, the *Annual Development Report of Italy* (*2021 – 2022*) continues to adopt the China-Italy cooperation approach. In addition to Chinese scholars, several Italian experts from well-known Italian think tanks and universities are invited to contribute to this book. It is hoped that this form of cooperation will help the readers understand more comprehensively and objectively the situation of Italy and the development of China-Italy relations.

Keywords: COVID-19 Pandemic; Draghi Government; Economic Recovery; Foreign Policy; China-Italy Relations

Contents

I General Report

Abstract: Compared to year 2020 throughout which Italy has been passively struggling in the COVID-19 pandemic and the economic and social crisis caused by it, 2021 is the year when the country actively seeks "opportunities" in the "crisis" and achieves remarkable results. In 2021, the "technical-grand coalition government" led by Mario Draghi, the former president of the European Central Bank, came into power, which not only relieved the international concerns about the country's early elections, but also objectively provides an important "window period" for Italian domestic political parties to solve their internal problems. In 2021, Draghi government focused on promoting productive investment and structural reforms while preventing and controlling the pandemic, aiming to solve a series of deep-seated problems in the national system. Although achieving full recovery from the epidemic is still difficult, Italy is moving in the direction of promoting comprehensive and sustainable economic and social development: the COVID-19 vaccination has been rapidly advancing, the epidemic prevention measures have achieved relatively outstanding results, the National Recovery and Resilience Plan has been launched as scheduled, the economy has achieved relatively strong recovery, and the overall social situation tends to improve. In terms of diplomacy, Draghi government has fully returned to the mainstream of Europe, making efforts on consolidating Italy's relations with France and Germany, and at the same time taking advantage of the G20 rotating presidency to actively promote multilateralism and enhance its international influence. In general, pragmatic cooperation is still the mainstream of China-Italy relations. The significant increase in bilateral trade volume against the trend has become a highlight of the cooperation between the two countries. The Draghi government's relatively conservative attitude towards the cooperation with China also deserves attention.

Keywords: COVID-19 Pandemic; Draghi Government; Economic Recovery; G20; China-Italy Relations

Ⅱ Situation Reports

Abstract: The Italian government crisis in early 2021 eventually led to the fall of the Conte Ⅱ government. After Draghi formed a "technical-grand coalition government", Italy's main political parties have been experiencing new changes and even turmoils. The Democratic Party has elected its new secretary, former Prime Minister Enrico Letta, and the Five-Star Movement now is at the helm of Conte, who just resigned as Prime Minister. As for the center-right coalition, the support of the Lega and the Forza Italia to the new government has increased their conflicts with the Brothers of Italy. In 2021, Draghi brought a temporary period of stability to the Italian government thanks to his professional capacity and international reputation. In the local elections held in October, the Democratic Party has become the biggest winner, while the center-right coalition failed to continue its strong momentum and the Five Star Movement suffered a heavy defeat. The election results show that Italian party system has reverted to bipolarism. In this context, Letta tried to rebuild a new "Olive Tree", but the prospects are not encouraging. Overall, the NextGenerationEU plan is the most important external variable which caused the recent political changes in Italy. In 2022, all political parties will be in a tight game around the presidential election, local elections and electoral law reform.

Keywords: Italy; Draghi Government; NextGenerationEU Plan; Democratic Party; Five Star Movement;

B.3 Italian Economy: The Year of the Dragons

Lorenzo Codogno / 040

Abstract: In 2021, Italian economy rebounded sharply. Italy got a new Prime Minister and a national unity government with investments and reforms as top priorities. The pandemic hit Italy hard, but the country and the economy appear able and willing to react. 2021 embodies a promising new beginning for policies and a massive bet on stronger GDP growth. Will 2022 go on fire? Or will Italy go back quickly to the usual disappointing performance? Reforming the economy and, more broadly, the whole societal incentive structure, in order to lead to enhanced potential growth, remains daunting.

Keywords: Italy; Economic Development; Economic Growth; Aggregate Productivity; Fiscal Policy

B.4 Italian Society: Improved Livelihood with Outstanding Results in Pandemic Prevention

Zang Yu, *Qin Ke* / 058

Abstract: In 2021, the Italian economy achieved a relatively strong recovery, the employment situation improved, and both the people's income and social consumption increased. However, problems such as the enlargement of extremely poor groups and the soaring energy prices still need to be solved. Through diversified social assistance measures, Draghi government has continued to support residents and enterprises in difficulties and safeguarded the employment. Meanwhile, it has assisted families, improved people's livelihood, and thus contributed to social stability. Due to regional political instability, irregular migration has once again taken center stage. Not only have the ranking of the main countries of origin changed, but the number of migrants has also surged. Particularly noteworthy is the rise of a new migrant route. In this regard, the Italian government has strengthened cooperation with the countries of origin and embarkation of migrants, and it has also actively adopted a new emergency method named *On-Board Quarantine*, which has properly helped to migrant resettlement and effectively prevented large-scale imported infections. Moreover, Draghi government has insisted on implementing *Green Pass* across the country, which has virtually promoted COVID-19 vaccination, boosted pandemic prevention and control, and therefore laid good basis for the full recovery of Italian economy and society in the future.

Keywords: Italy; Economic Recovery; Social Assistance; Irregular Migration; Green Pass

Abstract: In 2021, the grand coalition government led by the pro-establishment economist Mario Draghi came into power. In contrast to the previous coalition government of the Five Star Movement and the Democratic Party, the foreign policy of Draghi government has returned further to the Western mainstream, with its multilateralism diplomacy being a key feature. Through its presidency of the G20 in 2021, Italy has actively promoted multilateral consultations on climate change, economic recovery, global fight against the

COVID-19, the Afghanistan issue and so on. The EU and NATO are also the main platforms for Italian multilateral diplomacy. Italy has strengthened its collaboration with France and Germany attempting to play a greater role within the EU. On the European strategic autonomy, Italy has not chosen side between the EU and NATO but has adopted a flexible approach. China-Italy relations have been somewhat affected by the political changes in Italy, the China-US competition and the global pandemic, but some progress in bilateral cooperation has still been made. In the neighboring North African Area, Italy has exerted its influence on Libya and Tunisia through diplomatic and economic means aiming to achieve border stability and secure external energy supply.

Keywords: Italian Diplomacy; Multilateralism; The EU; China-Italy Relations; North Africa

Ⅲ Special Reports

Abstract: Italy's geographic position in the center of the Mediterranean area and its proximity to the markets of Central Europe are strengths of its port system. Italy owns 57 ports of national importance and in particular 14 ports are part of the core network of the European transport network organized with the TENT-T corridors. The article illustrates the characteristics and functioning of the Italian port system, with its articulation of competences and responsibilities between central and local government bodies, the role of the Port System Authorities, the main institutional reference, the value of the new development plans promoted at European and Italian national level, in particular with the National Recovery and Resilience Plan approved by the Italian government in 2021. Particular emphasis is given to the set of opportunities promoted by the European Union with the strategy of building a single transport system and its repercussions on the Italian port system. Lastly, the article offers useful information for an assessment of the main challenges faced by Italian port system as well as the reform prospects.

Keywords: Italy; Port System; National Recovery and Resilience Plan; Maritime Transport; Green Fleet

B.7 The Italian Fashion Industry under the Shock of COVID-19 Pandemic: Challenges and Opportunities

Li Jing / 108

Abstract: The Italian fashion industry is unique in the world. From designing to manufacturing, it highlights the unique charm of "Made in Italy" and is synonymous to the high-quality products. The fashion industry occupies an important position in the Italian economy. In 2019, before the outbreak of COVID-19 pandemic, the annual turnover of the Italian fashion industry exceeded 80 billion euros, which accounted for 8. 5% of the total turnover of the country's manufacturing industry. After the outbreak of COVID-19 in 2020, the Italian fashion industry was hit hard: sales channels were almost closed, textiles, clothing, leather and accessories production were almost interrupted. Meanwhile, exports fell sharply. In the future, both strong financial support and continuous innovation by the industry itself will be needed to revitalize the Italian fashion industry.

Keywords: Italy; Fashion Industry; COVID-19 Pandemic; Innovation; Sustainable Development

B.8 The Pension System in Italy: Management Bodies, Services and Reform Processes

Gerardo Romano / 121

Abstract: With reference to the fundamental principles of the Constitution of the Italian Republic, this article illustrates the complex pension system of Italy, with its articulation of management bodies, functions and services. Particular attention is paid to the long process of reform, which started in 1992 and has continued over the years with the approval of numerous national laws. Till now the reform is still characterised by intense political and institutional debate. The process aimed at finding a solid balance between the need to contain State public expenditure and at the same time ensure adequate social security and pension benefits for citizens, while respecting the fundamental principles of the welfare state which characterises the Italian tradition. The search for a balance is necessary and urgent when the effects of the structural demographic changes that have taken place in Italy in recent decades weigh heavily on the Italian economic and social system, and in particular on the pension system.

Keywords: Italy; Pension System; Public Expenditure; Welfare State; Demographic Changes

B.9 Reform and Innovation of the Curriculum System in Italian Higher Education Institutions in Recent Years and the Prospects *Xing Jianjun* / 138

Abstract: In recent years, in order to adapt to the new trend of global higher education system and meet the demand for talents in domestic economic and social development, Italian higher education institutions have generally carried out reform and innovation in the curriculum system. Since 2021, in the context of responding to the COVID-19 pandemic and promoting economic recovery in the post-pandemic era, the direction of the above-mentioned reform and innovation has become clearer. In particular, the introduction of the National Recovery and Resilience Plan has created opportunities for further reform and innovation. This article summarizes the progress and main contents of the reform and innovation of the curriculum system of Italian higher education institutions (including art colleges) in recent years, including a series of specific measures oriented to employment and internationalization, such as the establishment of new courses and new majors. The main driving factors and effects of the reform and innovation are also analyzed.

Keywords: Italy; Higher Education; Curriculum System; Reforms and Innovations

Abstract: As an ancient civilization and cultural power, Italy owns a large amount of historical and cultural heritage. The Italian government has always played an important role in the protection of cultural heritage. The revision of the Constitution and the introduction of relevant laws and regulations are the strong guarantee and important basis for Italy's continuous improvement of cultural heritage protection. The establishment of the Ministry of Cultural Heritage and Activities marks a major change in the cultural heritage protection in Italy and also provides more possibilities for the development of it. Regional governments have obtained corresponding administrative power and autonomy in accordance with the Constitution, and the special status of Italian cultural heritage also ensures the decentralization of central power. As an administrative organization below the region, the province can effectively communicate and coordinate the relationship between the regions, cities and towns. However, due to historical reasons, the administrative organization at the provincial level has not played its due role. Cities and towns are important units for the preservation of cultural heritage. In recent years, the power granted to this level of government by the Constitution and laws has been gradually expanded, making their functions more and more complete.

Keywords: Italy; Cultural Heritage Protection; Administrative System; Policies and Regulations

B.11 A Review of Italy's Labor Law Reform in Recent Years

Xu Jianbo / 170

Abstract: The Italian labor law is characterized by wide variety, complexity and frequent legislations, and this article aims to comb and analyze the progress of its emergence and reforms. Since the end of the second World War, the Italian labor law system has gradually expanded and matured, and social legislation has played an increasingly important role. Being involved into the European sovereign debt crisis in 2011 forced the Italian government to start several rounds of labor law reforms, covering various areas such as labor contracts and their rights and obligations, labor standards, social security and welfare benefits. Facing the opportunities and challenges brought by the digital economy, the Italian government mobilized the flexibility of the labor market with an active and open policy, and formed an atypical labor type and related labor protection system represented by collaborative labor. Since the outbreak of COVID-19, the Italian government has issued a series of policies and decrees to restore and stabilize the labor market and alleviate social conflicts. The National Recovery and Resilience Plan released in 2021 further maps out the direction of labor policy in the coming years.

Keywords: Italy; Labor Law; Collaborative Labor; Digital Economy; National Recovery and Resilience Plan

Ⅳ China and Italy

B.12 Chinese FDI in Italy: Performance, Perception and Prospects

Sergio Paba, *Cinzia Parolini* / 185

Abstract: This article focuses on the development and impact of Chinese FDI in Italy in recent years. Using new and detailed post-acquisition performance data, the article shows that Chinese acquisitions in Italy had an overall positive impact on target companies. The majority of them experienced an increase in turnover, employment, and other performance variables. Some case-studies illustrate the factors that can turn a Chinese takeover into a success story. The rapid growth of Chinese FDI is raising many concerns. The most important is the fear of predatory investments with a one-sided transfer of technology and other strategic assets from acquired Italian firms to China. New regulations in Europe and Italy add to this the risks to national security or public order arising from FDI in specific industries, particularly when the investor is state-owned enterprise of a third country. This is making the screening of inward FDI increasingly more restrictive. The article shows how a more cautious attitude of the Italian government towards China is affecting Chinese FDI in Italy. On one hand, some political parties and stakeholders are pressing the government to extend the use of the "golden power" to block foreign acquisitions in "strategic" industries or national champions, even if there are no strict security reasons. This could significantly reduce the opportunities for Chinese investors in the future. On the other hand, greenfield investment is always welcome, but China probably needs more time and technological updating to increase this type of investment in Europe.

Keywords: Chinese OFDI; Italy; Performance of Firms; FDI Regulations

B.13 China-Italy Energy Cooperation in the Contcxt of Carbon Neutrality

Abstract: In recent years, the climate issue has become a severe challenge faced by all countries in the world. At the 26th Conference of the Parties to the United Nations Framework Convention on Climate Change (COP26), which concluded in November 2021, various countries have reached a number of cooperation initiatives on topics such as accelerating decarbonization, realizing energy transition, and clarifying the pathways to carbon neutrality. In the context of carbon neutrality, it is of great significance for countries to rely on their own advantages to carry out energy cooperation. In the fields of promoting the utilization of renewable energies, optimizing the energy structure, and promoting sustainable development, China and Italy are highly aligned in their goals and interests, and they have a good foundation for further deepening energy cooperation. In the future, China and Italy will have broad prospects for energy cooperation relying on their respective energy transition strategies and the advantages accumulated by their own institutions and enterprises.

Keywords: China; Italy; Energy Transition; Carbon Neutrality

B.14 A Study on Carbon Emissions Reduction Paths and Cooperation Prospects in Civil Aviation Sector between China and Italy

Sun Yanhong, Sun Yawen and Luigi Nunziata / 220

Abstract: In recent years, peaking carbon emissions and achieving carbon neutrality are gaining increasing recognition and consensus on a global scale. Civil aviation is an important part and pillar of global economic and trade activities. At the same time, civil aviation is a highly transnational source of carbon emissions. Hence, close coordination and cooperation between countries are indispensable for achieving emissions reduction targets in this sector. Given the outstanding achievements of Italian civil aviation sector in energy conservation and emissions reduction, and coping with climate change and pursuing sustainable development are the key direction of cooperation between China and Italy, this article intends to make a comparative study on the pathways of carbon emissions reduction of civil aviation sectors between China and Italy, and tries to explore the cooperation prospects of sustainable development of civil aviation sectors between the two countries. The analysis shows that in spite of differences in development stages and concrete challenges, Chinese and Italian civil aviation sectors are both moving faster to tap the core role of technological innovation in driving carbon neutrality, and leverage the market mechanism to ensure cost-effective energy conservation and emissions reduction. Under these two common pathways, the prospects of cooperation in sustainable development between China and Italy are quite broad.

Keywords: China; Italy; Civil Aviation Sector; Carbon Emissions Reduction

V Information and Statistics

皮 书

智库成果出版与传播平台

皮书定义

皮书是对中国与世界发展状况和热点问题进行年度监测，以专业的角度、专家的视野和实证研究方法，针对某一领域或区域现状与发展态势展开分析和预测，具备前沿性、原创性、实证性、连续性、时效性等特点的公开出版物，由一系列权威研究报告组成。

皮书作者

皮书系列报告作者以国内外一流研究机构、知名高校等重点智库的研究人员为主，多为相关领域一流专家学者，他们的观点代表了当下学界对中国与世界的现实和未来最高水平的解读与分析。截至 2021 年底，皮书研创机构逾千家，报告作者累计超过 10 万人。

皮书荣誉

皮书作为中国社会科学院基础理论研究与应用对策研究融合发展的代表性成果，不仅是哲学社会科学工作者服务中国特色社会主义现代化建设的重要成果，更是助力中国特色新型智库建设、构建中国特色哲学社会科学“三大体系”的重要平台。皮书系列先后被列入“十二五”“十三五”“十四五”时期国家重点出版物出版专项规划项目；2013~2022 年，重点皮书列入中国社会科学院国家哲学社会科学创新工程项目。

S 基本子库
UB DATABASE

中国社会发展数据库（下设 12 个专题子库）

紧扣人口、政治、外交、法律、教育、医疗卫生、资源环境等 12 个社会发展领域的前沿和热点，全面整合专业著作、智库报告、学术资讯、调研数据等类型资源，帮助用户追踪中国社会发展动态、研究社会发展战略与政策、了解社会热点问题、分析社会发展趋势。

中国经济发展数据库（下设 12 专题子库）

内容涵盖宏观经济、产业经济、工业经济、农业经济、财政金融、房地产经济、城市经济、商业贸易等12个重点经济领域，为把握经济运行态势、洞察经济发展规律、研判经济发展趋势、进行经济调控决策提供参考和依据。

中国行业发展数据库（下设 17 个专题子库）

以中国国民经济行业分类为依据，覆盖金融业、旅游业、交通运输业、能源矿产业、制造业等 100 多个行业，跟踪分析国民经济相关行业市场运行状况和政策导向，汇集行业发展前沿资讯，为投资、从业及各种经济决策提供理论支撑和实践指导。

中国区域发展数据库（下设 4 个专题子库）

对中国特定区域内的经济、社会、文化等领域现状与发展情况进行深度分析和预测，涉及省级行政区、城市群、城市、农村等不同维度，研究层级至县及县以下行政区，为学者研究地方经济社会宏观态势、经验模式、发展案例提供支撑，为地方政府决策提供参考。

中国文化传媒数据库（下设 18 个专题子库）

内容覆盖文化产业、新闻传播、电影娱乐、文学艺术、群众文化、图书情报等 18 个重点研究领域，聚焦文化传媒领域发展前沿、热点话题、行业实践，服务用户的教学科研、文化投资、企业规划等需要。

世界经济与国际关系数据库（下设 6 个专题子库）

整合世界经济、国际政治、世界文化与科技、全球性问题、国际组织与国际法、区域研究 6 大领域研究成果，对世界经济形势、国际形势进行连续性深度分析，对年度热点问题进行专题解读，为研判全球发展趋势提供事实和数据支持。

法律声明